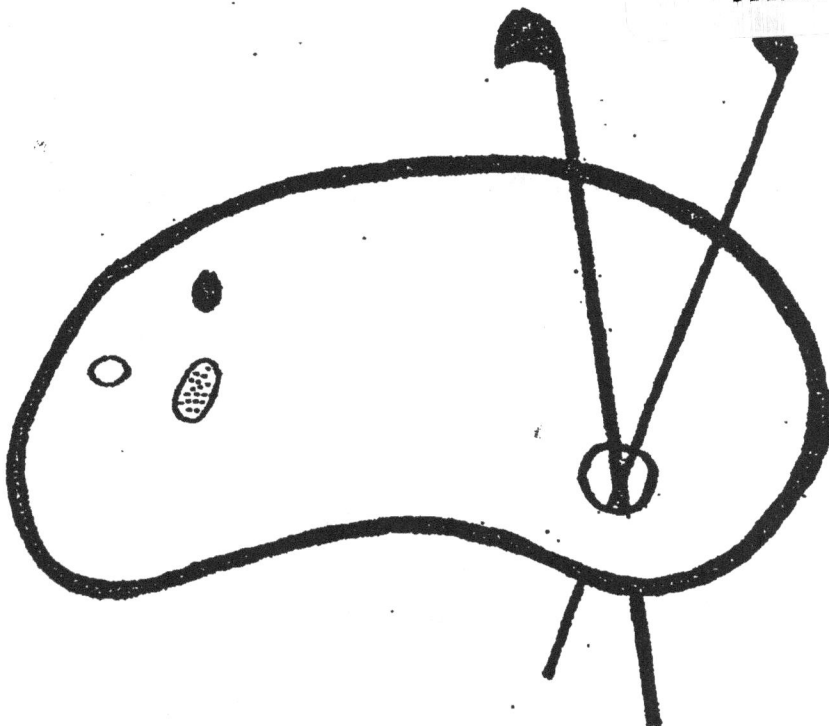

ORIGINAL EN COULEUR
NF Z 43-120-8

Une Erreur Judiciaire

L'AFFAIRE DREYFUS

PAR

BERNARD LAZARE

(Deuxième Mémoire avec des Expertises d'Ecritures

DE

MM. Crépieux-Jamin, Gustave Bridier

de Rougemont, Paul Moriaud, E. de Marneffe, de Gray Birch

Th. Gurrin, J.-H. Schooling, D. Carvalho, etc.)

PARIS

P.-V. STOCK, Éditeur

(Ancienne Librairie Tresse & Stock)

8, 9, 10, 11, Galerie du Palais-Royal (Palais-Royal).

—

1897

UNE ERREUR JUDICIAIRE

—

L'AFFAIRE DREYFUS

Une Erreur Judiciaire

L'AFFAIRE DREYFUS

PAR

BERNARD LAZARE

(Deuxième Mémoire avec des Expertises d'Ecritures

DE

MM. Crépieux-Jamin, Gustave Bridier
de Rougemont, Paul Moriaud, E. de Marneffe, de Gray Birch
Th. Gurrin, J.-H. Schooling, D. Carvalho, etc.)

PARIS

P.-V. STOCK, Éditeur

(Ancienne Librairie Tresse & Stock)

8, 9, 10, 11, Galerie du Palais-Royal (Palais-Royal).

—

1897

Ce livre était sous presse au moment où M. Scheurer-Kestner, sénateur inamovible, vice-président du Sénat, est intervenu dans l'affaire du capitaine Dreyfus.

« *J'ai acquis,* a dit M. Scheurer-Kestner, *l'entière conviction de l'innocence du capitaine Dreyfus. Le malheureux a été victime d'une épouvantable erreur judiciaire.* » Il a ajouté : « *Puisque je sais que le capitaine Dreyfus est innocent, j'emploierai tout ce que j'ai de force, tout ce que j'ai d'énergie pour arriver à le réhabiliter publiquement et à lui faire rendre la justice qui lui est due.* »

C'est non pas une conviction qu'a M. Scheurer-Kestner, mais une certitude. Quelles sont les preuves sur lesquelles il s'appuie, je l'ignore, mais ces preuves existent et il les produira : elles feront éclater au grand jour l'innocence de celui que j'ai défendu et que je ne cesserai de défendre jusqu'au moment où la liberté lui sera rendue.

AVANT-PROPOS

—

Quand, au mois de novembre 1896, j'exposai pour la première fois (1) les faits qui avaient amené la condamnation du capitaine Dreyfus, je rencontrai, chez ceux mêmes qui étaient assez disposés à admettre une erreur judiciaire, une certaine incrédulité. Il paraissait invraisemblable à tous qu'on eût, sans preuves évidentes, flagrantes, indiscutables, condamné un homme à la déportation perpétuelle. La vérité que j'apportais choquait l'opinion générale, et l'on préférait penser que, dans l'intérêt de celui que je défendais, j'avais dissimulé bien des choses. « Vous ne dites pas tout, » telle fut l'objection commune, propre à satisfaire les consciences qui n'osaient croire à mes affirmations.

Je n'avais pas assisté au procès; je pouvais donc aux yeux des gens les plus bienveillants, ignorer les charges réelles qui avaient pesé sur l'homme dont, à l'encontre de tous, je venais proclamer l'innocence. Mon attestation était récusable, et ceux qui ne m'accusaient pas de vouloir sciemment les tromper, me reprochaient de m'être laissé abuser.

Ceux cependant qui connaissaient les moindres détails de

---

(1) **Voir** : *Une Erreur judiciaire. La vérité sur l'affaire Dreyfus.* (Paris, 1896. V. Stock, éditeur.)

cette affaire ne démentirent rien de ce que j'avançais; mais c'était là une preuve négative, car on pouvait attribuer ce silence aux nécessités de la discipline et de l'obéissance à des volontés supérieures. Un seul homme était en position de se porter devant tous mon garant : c'était l'avocat du capitaine Dreyfus, celui qui avait accepté de le défendre parce qu'il le savait innocent.

J'avais envoyé mon mémoire à Me Demange. Il tint à me dire son sentiment. La lettre qu'il m'adressa n'était pas destinée à la publicité et je ne songeais pas à ce moment à m'en prévaloir. Aujourd'hui, au moment de publier ce nouvel appel à l'impartialité et à l'équité, je crois devoir rendre public l'irrécusable témoignage de celui qui, entre tous, a qualité pour parler. Il confirme ce que j'ai dit hier, ce que je dis encore aujourd'hui : la seule preuve invoquée contre le capitaine Dreyfus est tirée d'expertises d'écritures. On verra ce que vaut cette preuve.

Mais voici ce que m'écrivait Me Demange :

Paris, 25 Novembre 1896.

Cher Monsieur,

Je vous remercie de m'avoir envoyé votre seconde brochure; je suis avec vous de tout cœur dans l'œuvre désintéressée et courageuse que vous avez entreprise. Comme je vous l'ai dit dans la visite que vous m'avez fait l'honneur de me faire, je n'ai jamais connu d'autres charges contre le capitaine Dreyfus que celles discutées par vous et, malgré votre affirmation, excusez-moi de ne pas oser croire à cette énormité d'une communication faite aux juges en dehors de l'accusé et de son défenseur.

Tous mes vœux vous accompagnent, et si je me renferme dans un complet silence vis-à-vis de tous ceux qui ont voulu s'entretenir avec moi de l'affaire Dreyfus, ce n'est pas que ma foi intime en son innocence ait été ébranlée, mais c'est la seule.

manière pour moi de concilier cette conviction absolue avec le respect que je dois à la chose jugée.

Je vous réitère, cher Monsieur, mes remerciements, auxquels je joins l'expression de mes sentiments les plus distingués.

E. DEMANGE.

*
* *

J'ignore si, aujourd'hui encore, M⁰ Demange se refuse à croire qu'une communication secrète ait été faite au conseil de guerre qui jugea le capitaine Dreyfus. Je n'ai pas non plus ici à insister sur ce point.

« Je n'ai jamais connu, dit l'illustre avocat, d'autres charges contre le capitaine Dreyfus, que celles discutées par vous. » Doutera-t-on de sa parole? Qui le pourra, sans objecter qu'on lui a laissé ignorer certains faits ou certaines pièces, c'est-à-dire sans accuser les juges d'avoir failli à leur devoir?

L'AFFAIRE DREYFUS

Il y a un an, j'ai montré que le capitaine Dreyfus avait été condamné sur une preuve unique. Je viens aujourd'hui apporter la démonstration évidente que cette seule preuve, invoquée par l'accusation, se retourne irréfutablement et victorieusement contre elle.

On va voir qu'un homme conduit devant un conseil de guerre par la fatalité d'erreurs incroyables, a été, sur les suspicions les plus légères, les moins légitimées, mis en dehors de l'humanité, et l'on s'étonnera que la vérité ait mis si longtemps à éclater.

Lorsque, fort de ma conviction certaine, j'ai pour la première fois défendu cet innocent, on n'a pas voulu me permettre de douter de la justice des [hommes (1), alors qu'on est toujours disposé à admettre l'erreur, alors que, si justement, on fait bénéficier tout accusé, tout condamné, du moindre soupçon d'innocence. On a fait plus : on a pensé que j'avais commis un crime en n'acceptant pas que des juges spéciaux [fussent infaillibles et, si on eût écouté les provocations de ceux qui font métier de patriotisme, j'aurais eu — ironie [étrange — à comparaître devant un tribunal, pour avoir parlé au nom du droit. On n'a pas voulu m'y conduire, bien que je l'eusse sollicité moi-même, car on eût été obligé de reconnaître que je n'avais dit que la vérité, et l'aveu eût été cruel pour trop de gens.

Cependant, si l'on a refusé à mes dénonciateurs la satisfaction de me faire asseoir sur les bancs de la cour d'assises, je n'ai pas échappé

(1) J'en excepte MM. P. de Cassagnac, Maurice Charnay et Yves Guyot qui ont, dans plusieurs articles, protesté contre cette étrange conception de la liberté de la presse, qui ne permet pas à un écrivain d'aller à l'encontre de l'opinion publique.

aux insinuations de ceux qui, dans la presse, font fonction de justiciers et plus souvent encore de valets de bourreau.

Je devais m'y attendre; rien ne m'a surpris, ni même indigné, et je n'ai ni à répondre, ni surtout à me défendre. Je ne plaide pas pour moi.

Il faut toutefois se demander pourquoi cet acharnement à ne pas reviser une cause, pourquoi cette obstination à ne rien entendre. La nature du crime qui a été imputé au capitaine Dreyfus ne suffit pas à expliquer une semblable attitude; c'est ailleurs qu'il en faut chercher la raison. Aux yeux des hommes impartiaux, en effet, le mode qu'on a employé pour condamner le capitaine Dreyfus devrait, à lui seul, frapper de suspicion le jugement.

*
* *

Quand un homme est accusé, la loi le livre à un inquisiteur dont le pouvoir est sans limites : cet inquisiteur est le juge d'instruction. C'est par cet inquisiteur que ses amis connaissent l'accusation qui pèse sur lui, c'est par lui que la presse en est informée, que l'opinion en est instruite; et comment peut-elle l'être si ce juge d'instruction, oubliant ses devoirs, se transforme en accusateur public, s'il communique avec les journaux, s'il leur transmet de louches notes de police ou d'apocryphes renseignements? Mais généralement, et quelles que soient les paroles que lui arrache le supplice de l'isolement, ou l'habileté d'un interrogateur sans scrupules, ou dilettante, ou passionné, un accusé peut encore se défendre au jour du jugement, il peut se faire entendre. On l'a torturé, mais on le laisse parler à tous. Au-dessus de ses juges, au delà d'eux, il peut trouver des auditeurs et faire connaître la vérité. Ceux qui l'écoutent ont sous les yeux les pièces du procès, ils sont à même de se prononcer : l'accusation et la défense se produisent publiquement. C'est là la garantie suprême, l'appel aux consciences et à la raison. Que devient cette garantie, lorsque, après avoir subi l'instruction secrète, celui qui ne devrait être aux yeux de tous qu'un prévenu est jugé à huis clos?

Cependant une telle procédure est communément acceptée; elle satisfait la grande majorité des citoyens, et s'il est une minorité à qui elle répugne, cette minorité se tait. Contradiction singulière! Les esprits que la culture scientifique et les habitudes critiques ont accoutumés à exercer sur toute assertion le plus minutieux contrôle, ces esprits sont ceux qui acceptent le plus facilement d'asseoir leur jugement sur des affirmations qu'il leur est impossible de vérifier. Ils accordent à des hommes, parce qu'ils sont revêtus d'une fonction publique, un crédit qu'ils refusent souvent aux savants les plus autorisés, aux moralistes les plus experts; ils le leur accordent d'autant plus grand que la sentence de ces hommes flatte leurs préjugés ou leurs passions.

Supposez maintenant que ces préjugés et ces passions du public soient soigneusement, et chaque jour, surexcités. Supposez un tribunal susceptible, à cause de son inexpérience naturelle, de se laisser tromper sur la valeur des témoignages qu'on apporte devant lui. Imaginez enfin ce tribunal abusé par une autorité supérieure dont il a appris à ne pas douter. Prenez alors, dans une catégorie d'individus plus particulièrement en butte à la malveillance générale, un homme; accusez cet homme d'un crime capable de provoquer les frénétiques clameurs de la foule, parce qu'il est justement odieux entre tous et de nature à léser non pas seulement une individualité, mais la généralité même; mettez cet homme au secret et, tandis qu'il est séparé de tous, dans l'incapacité de se défendre, déchaînez contre lui, à l'aide de tous les mensonges et de toutes les calomnies, les colères et les haines les plus féroces; faites-le comparaître devant le tribunal dont je viens de parler, et souvenez-vous que l'honneur corporatif de ceux qui en font partie est plus particulièrement touché par le crime dont on accuse celui qui devient leur justiciable; fermez, au jour du jugement, la salle d'audience, empêchez toute voix d'être entendue, et soutenez ensuite que, pour cet accusé, les droits de la défense ont été sauvegardés; affirmez surtout, alors que vous ne connaissez rien de l'accusation, que cet accusé est un coupable!

Il semble que je viens d'accumuler à plaisir toutes les invraisemblances, et c'est vraiment une supposition de cauchemar que celle de si effroyables coutumes judiciaires. Ce qui paraît surtout incroyable, c'est que des hommes soucieux de leur propre indépendance et qui se disent libres, acceptent de telles violations de la liberté et supportent qu'on puisse ainsi, en attentant au droit d'autrui, attenter à leur personne et à leurs droits.

Cependant toutes les conditions que je viens d'exposer se sont présentées. Un jour, le capitaine Dreyfus a été arrêté, accusé, jugé, condamné, sans que l'on ait su pour quel motif on l'arrêtait, de quoi on l'accusait, comment on le jugeait et pourquoi on le condamnait. Malgré cela, l'opinion publique a, sans hésiter, admis qu'il était coupable, elle l'a chargé de sa colère et de son exécration ; l'instinct même de la défense personnelle n'a poussé aucun de ses concitoyens à se lever et à s'écrier : « Si on arrête, si on juge et si on condamne ainsi, c'en est fait de la liberté de chacun. » Nul n'a dit : « Je ne sais quel crime on fait peser sur cet homme, j'ignore les charges qu'on produit, la façon dont on l'inculpe et celle dont il se défend. Je n'accepte pas qu'il soit coupable, car je ne puis laisser imposer un jugement à ma raison, sans avoir les moyens de le contrôler. »

Si ce protestataire se fût rencontré, on lui eût dit assurément : « Vous êtes un mauvais citoyen, car vous ne tenez aucun compte de la qualité du tribunal qui a prononcé la sentence. Ce tribunal n'est-il pas un tribunal militaire et vous est-il permis d'admettre que les sept officiers qui le composent aient pu se tromper ? » C'est là, en effet, la raison dernière, raison étrange, car ceux-là qui professent avec le plus d'acharnement qu'une cour militaire ne peut se tromper, accordent qu'un soldat peut trahir, et c'est un crime que d'imputer l'erreur à un corps dont il est impunément licite d'accuser un membre de trahison. L'armée doit être infaillible quand elle juge. Des hommes vêtus d'un uniforme ont prononcé, chacun doit s'incliner et personne n'a le droit de s'insurger contre un tel despotisme qui choque l'équité et la raison. Ces hommes sont-ils donc d'une autre essence et leur fonction, du jour où ils l'assument, leur confère-t-elle cet exorbitant privilège d'être dispensés d'errer ? Qui osera penser ainsi et concevoir dans une nation un groupe d'individus en possession de cette faculté surhumaine, qui consiste à prononcer toujours de justes et irrévocables arrêts ? Alors qu'en ce qui concerne leur état propre les militaires sont sujets à la libre critique, alors qu'on peut leur imputer des fautes graves et parfois grossières, on défendra de suspecter leur compétence dans un ordre de choses auquel ils n'ont jamais été préparés. Ce serait là un inexplicable fétichisme auquel personne ne consentirait s'il se contraignait un instant à la réflexion. C'est cependant ce que l'on a objecté à ma défense. A mes raisons, à mes preuves, on a opposé la fiction d'un tribunal inaccessible aux sentiments, aux préjugés, aux conventions et aux disciplines qui pèsent sur les hommes : un tribunal dont les membres seraient, en tant que juges, au-dessus de l'humanité.

*
* *

S'il faut cependant dire toute ma pensée, je crois que, même jugé par ses pairs et condamné par eux, le capitaine Dreyfus eût rencontré des défenseurs, car il est des esprits assez disposés à reconnaître pour vrai ce que je viens de dire.

S'il n'a trouvé personne pour le défendre, alors même qu'il n'était qu'un accusé, faut-il en chercher la cause dans la façon dont on a surexcité, au moment de son procès, cette fièvre obsidionale dont brûlent toutes les nations qui vivent sous le régime de la paix armée? Cela ne serait pas suffisant pour expliquer l'incroyable acharnement qu'on a montré contre lui. Quelle est donc la raison dernière de cette attitude? N'ai-je pas dit que le capitaine Dreyfus appartenait à une classe de parias? Il était soldat, mais il était juif et c'est comme juif surtout qu'il a été poursuivi. C'est parce qu'il était juif qu'on l'a arrêté, c'est parce qu'il était juif qu'on l'a jugé, c'est parce qu'il était juif qu'on l'a condamné, c'est parce qu'il est juif que l'on ne peut faire entendre en sa faveur la voix de la justice et de la vérité, et la responsabilité de la condamnation de cet innocent retombe tout entière sur ceux qui l'ont provoquée par leurs excitations indignes, par leurs mensonges et par leurs calomnies. C'est à cause de ces hommes qu'un tel procès a été possible, c'est à cause d'eux qu'on ne peut faire pénétrer la lumière dans l'esprit de tous. Il leur a fallu un traître juif propre à remplacer le Judas classique, un traître juif que l'on pût rappeler sans cesse, chaque jour, pour faire retomber son opprobre sur toute une race; un traître juif dont on pût se servir pour donner une sanction pratique à une longue campagne dont l'affaire Dreyfus a été le dernier acte.

Quelques-uns, je le sais, m'ont reproché de faire intervenir dans cette affaire pareille question. Quand je publiai mon premier

mémoire, on a regretté hypocritement que j'eusse porté la discussion
sur un tel terrain. Je ne l'y ai pas portée et ce n'est pas moi qui l'y
ai mise. Qui a songé à reprocher à Voltaire d'avoir dit que Calas
était protestant, que c'est comme tel qu'il fut condamné, comme tel
que l'opinion publique s'opposait à la revision de son procès? Voltaire n'est plus là, mais il y a un Calas encore.

On va me dire que la colère et l'acharnement qu'on a montrés contre Dreyfus, on les eût montrés contre tout autre qui eût
été accusé d'une pareille infamie. C'est ce que je nie, et il me suffit,
pour justifier cette négation, de rappeler ceux qui, avant et après
lui, furent condamnés pour trahison et qui, même libres depuis,
n'ont pas songé à se défendre. Quand l'adjudant Chatelain fut accusé
d'avoir dérobé et vendu à l'étranger des armes nouvelles dont la
possession à ce moment semblait d'une capitale importance, son
affaire, les incidents de son procès et sa condamnation furent commentés par toute la presse comme la plus vulgaire et la plus ordinaire des affaires de vol. Un journal comme le *Drapeau, moniteur
de la Ligue des Patriotes*, ne faisait pas même mention du procès;
les autres se bornaient à de courtes notes recommandant la plus
grande réserve tant que l'instruction ne serait pas close, plaidant
en faveur de Chatelain les circonstances atténuantes, enregistrant
enfin sans commentaires la condamnation qui l'avait frappé (1).
L'adjudant Chatelain n'était pas un officier, objectera-t-on. Je passe,
et n'insiste pas sur cette distinction subtile. Puis-je ajouter cependant qu'il n'était pas juif?

En octobre 1890, le lieutenant Jean Bonnet, rayé des cadres, était
arrêté à Nancy sous l'inculpation de trahison : l'enquête prouvait
qu'il touchait de l'étranger une pension mensuelle, qu'il livrait
quotidiennement des documents intéressant la défense nationale : et le tribunal correctionnel le condamnait à cinq ans de
prison. C'est aux « nouvelles des départements » qu'il faut,
dans les journaux parisiens, chercher de courtes notes sur l'affaire du lieutenant Bonnet, dont on mentionna à peine la condamnation.

Je n'ai pas vu dans les polémiques rappeler souvent le traître

---

(1) Voir notamment *l'Intransigeant, le Petit Journal, la France, la Cocarde*, etc.,
du 16 décembre 1887 au 10 mai 1888.

Bonnet. Ceci ne prouve pas cependant encore que ce fût la qualité de juif qui excita contre Dreyfus l'animosité publique. Deux faits postérieurs à sa condamnation suffisent à le démontrer.

En octobre 1895, *la Libre Parole* annonçait qu'un juif du nom de Schwartz venait d'être arrêté sous l'inculpation d'espionnage, et le moniteur de l'antisémitisme commençait une campagne qui s'arrêta brusquement lorsqu'on ne put contester à Schwartz sa qualité d' « *Aryen* ». En mars 1896, la même *Libre Parole* apprenait au monde que « le juif Maurice Lévy-Mayer » avait détourné de ses devoirs le sergent-fourrier Boillot, du 153e de ligne, à Toul, et l'avait amené à lui livrer des documents qu'il transmettait à l'Allemagne. La chose avait été découverte parce que Boillot — pris sans doute de remords — avait dénoncé son corrupteur. Le journal de M. E. Drumont altérait sciemment la vérité, espérant ainsi ameuter de nouveau l'opinion publique, jusqu'au jour où il fut reconnu que le sergent Boillot avait faussement accusé M. Lévy-Mayer. Dans une note de troisième page, *la Libre Parole* annonça que M. Lévy avait été remis en liberté, et désormais ne parla plus du sergent espion, dont elle ne relata pas même la condamnation.

M'est-il permis de soutenir, après ces exemples, qu'en poursuivant le capitaine Dreyfus, ce fut le juif que l'on poursuivit ? Ne pourrais-je pas d'ailleurs encore citer le cas du capitaine Guillot ? Celui-là trahissait depuis de longues années, il avait fui sans que nul eût connu sa fuite. Arrêté, condamné, on ne suscita pas contre lui les haines et les colères; il put parler, on ne le couvrit ni de boue, ni d'insultes, on le laissa se défendre, et quand il fut condamné, je n'ai entendu personne déclarer que la patrie était en danger par son fait, je n'ai entendu personne le vouer à l'exécration de tous; on ne l'a pas traîné aux gémonies, et depuis, dans les tirades chauvines, il n'est pas question du traître Guillot. Il n'y a qu'un traître en France, c'est le « traître Dreyfus ».

Le crime des Chatelain et des Bonnet, le crime des Schwartz et des Guillot, n'est-il donc pas le même que celui dont on a faussement chargé le capitaine Dreyfus ? Y a-t-il deux morales en France, une indulgente et douce quand il s'agit d'un chrétien, l'autre féroce et sans pitié quand il s'agit d'un juif ? Quelle est cette hypocrisie atroce qui veut voir, dans les fils d'Israël seuls, des criminels sans excuse et qui sait tout admettre, sauf qu'un juif puisse être innocent?

Il est beaucoup de bons esprits, je le sais, qui m'accorderont difficilement que c'est en tant que juif qu'a été condamné le capitaine Dreyfus. Cela n'a rien qui m'étonne, puisque ceux-là même qui l'ont jadis poursuivi comme tel avec tant d'âpreté osent lâchement nier, quand on parle de lui, qu'ils aient cédé à un odieux fanatisme, ou à un absurde préjugé, ou, chose plus abominable encore, à la peur qu'ont su inspirer les aboyeurs antisémites. Mais les faits sont là, ils sont patents, indéniables, ils prouvent de quelle conspiration, de quelles menées Dreyfus fut la victime, et pour ceux qui se refusent à croire, il faut les rappeler. Ils tiennent d'ailleurs si étroitement au procès que, si on les laissait dans l'ombre, on ne pourrait le comprendre.

Si j'évoquais même uniquement la campagne antisémite générale entreprise depuis quelques années par une catégorie d'individus, ce ne serait pas suffisant pour expliquer les causes qui préparèrent la foule à se ruer un jour sur un malheureux dont elle ne connaissait rien, pas même le crime dont on l'accusait. C'est après une campagne particulière contre les juifs dans l'armée qu'un tel hallali fut possible. Cette campagne, menée dans *la Libre Parole* par un officier qui, bassement, garda l'anonyme, fut close par la mort du capitaine Mayer, car l'indignation publique ne permit pas à ceux qui l'avaient ouverte de la continuer. Mais elle laissa des traces et les instigateurs de celui qui avait écrit déjà (le 23 mai 1892), dans *la Libre Parole :* « Le militaire reconnaît, dans le juif, l'espion qui trafique sans pudeur des secrets de la défense nationale, » n'étaient pas prêts à la laisser tomber, ils n'attendaient qu'une occasion pour la reprendre : cette occasion leur fut donnée, ils surent en profiter.

*
* *

Je vais maintenant me reporter aux débuts même de l'affaire. La façon dont elle fut engagée en put faire présager l'issue. Juif, le capitaine Dreyfus fut indéfendable de par la volonté de la canaille antijuive; de par son ordre, de par l'inexplicable terreur qu'elle exerçait, il ne fut pas même permis de faire un appel au bon sens et à l'équité (1). Du jour où elle eut révélé l'arrestation et la détention du capitaine, elle frappa par avance de suspicion toute défense. La gazette de l'antisémitisme et ses alliées les feuilles cléricales, mentant sans scrupules, bâtirent une immense conspiration juive, dont le but était d'arracher un traître au châtiment mérité et dont le moyen était la corruption.

Le premier journal qui annonça l'arrestation du capitaine Dreyfus fut *la Libre Parole*. La nouvelle lui en avait été apportée le 28 octobre par une lettre anonyme. Le 29 octobre 1894, le journal de M. Edouard Drumont demandait s'il était vrai qu'une arrestation importante eût été opérée.

Quelques journaux reproduisirent cette note, mais seule *la Libre Parole* était instruite; l'auteur de la communication anonyme savait ce qu'il faisait et qu'en allant frapper à la porte de M. Drumont sa victime ne saurait échapper. Le 1er novembre, la feuille antisémite annonçait à grand fracas « l'arrestation d'un officier juif » « *Dès dimanche* (le 28 octobre), *nous étions avisés au journal de cette arrestation, mais étant donnés la gravité des accusations, le nom et la qualité du coupable, nous voulions, et on comprendra notre réserve, attendre le résultat de l'instruction...* » On avait attendu deux jours! Mais la vraie raison de ce court silence n'était pas celle qu'invoquait *la Libre Parole*, car elle n'était pas capable, en la circonstance, d'accorder même ce minimum de réserve. La vérité est que le dimanche elle ne savait rien encore, sinon l'arrestation d'un officier israélite; de l'aveu même de celui qui faisait les premières révélations, *la Libre Parole* n'avait reçu de note précise que la veille même de la publication de son article sensationnel, et cette note, le journal ne craignait pas de la reproduire : « *L'officier français arrêté pour trahison est attaché à l'état-major du Ministère de la guerre*, disait ce communiqué anonyme. *Il passe pour être en mission. L'affaire sera étouffée parce que cet officier est juif. Cherchez parmi les Dreyfus, les Mayer ou les Lévy, vous trouverez. Arrêté depuis quinze jours, il a fait des aveux complets et on a la preuve absolue qu'il a vendu*

---

(1) Quelques écrivains indépendants le firent cependant, tels : M. Clémenceau dans *la Justice*, M. Bergerat dans *le Journal*, et M. Paul de Cassagnac qui, dans *l'Autorité*, protesta toujours contre l'instruction secrète, le huis clos et soutint jusqu'au jour du jugement que Dreyfus pouvait être innocent.

nos secrets à l'Allemagne. Quoi qu'on dise, il est au Cherche-Midi, mais pas sous son nom ; on veut le faire réfugier à Mulhouse, où réside sa famille. »

Comment, alors qu'au Ministère de la guerre, un cercle très restreint savait l'arrestation du capitaine Dreyfus, des renseignements aussi précis parvenaient-ils à *la Libre Parole?* Comment, pendant toute la durée de l'instruction, eut-elle connaissance des rapports de police, qu'aurait dû seul posséder l'officier chargé d'instruire l'affaire : le commandant Du Paty de Clam ; de ces rapports anonymes et mensongers, que lors du procès l'accusation écarta et rejeta? Qui, à côté des racontars les plus odieux, des nouvelles les plus fausses et les plus hostiles, transmettait à ce journal des pièces appartenant à l'instruction ?

*
* *

Dès les débuts de l'affaire, nous voyons se produire ces deux affirmations mensongères : *le capitaine Dreyfus a fait des aveux ; on a contre lui des preuves absolues.* Il avait si peu avoué qu'au lendemain du rejet de son pourvoi le ministre de la Guerre lui envoyait M. Du Paty de Clam pour obtenir son aveu et que les journaux, à la suite de cette entrevue, inséraient une note officielle, disant que « *l'ex-capitaine Dreyfus, n'ayant pas voulu faire d'aveux, serait traité avec la plus extrême rigueur* (1) ». Celui qui, héroïquement, sans baisser la tête qu'il avait le droit de porter haute, subit la dégradation en ne cessant de protester de son innocence, n'a jamais reconnu avoir commis même une imprudence, et il ne pouvait le faire, puisqu'il était innocent.

Quant aux « *preuves absolues* » de sa culpabilité, on verra tout à l'heure ce qu'il en était.

Néanmoins, pendant les premiers jours où l'arrestation du capitaine Dreyfus fut connue, la légende se forma et l'on sait l'influence qu'elle exerça sur tous les esprits. Un homme était au secret, on ne savait rien du crime dont on l'accusait, rien des charges qui pesaient sur lui ; et cependant on acceptait d'emblée qu'il fût coupable et on tenait pour certain qu'il avait avoué. Le juif était

(1) **Journaux de décembre 1894.**

livré sans défense, on pouvait « marcher » puisque, dès l'abord, on avait écarté de lui les sympathies en interdisant le doute même.

La Libre Parole du 1er novembre regrettait déjà qu'on ne pût fusiller celui qu'elle appelait le dernier des misérables et s'écriait en parlant de la trahison : « *Si douloureuse que soit cette révélation, nous avons cette consolation que ce n'est pas un vrai Français qui a commis un tel crime.* » On va maintenant profiter de l'aubaine heureuse, on va pouvoir reprendre contre les juifs dans l'armée la campagne interrompue jadis, et on la reprend. Le 3 novembre, M. Edouard Drumont, sous le titre *l'Espionnage juif,* invoque « *la fatalité de la race* » et déclare que les coupables véritables sont non les juifs, mais ceux qui leur permettent de se charger de telles fonctions. « *Pourquoi confiez-vous vos secrets à ceux qui vous trahiront toujours?* » s'écrie-t-il, et il conclut en demandant que les juifs soient chassés de l'armée. Le 6 novembre, autre article plus net et plus clair encore : « *Les Juifs dans l'armée,* » dans lequel M. Drumont rappelle la campagne de 1892, la déclare « *prophétique* », et demande de nouveau qu'un juif ne puisse être officier. C'est là la constante conclusion des antisémites et leur journal publie successivement la liste des officiers juifs attachés au Ministère de la guerre, la liste des officiers juifs à Saint-Cyr, la liste des officiers juifs dans la marine. Il demande que les juifs soient exclus des écoles de l'Etat. « *Après une défaite,* écrit M. Drumont (6 novembre 1894), *il n'y aurait pas un officier juif, fût-il personnellement irréprochable, qui pourrait se faire écouter de ses soldats et les empêcher de crier : Dreyfus! Dreyfus!* »

Toutefois, s'il n'y eût eu contre le malheureux capitaine que les objurgations et les clameurs frénétiques d'un maniaque que l'idée fixe conduit, l'opinion eût pu se ressaisir; mais il ne fut pas seul. Un vent de fanatisme souffla sur tous et ceux qui furent témoins de la chose purent évoquer les scènes d'antan, quand au moindre signe funeste on courrait sus au juif, le paria et la victime expiatoire. A peu d'exceptions près, la presse se montra antisémite; ceux des journaux qui avaient demandé qu'on attendît avant de condamner quelqu'un dont on ignorait le crime, furent insultés et en butte à toutes les insinuations. Ils se turent, ou se joignirent à la meute.

Des personnages juifs influents, dit *la Cocarde* (4 novembre), ont essayé d'arrêter le procès. Dreyfus, dit *la France* (5 novembre), est « *l'agent de ce pouvoir occulte, de cette haute juiverie internationale qui a décidé la ruine des Français et l'accaparement de la terre de France* ». La *Libre Parole* soutient ce chœur : « *Qui maintenant*, s'écrie-t-elle, *refuserait de crier avec nous :* « *La France aux Français?* » Elle ajoutait (5 novembre) : « *Il est bon que le public sache que, quoi qu'elle en dise, toute la juiverie se considère comme responsable du traître.* »

L'Echo de Paris se demandait quelle somme le « traître » avait pu recevoir pour prix de son forfait, et celui qui posait la question répondait : « *Trente deniers, ça suffit.* » Car il fallait réveiller le vieux préjugé légendaire, rappeler ce Judas qui a déjà tant servi, et *la Croix* (7 novembre) publiait un dessin qui représentait l'Iscariote embrassant Jésus et le capitaine Dreyfus vendant la France. « *La plume cède aujourd'hui la place au crayon*, disait-elle, *et le croquis ci-contre dira plus vite et plus éloquemment ce que nous pourrions écrire. Le même sujet est traité au Pèlerin* (touchant accord !) *par un autre artiste, car tout le monde se rencontre naturellement cette semaine à Gethsèmani pour y flétrir Judas. Cependant il n'y a pas parité. Judas appartenait au peuple de Dieu et il était l'apôtre choisi par le Maître. L'officier juif n'appartenait pas à la nation française et ceux qui l'ont introduit dans l'armée sont les véritables coupables. Lui agit comme le loup dans la bergerie et le chat dans la cage, il a le droit de dire à ses rabbins qu'il a trahi par patriotisme, puisque la France reste toujours le défenseur du Christ sur toutes les plages, malgré les défaillances de ses gouvernants. Le Franc, c'est dans le monde l'ennemi par essence du peuple déicide. Comment deux races, destinées par Dieu à une lutte mortelle, peuvent-elles porter les armes ensemble! C'est un non-sens que l'affaiblissement du sens moral a pu seul engendrer.* » Ce journal ne s'en tenait pas là. « *Le salut*, disait-il, *peut nous venir d'un malheur qui nous paraît comme une immense grâce proposée à la France... Par une permission providentielle, un capitaine juif d'artillerie, sorti, comme tant d'autres officiers juifs, de l'Ecole polytechnique, où ils sont souvent professeurs, Dreyfus a été arrêté... Cet officier était riche et l'argent pour lui était un surcroît. C'était l'ennemi juif trahissant la France.*

« *Il est arrêté malgré mille protections occultes, qui sont parvenues à dissimuler l'arrestation près de quinze jours.*

« *Si la guerre eût éclaté, il fût resté l'homme de confiance dans les bureaux du ministère, envoyant avec sécurité ses frères d'armes à la mort dans des embûches préparées par ses soins.*

« *Or, il a pu être arrêté malgré les protections occultes et presque invincibles qui entourent le monde juif chez nous.*

« *Ce fait est assurément un des plus considérables de notre temps. Si on ne parvient pas à nouveau à le mettre sous le boisseau, c'est peut-être la fin de la conjuration qui rend inutiles tant d'efforts patriotiques.*

. . . .

« *Il y a un dernier coup à tenter, et puisque la Providence permet de justifier si bien avec ce Dreyfus ce qu'on dénonçait depuis longtemps, nous demanderons, pour la France, un service à nos lecteurs.*

« *Nos correspondants nous ont plusieurs fois signalé le danger des fonctionnaires étrangers dans certaines situations, près de la frontière, nous n'en avons pas pris note; le moment est venu de dresser leur liste, et de demander à l'opinion s'il est possible de laisser notre frontière à la merci de tant de Cornélius Herz.*

« *Parmi ces juifs, il y a d'honnêtes gens; eh bien, ils comprendront que leur place n'est pas là; ignorent-ils la situation internationale de leurs coreligionnaires?*

« *On s'étonne qu'ils soient parvenus ainsi si nombreux à la frontière, comme on s'étonne de trouver Dreyfus dans les bureaux de la Guerre pour diriger l'espionnage.*

« *Des ministres français de la Guerre devaient-ils donner une telle place à un juif?*

« *Ah! que le tsar avait autrement l'intelligence de la situation quand il les expulsait en masse de son armée et de son empire!* »

Et le Moine, rédacteur habituel de cette feuille, laissait deviner tous ses désirs et toutes ses espérances en écrivant (14 novembre) : « *L'heure est enfin venue de ne plus accepter qu'un officier juif est un officier français.* »

La Vérité (3 novembre 1894) renchérissait encore :

« *Quand on a su à Paris, disait-elle, qu'il s'agissait d'un juif, l'indignation l'a emporté sur la tristesse. Pourquoi aussi, demandait-on, laisser un juif au bureau des renseignements confidentiels? C'était la première idée qui venait à l'esprit. S'il faut être juste pour les juifs, parmi lesquels il en est qui portent avec résignation le poids de la malédiction jetée sur leur race, ce n'est pas moins un crime que de leur confier la clef de nos serrures de sûreté.*

« *Dans l'armée, où ils commencent à s'infiltrer, ils sont déplacés et on le leur laisse comprendre, en dépit de l'esprit de camaraderie.*

« *Et quand on songe que, théoriquement, l'on s'inquiète du caractère, de la profession, de l'entourage du moindre candidat au grade de sous-lieutenant de réserve, avant de l'admettre à entrer, comme enfant du second lit, dans cette grande famille militaire, on peut s'étonner de la facilité avec laquelle sont con-fiés des postes de confiance à un officier qui a contre lui cette tare héréditaire : Juif de caractère, de race, d'entourage, de... travaux divers! Ce qui prouve, une fois de plus, que les vertus militaires ne s'apprennent pas dans les traités de mathéma-tiques.* »

L'article que M. Judet publiait dans *le Petit Journal* était d'une portée plus grave que tous ceux que je viens de citer; il empruntait cette gravité au caractère du journal qui le publiait et ne passait pas pour être un organe antisémite, la présence d'un israélite dans son conseil d'administration, et à une des plus hautes places, écartant naturellement cette pensée. Je dois reproduire cet article, car il représente exactement ce que fut l'opinion moyenne. Le voici :

CE N'EST PAS UN FRANÇAIS (1)

Les malheurs se suivent souvent. Au moment même où nous perdions l'empereur Alexandre III, nous venions d'apprendre qu'un capitaine de notre état-major était accusé d'intelligence avec nos ennemis.

(1) *Petit Journal* du 3 novembre 1894.

L'opinion publique est douloureusement émue par ce forfait, le plus abominable de tous.

L'arrestation pour crime de haute trahison d'un homme qui portait l'uniforme d'officier et qui aurait communiqué à l'étranger les secrets de la défense nationale a consterné l'armée. Ni l'armée ni le pays n'admettront qu'un Français ait pu oublier ses devoirs et son honneur au point de livrer sa patrie.

Il faut bien reconnaître que le capitaine Dreyfus était attaché au premier bureau de l'état-major général, que son grade, que son poste, que les affaires d'une importance capitale dont il était chargé, que les pièces, les dossiers dont il avait la clef, lui donnaient le moyen de servir utilement l'ennemi, de faire à la France un mal irréparable.

Mais comment expliquer l'aberration monstrueuse qui entraîna l'inculpé à exploiter sa haute mission pour fracturer les armoires de la mobilisation et y introduire les agents de la Triple-Alliance?

Hélas! nous craignons une réponse passionnée! Le peuple renie Dreyfus comme compatriote; les officiers protestent contre l'usurpation d'un grade conféré à un camarade qui s'est glissé dans leur intimité par contrebande.

C'est un grand malheur pour les israélites que le capitaine Dreyfus soit juif.

A tort ou à raison, l'indignation vengeresse de quiconque a la fierté de se dire Français d'origine ne pourra se soulager qu'en refusant aux galons de l'officier déchu le droit de cité légitime; elle s'élèvera contre son imprudente admission dans les rangs de l'armée, souillée par la présence d'un traître.

Nous sommes loin de partager les sentiments fanatiques de ceux qui condamnent la fortune des juifs, qui dénoncent la source de leur succès extraordinaire comme suspecte, qui fulminent contre leurs agissements financiers et leur influence universelle.

Nous sommes encore moins partisan de la confusion établie entre des querelles religieuses et la concurrence commerciale : nous n'anathématisons personne et nous déplorons le caractère intempérant de certaines polémiques qui mêlent toutes les questions et s'attaquent à toutes les personnes. Nous détestons les haines sociales, ferment maudit de guerre civile.

Nous sommes pourtant forcés de reconnaître que plusieurs israélites ont gardé de leurs habitudes traditionnelles à travers les siècles une sorte d'internationalisme tenace : c'est parmi eux une petite minorité, car la plupart sont devenus des nôtres ; seulement il est pénible de constater parfois des divergences de vues, des différences de conscience, des oppositions de mœurs qui font paraître ces individus exceptionnels comme des étrangers parmi nous.

Le préjugé défavorable, développé par des exemples fâcheux, s'est tristement accru depuis quelques années : beaucoup de citoyens de bonne foi sont enclins à attribuer aux juifs des fautes dont le plus grand nombre est innocent, de leur reprocher des responsabilités graves dans la corruption publique ou dans nos difficultés extérieures.

Pour remonter un pareil courant, il est indispensable que les victimes de la malveillance générale s'observent avec un soin scrupuleux, qu'elles soient au besoin impitoyables, quand leurs coreligionnaires se laissent emporter par de vieilles pratiques incorrigibles.

Il n'est que temps : car toutes nos calamités finiraient par leur être attribuées. N'avons-nous pas assisté, ces jours derniers, à la diffusion d'un bruit singulier qui fait remonter la maladie mystérieuse de l'empereur de Russie à un assassinat lent ? Ne répète-t-on pas sans autre preuve qu'il aurait été empoisonné par les juifs, comme représailles des persécutions essuyées par leurs tribus et de leur expulsion du territoire russe ?

Nous n'enregistrons cette rumeur non fondée, qui circule de bouche en bouche, que pour mieux établir le péril actuel.

Ce n'est pas l'arrestation d'un officier israélite, pour divulgation et vente de documents du Ministère de la guerre, qui contiendra les ressentiments, calmera la méfiance, dissipera les soupçons, apaisera les colères.

Il est évident que la nation entière désespérerait de l'avenir, si elle se figurait qu'un Français, de lignée indiscutable, est des-

cendu aux bassesses ignobles dont l'atavisme du capitaine Dreyfus n'a peut-être pas deviné toute l'horreur.

L'armée aussi, vouée au culte des intérêts supérieurs du pays, qui d'avance a consenti le sacrifice de sa vie pour barrer la route à l'invasion, pour protéger la frontière d'autant plus sacrée qu'elle est mutilée, l'armée éprouve un mouvement de dégoût et de révolte : elle ne se consolerait jamais d'avoir supporté la présence d'un espion qui serait authentiquement de la grande famille militaire, au lieu d'être entré chez elle par un faux certificat de naissance, de s'y être maintenu par escroquerie en abusant de la bonté et de la confiance de ses camarades.

Il est lamentable que seul un jugement partiellement inique paraisse capable d'affranchir la conscience nationale, de la délivrer du poids qui pèse sur elle et qui pousse à la fatalité de cette terrible conclusion :

« Non, le capitaine Dreyfus ne peut pas être, n'est pas un Français ! »

*
* *

Seul donc un juif peut trahir, et c'est le juif qu'on désigne à la vengeance de tous, c'est lui qu'on charge de tous les crimes et de toutes les hontes, et c'est seule la qualité de juif de celui qu'on accuse de trahison qui peut consoler un peuple d'avoir été trahi. Cependant, la *conscience nationale* n'avait pas été opprimée quand Chatelain, quand Bonnet avaient trahi, elle ne l'a pas été davantage quand plus tard ont trahi Schwartz, Boillot et Guillot, et il fallait Dreyfus pour faire peser sur elle ce poids insupportable. Quand tous ceux dont je parle furent reconnus félons, la nation entière « *n'a pas désespéré de l'avenir* » et cependant elle devait en « *désespérer si elle se figurait qu'un Français de lignée indiscutable est descendu aux bassesses ignobles dont l'atavisme du capitaine Dreyfus n'a peut-être pas deviné toute l'horreur* » — ces bassesses ignobles dont les Guillot et les Schwartz, les Bonnet et les Boillot se sont rendus coupables sans qu'aucun écrivain pût exciper de je ne sais quel atavisme légendaire.

Et c'est quelques jours après qu'on eut connu l'arrestation du capitaine Dreyfus que se produisaient ces violences, alors qu'on ne savait rien et qu'on ne pouvait rien savoir, alors qu'à court de nou-

velles et de renseignements le reportage aux abois inventait les his-
toires les plus extravagantes et les moins vraisemblables, excitant
le chauvinisme, affolant les esprits simples.

« *Nous recevons des monceaux de lettres*, disait *la Libre Parole,
l'indignation des premiers jours n'a pas diminué* » et elle insérait
la missive d'un militaire qui ne pouvait qu'augmenter cette indignation factice et la porter à son extrême limite : « *Il s'est
glissé dans notre état-major général*, disait cet officier en parlant du capitaine Dreyfus, *il a rampé jusque dans les bureaux
du Ministère de la guerre pour surprendre les secrets de la
défense, les voler, copier et expédier à l'ennemi qui n'attendait
peut-être (et il ne l'ignorait pas, qui sait???) que ses derniers
renseignements pour mettre le pied sur notre sol.* »

Ces hommes qui ne connaissaient pas l'accusation ne pouvaient
supporter même l'idée que cet inculpé fût innocent. M. Millevoye
disait : « *Si on l'acquitte étant criminel, le peuple saura faire
justice.* » S'il demandait le lynchage, d'autres plus modestes
exigeaient impérieusement la mort de celui dont le crime était encore
ignoré de tous.

Jamais pareil acharnement, pareilles fureurs ne se manifestèrent.
La presse et le public donnent à celui qui maintenant remonte dans
le passé l'impression d'une foule sauvage dansant une danse de
scalp autour du poteau où est attaché un homme. On perdait à ce
point la notion, non seulement de l'équité, mais du simple bon sens,
qu'on attribuait à un capitaine d'état-major la connaissance de tous
les secrets de la défense du pays; il semblait qu'il eût tenu dans
sa main et livré la sécurité de la nation, la vie de tous, et que sa mort
seule pût délivrer chacun d'un hallucinant et terrible cauchemar.
On reste confondu devant une aberration pareille, qui n'a pas
d'exemple, qu'on n'a jamais vu se produire, à l'annonce d'aucun
crime, d'aucune trahison, si formidables fussent-ils. Et ces affolés
craignaient que leur victime n'échappât. Ils voyaient des dessous
dans l'instruction, ils sentaient des pièges, des influences. On veut
sauver le traître parce qu'il est juif, répétait-on, et on ignorait
encore s'il était un traître. *La Patrie* du 8 novembre publiait l'incroyable note suivante : « *Nous avons reçu hier dans nos bureaux
une délégation d'officiers en retraite, décorés de la Légion d'hon-*

neur, venus pour protester contre les lenteurs apportées à l'instruction dirigée contre le traître que l'on sait. Ils nous ont déclaré que si la lumière la plus complète n'était pas faite à bref délai sur les agissements du coupable et que si le châtiment exemplaire que mérite son forfait se faisait trop attendre, les officiers retraités, décorés de la Légion d'honneur, étaient prêts à manifester publiquement leur indignation contre de tels atermoiements. » On ne se bornait pas à cela; on recherchait quel pourrait être le châtiment assez sévère pour le forfait qu'on supposait avoir été commis; on trouvait trop douce la peine des parricides, on rappelait les tortures que les Chinois infligent aux traîtres et *le Petit Journal* du 9 novembre publiait la lettre suivante, choisie, disait-il, parmi « les plus modérées qu'il avait reçues » :

Monsieur N..., au Petit Journal,

A propos de la punition des traîtres en Chine, dont vous indiquez le châtiment féroce, vous ajoutez ceci : « En France, pour les traîtres, nous avons la dégradation publique et le feu de peloton. Cela suffit. » Eh bien! non, Monsieur, cela ne suffit pas! Assez de sensiblerie comme cela! Il y en a trop en France pour les criminels et surtout pour les ignobles gredins qui vendent leur pays! Le châtiment est trop doux. Si j'étais son juge, eh bien! moi, qui ne ferais pas le moindre mal à un animal, je commencerais par l'enfermer dans une cage en fer, comme une bête fauve, et je le ferais passer ainsi devant le front de plusieurs régiments au Champ-de-Mars. Là, chaque officier viendrait lui cracher au visage. Ensuite, la dégradation et le feu de peloton. Je le répète, c'est encore trop doux pour les traîtres à la patrie.

Un lecteur du « Petit Journal », vrai patriote.

Certes l'on sait que la férocité humaine n'a pas de bornes; qui cependant ne se sentira rougir de honte en la voyant se manifester ainsi, sans que ceux qui devraient les premiers essayer de l'atténuer, l'aient su blâmer! Au contraire, ils en ont accueilli la manifestation, ils l'ont approuvée. Mieux encore, ce sont eux qui l'ont déchaînée, ce sont eux qui ont affolé cette foule tremblante de

peur à l'idée qu'elle était vendue, cette foule qui bientôt hurlera
à la face du capitaine Dreyfus innocent ses clameurs atroces :
« *A l'eau! à Satory! à mort le juif!* » terrible écho des haines
anciennes, couvées dans les obscurs replis de la conscience et du
cœur (1).

Et ces manifestations ne suffisaient pas. On en organisait d'autres
de nature à peser plus sûrement sur les esprits ; des meetings
antisémites se tenaient en Algérie, dans lesquels on demandait
que prompte justice fût faite contre le capitaine Dreyfus et contre
les juifs. On répandait les bruits les plus propres à exciter les colères.
Le ministre de la Guerre est, dit-on au début, le valet de la finance
juive. « *Les juifs ne cessent d'intriguer pour sauver Dreyfus*, annonce *la Libre Parole* du 7 novembre. *On a soustrait des pièces du
dossier, on cherche à trier le conseil de guerre. C'est du reste la
haute juiverie qui, contrairement à l'avis de ses chefs, a imposé
Dreyfus au ministre de la Guerre. C'est à se demander si les juifs
ne l'avaient pas placé exprès au poste qu'il occupait à l'état-major
général dans l'espoir très arrêté qu'il ferait un jour ce qu'il a fait.* »

(1) Il ne faut pas croire que cette férocité se soit calmée, car voici ce qu'on
pouvait lire dans *le Réveil algérien* (journal clérical) du 19 juillet 1897 :

« *Nous recevons d'un de nos plus honorables concitoyens l'intéressante lettre suivante qu'il nous prie d'insérer :*

« Oran, 18 juillet 1897.

« *Monsieur le Rédacteur en chef du* Réveil algérien,

« *Nous avons lu, il y a quelques jours, quelques-uns de mes amis et moi, une nouvelle
qui nous a comblés de joie. Un lieutenant, du nom de Dreyfus, parent proche ou
éloigné, mais à coup sûr parent du misérable traître en renom, s'est fracassé le crâne
dans une chute de cheval.*

« *Nous ne savons si cet officier! (dire que ces gens-là se rencontrent dans l'armée!)
attendait, comme son cousin, le grade de capitaine et l'accès des bureaux de l'état-
major, pour livrer nos plans à l'ennemi ; mais la nouvelle de sa mort nous a fait
danser en rond une joyeuse bourrée et a corroboré notre foi en la patrie.*

« *Notre premier élan de joie apaisé, nous avons songé à la généreuse bête antijuive
qui a si dignement concouru à l'élimination des juifs puissants de l'organisation militaire que nous réclamons tous.*

« *Qu'est devenu ce glorieux cheval? C'est ce que nous nous sommes demandé avec
inquiétude.*

« *Nous craignons fort que le Lantiéri de là-bas n'exerce contre lui des poursuites
et ne le traduise devant les juges correctionnels.*

« *Aussi avons-nous recours, monsieur le Rédacteur en chef, à la publicité de votre
estimable journal, pour faire connaître au maître actuel de la vaillante bête qu'un
groupe d'antijuifs oranais a l'intention de la lui acheter pour lui ménager l'existence
douce qu'elle a si bien gagnée.*

« *Veuillez agréer, etc.*

« UN ANTIJUIF ORANAIS. »

La Patrie et les journaux patriotes répètent ces assertions; ils montrent la corruption s'exerçant partout, sur les bureaux de l'Etat-Major, sur les juges du conseil de guerre, sur tous ceux qui, de près ou de loin, sont mêlés à l'affaire, car c'est là une conception propre aux chauvins et aux antisémites. Pour eux, le Français est un animal naturellement corruptible, toujours prêt à se vendre à « la juiverie internationale », si celle-ci veut y mettre le prix.

* * *

Les faits sont maintenant connus de tous, je n'ai rien à y ajouter; ils parlent d'eux-mêmes. Quel est l'homme de bonne foi qui osera désormais dire que ce n'est pas comme juif que le capitaine Dreyfus fut poursuivi, jugé et condamné? Qui osera dire encore que c'est moi qui ai voulu introduire dans le débat une question religieuse qui lui était étrangère? Ce n'est pas moi qui ai choisi ce terrain, il m'a été imposé.

Sans doute je sais ce qu'aura d'humiliant, pour les esprits sincères et larges, cette pensée qu'on a pu abuser d'eux ainsi, et le remords de s'être laissé entraîner par les passions les moins conciliables avec les tendances de notre temps.

A constater que le fanatisme n'est pas mort, qu'il est aujourd'hui plus vivace encore qu'il y a un siècle et qu'après tant d'années écoulées, un homme peut encore être poursuivi pour sa confession, l'âme se pénètre d'une douloureuse et profonde amertume; l'espoir de la fraternité future semble sombrer en elle ou tout au moins reculer dans le lointain avenir. Qu'à l'aurore d'une ère nouvelle ait pu se produire ce qui marqua le déclin d'un âge il y a plus de cent ans, voilà qui confondra tous ceux qui ignoraient cette cause et s'étaient fiés, pour la connaître, sur le jugement d'autrui.

On objectera toutefois que ceux qui s'acharnèrent contre le capitaine Dreyfus ne furent pas ceux qui l'inculpèrent, et l'on s'étonnera que ceux qui étaient en possession de la vérité n'aient rien fait pour enrayer ce torrent de fureur et de haines. S'ils se turent, c'est qu'ils subirent eux aussi le terrorisme antisémite et n'osèrent y résister. Mais, de tout cela, un homme est responsable et il ne doit pas échapper à cette responsabilité. Cet homme est le général Mercier, alors ministre de la Guerre; c'est sur lui, sur ce général politicien que doit retomber le poids de l'iniquité commise, car il tira profit de l'exaltation patriotique; il essaya, en la flattant, de restaurer son autorité compromise et sa popularité entamée. Quand tout à l'heure j'exposerai les faits, on verra sur quelles faibles présomptions, sur quels témoignages contradictoires cet homme, agissant comme un magistrat suprême, ordonna l'arrestation du capitaine Dreyfus. Il n'eût fait que cela qu'il serait coupable seulement d'une légèreté impardonnable, mais il fit plus et, par crainte, il devint l'auxiliaire et le complice de ceux qui, avec son aide, ont conduit au bagne un innocent.

Pour comprendre cette incroyable conduite, il faut se remémorer la situation politique du général Mercier avant l'affaire Dreyfus. Quelle était-elle? L'affaire Turpin (1) l'avait déconsidéré dans les milieux chauvins; pour tous ceux qui m'ont accusé de manquer de respect à l'armée parce que je ne voulais pas reconnaître l'infaillibilité d'un conseil de guerre, il était un général médiocre, peu soucieux des intérêts de la défense nationale, prêt à la compromettre pour les plus basses des raisons. Aux yeux des journaux d'opposition il était « *l'homme au flair d'artilleur* », chaque jour en butte aux violentes attaques de *la Patrie* et de *la Libre Parole*, de *la Presse* et de *l'Intransigeant*. Sa position dans le cabinet Dupuy était compromise. L'affaire Dreyfus fut pour lui le moyen de se relever. Vit-il tout d'abord le parti qu'il en pourrait tirer? Je ne le crois pas, et c'est moins de machiavélisme que de lâcheté morale qu'il faut l'accuser; il ne sut pas résister aux sommations et aux mises en demeure de la presse antisémite, il en subit les injonctions et acheta son repos par les concessions qu'il consentit à lui faire, alors qu'il s'agissait de l'honneur et de la vie d'un homme.

Au début du procès, on l'accusa de vouloir, pour complaire « *à la juiverie internationale* », étouffer le procès, et ce ne fut que lorsque, sortant de son rôle, il consentit à peser du poids de son autorité sur ceux dont il était le supérieur hiérarchique et qui étaient prêts à devenir des juges, qu'on désarma et qu'il fut couvert de louanges par ceux-là même qui l'avaient insulté. Il

---

(1) C'est de la deuxième affaire Turpin que je veux parler. L'affaire de la mélinite s'était déroulée sous le ministère de M. de Freycinet.

n'épargna rien pour être digne de ce triomphe, il multiplia les notes et, les communiqués officieux, il se laissa interviewer par *le Journal* le 17 novembre, par *la Patrie* le 18, par *le Figaro* enfin le 28. Que disait-il ? Il affirmait que les pièces qui lui avaient été communiquées lui avaient révélé d'une façon irréfutable la culpabilité du capitaine Dreyfus et qu'il n'avait pas hésité à faire son devoir en ordonnant de l'arrêter : « *Il a fallu six semaines au général Mercier*, déclare *la Libre Parole* désormais ralliée (18 novembre), *pour vaincre toutes les résistances accumulées devant lui par la juiverie.* »

Le temps n'est plus où ce journal, accusant le général Mercier de vouloir à tout prix épargner le châtiment à un traître, s'écriait : « *Sans la note publiée par nous il y a trois jours, Dreyfus était sans doute sauvé.* » Maintenant le général Mercier a capitulé devant les antisémites, il a obéi à leurs menaces : il est leur homme. Ils sont déterminés à le défendre contre tous, il leur a jeté la proie qu'ils demandaient, il leur est sacré. Désormais, il est le soldat intègre qui, résistant aux ministres « *inféodés à la juiverie cosmopolite* », a voulu, d'une volonté inébranlable, faire rendre la justice. Tout s'est brisé contre sa détermination. Il a menacé de s'adresser à la France, à la patrie outragée, et son énergie, sa loyauté ont forcé la main à ses collègues. Depuis, il a eu à subir tous les assauts, toutes les supplications, toutes les menaces : il est resté inébranlable. Seul, il résiste aux injonctions de l'Allemagne, il incarne l'honneur, le devoir, le patriotisme, en présence des ministres vendus à l'ennemi. On représentait ces derniers comme acharnés contre le général patriote, et on les mettait au défi de se débarrasser de lui : « *Il faut être avec Mercier ou avec Dreyfus,* » disait *l'Intransigeant*, et ceux qui, il y avait un mois à peine, le traînaient dans la boue la plus abjecte, le portaient maintenant au pinacle et faisaient de lui un héros. « *Avec lui,* écrivait-on, *le général Mercier a tous les Français sans distinction de partis.* »

Il mérita cette approbation de ceux qui menaient, contre un prévenu qu'ils eussent dû respecter, la chasse féroce qu'on a vue. Dans l'interview qu'il se laissa prendre par un rédacteur du *Figaro*, M. Leser, il disait (28 novembre) :

« *J'ai soumis à M. le président du conseil et à mes collègues les rapports accablants qui m'avaient été communiqués et, sans aucun retard, l'arrestation du capitaine Dreyfus a été ordonnée. On a écrit à ce sujet beaucoup d'inexactitudes : on a dit, notamment, que le capitaine Dreyfus avait offert des documents secrets au gouvernement italien. C'est une erreur. Il ne m'est pas permis d'en dire davantage, puisque l'instruction n'est pas close. Tout ce que l'on peut répéter, c'est que la culpabilité de cet officier est absolument certaine et qu'il a eu des complices civils. »* M. Leser ajoutait : « *A l'état-major de l'armée, on sait, de source certaine, que Dreyfus était, depuis plus de trois ans, en relations avec les agents d'un gouvernement étranger qui n'était ni le gouvernement italien, ni le gouvernement austro-hongrois. Mais, si l'on a les preuves matérielles de son infamie, on n'a pas réussi jusqu'à présent à démontrer qu'il ait été payé* (1). »

Rien de tout cela n'était vrai. Le général Mercier n'avait en sa possession, comme nous le verrons tout à l'heure, que des expertises contradictoires. Quant aux « rapports accablants » dont il certifiait l'existence, ni l'acte d'accusation, ni le dossier n'en contiennent trace. On n'y trouve rien, ni sur les complices civils, ni sur les prétendues relations du capitaine Dreyfus avec les agents d'un gouvernement étranger. Le général Mercier altérait la vérité, et, en prenant ainsi parti contre un accusé qui était mis dans l'impossibilité de se défendre publiquement, il commettait l'action la plus odieuse, la plus inique, la plus déloyale et la plus lâche. Il violait les principes les plus élémentaires de l'équité, il essayait d'imposer d'avance une sentence ; il subornait la justice, frappait d'impuissance la défense, trompait l'opinion ; il contribuait à créer autour de l'accusé une atmosphère hostile et à former un courant de conviction qui devait amener la condamnation.

Et ce rôle qu'il avait assumé, il persista à le jouer après que le capitaine eût été condamné. Sorti de la vie politique, il continua la

---

(1) *Le Temps* du 29 novembre inséra une rectification, disant que le ministre n'avait pas tenu ces propos, car « *il ne pouvait émettre un avis sur la solution d'une cause déférée à la justice militaire* », et qu'il n'avait pu parler de complices civils, car si ces complices avaient existé la cause eût été justiciable de la cour d'assises et non du conseil de guerre. M. Leser, dans *le Figaro* du 29 novembre, répondit qu'il avait commis une erreur de rédaction en parlant « *de complices civils* », le général Mercier ayant dit seulement que « *des personnes civiles avaient été mêlées à cette affaire* », mais n'y étaient pas « *impliquées, au moins pour le moment* ». Cette rectification faite, il maintenait énergiquement qu'il avait fidèlement rapporté les propos du ministre de la Guerre et aucun démenti ne suivit son affirmation.

campagne qu'il avait entreprise au mépris de toute équité, il inspira des journaux, communiqua directement avec eux, leur livra des documents et des notes, servant ainsi — bien que ce fût loin de sa pensée et de ses désirs — les défenseurs de l'homme qu'il avait fait condamner et contre lequel il ne put jamais réunir que les plus misérables des présomptions.

Car enfin, que produisait-on pour justifier de telles et si étranges fureurs, quelles étaient les accusations qui pesaient sur celui qu'on poursuivait aussi atrocement, pour qui les cœurs étaient fermés à la pitié, les oreilles closes à toute légitime tentative de défense? Je vais une fois encore exposer les faits ; ce que j'ai dit dans mon premier mémoire, je vais le redire ici, car il importe que ce soit redit, il faut que tous ceux qui me liront, tous ceux qui liront les nouveaux témoignages que j'apporte en faveur de celui qui attend le jour où il lui sera permis d'être un homme, il faut que tous ceux-là sachent la vérité.

Qu'on ne s'attende pas à des révélations nouvelles, je n'en ai pas à faire. Il a paru impossible à ceux qui m'ont critiqué, et même à des hommes dont la sympathie m'était acquise, que j'eusse tout dit. C'est qu'ils ne pouvaient pas croire qu'on eût pu condamner un homme à une peine aussi terrible et infamante sans avoir de sa culpabilité des preuves péremptoires et certaines. Je n'ai rien caché de la vérité.

Quelque inimaginable que cela paraisse, il n'y a jamais rien eu contre le capitaine Dreyfus que ce que j'ai exposé et ce que je vais répéter. J'invoque pour cela l'irrécusable témoignage de l'avocat de grand talent et de grand cœur qui a défendu courageusement, fort de sa conscience et de sa conviction, celui de qui tout le monde se détournait, celui dont il n'a jamais cessé de proclamer hautement l'innocence. C'est à lui que j'en appelle et c'est à lui que je renvoie ceux qui encore douteraient.

*
* *

En 1894, — si nous en croyons la déposition d'un homme qui figure comme témoin à charge au procès du capitaine Dreyfus et dont le témoignage fut considéré comme décisif, le commandant Henry, attaché au bureau des renseignements de la Guerre, — des documents et des notes intéressant la défense nationale étaient dérobés au ministère et livrés à des puissances étrangères. Ce fait n'était pas anormal et, pour s'en rendre compte, il suffit d'étudier les procédés de l'espionnage international, nécessité et corollaire du militarisme.

Pourquoi cependant provoqua-t-il, à ce moment précis, une émotion plus vive? Parce qu'on savait que la trahison était due à un officier. Comment le savait-on? Parce que, selon la déposition du commandant Henry, une personne honorable l'avait affirmé. Quelle était cette personne honorable? Personne ne l'a jamais su, on a refusé de la nommer, de la faire comparaître et témoigner, de telle sorte que la première base de l'accusation est l'affirmation d'un homme resté inconnu, et dont les assertions n'ont jamais pu être contrôlées. Le conseil de guerre n'eût-il pas dû récuser un tel témoignage, témoignage suspect et louche à cause du mystère dont il était entouré et de l'impossibilité d'en connaître la valeur, puisqu'on ignorait celui qui le portait? Comment accepta-t-il donc de former son jugement sur l'équivoque et obscure déclaration d'un homme parlant au nom d'un tiers qu'il ne pouvait citer?

Quoi qu'il en soit, à la suite des indications de cet X mystérieux, une surveillance sévère fut, dit-on, établie dans les bureaux du ministère; tous les officiers de l'état-major furent suivis de près. On ne découvrit rien, jusqu'au jour où le colonel Sandherr, chef de la section de statistique, eut remis au ministre de la Guerre, général Mercier, une lettre non signée, bordereau d'envoi d'un dossier. Les écritures des officiers attachés aux bureaux furent alors examinées; on les compara avec celle du bordereau et, comme on n'arrivait à aucun résultat, on fit appel à M. le commandant Du Paty de Clam, qui avait, paraît-il, des connaissances graphologiques. Le commandant Du Paty de Clam ayant, après examen, affirmé que l'écriture de la lettre était semblable à celle du capitaine Dreyfus, le bordereau fut soumis successivement à deux experts, M. Gobert, expert de la Banque de France, et M. Bertillon, commissaire de police, chef du service de l'identité judiciaire. M. Gobert, après étude des écritures, déclara que la lettre incriminée pouvait être d'une personne autre que la personne soupçonnée. M. Bertillon déclara que la même personne avait écrit toutes les pièces qui lui avaient été communiquées. Nous reviendrons plus tard sur ces expertises et sur les experts eux-mêmes. Pour le moment, nous nous bornerons à constater que l'accusation possédait comme seule pièce à conviction une missive que le capitaine Dreyfus était accusé d'avoir écrite.

En possession de ces deux rapports contradictoires, le ministre de la Guerre ordonna l'arrestation du capitaine Dreyfus. Sans hésitation, le général Mercier faisait emprisonner un homme sur l'opinion d'un expert en écritures. La conduite passée du capitaine Dreyfus permettait-elle d'agir ainsi ? Avait-on réuni contre lui des charges telles que l'expertise de M. Bertillon en fût simplement une confirmation ? Non. Rien dans la vie du capitaine Dreyfus n'autorisait l'ombre même du soupçon. D'une honorable famille alsacienne de Mulhouse (1) , il était entré, à dix-huit ans, à l'Ecole polytechnique, avait été un des plus brillants élèves de l'Ecole de guerre, et ses ennemis n'ont jamais pu le représenter autrement que comme un officier actif et ambitieux.

Il n'était pas besogneux, mais riche. Il était marié, père de deux enfants, et l'accusation elle-même a établi que son existence était la plus régulière des existences. Jamais elle n'a pu prétendre qu'il ait eu des relations suspectes, une correspondance anormale, des habitudes de vie mystérieuses. Le jour où on l'a arrêté, rien ne pouvait le faire soupçonner : il a suffi de l'attestation d'un aliéné de la graphologie pour jeter dans un cachot quelqu'un dont l'honorabilité, la probité étaient inattaquables.

Le 15 octobre 1894, le capitaine Dreyfus, convoqué au Ministère de la guerre, fut mis en état d'arrestation par M. Cochefert, chef de la Sûreté, et par le commandant Henry, attaché au bureau des renseignements du ministère. Cette arrestation avait été précédée d'une comédie mélodramatique imaginée par le commandant Du Paty de Clam. Elle avait consisté à dicter au capitaine Dreyfus une lettre contenant quelques-unes des phrases renfermées dans le bordereau qu'on l'accusait d'avoir écrit. M. Du Paty de Clam, fin psychologue, prétendit avoir remarqué un certain trouble chez le capitaine Dreyfus; sa main, affirma-t-il, tremblait en écrivant.

(1) Contrairement aux assertions de certains journaux, la famille du capitaine Dreyfus est française. Le capitaine a trois frères et trois sœurs. Son frère aîné, M. J. Dreyfus, a quitté l'Alsace et s'est établi à Belfort pour permettre à ses enfants de rester Français. Les deux autres, MM. L. et M. Dreyfus, ont tous deux fait leur service dans l'armée française. Les trois sœurs du capitaine ont épousé des Français et habitent la France.

Ce trouble n'exista jamais que dans l'imagination de M. Du Paty de Clam, car la lettre écrite par le capitaine Dreyfus sous la dictée du commandant est écrite d'une main ferme, sans l'ombre d'une hésitation ni d'un tremblement. Il a été dit que, dans son émotion profonde, le capitaine Dreyfus avait écrasé sa plume, éclaboussant d'encre la feuille. Le papier n'en porte pas de traces, et dans ces quelques lignes si claires, le dernier mot est écrit aussi nettement, d'un élan aussi droit que le premier.

Cependant, on n'a pas craint de dire que cette agitation insolite manifestée par le capitaine Dreyfus avait décidé de son arrestation. Il suffit, pour répondre à une assertion pareille, de rappeler que la scène dont je viens de parler eut lieu le 15 octobre, tandis que le mandat d'arrêt est daté du 14 octobre, alors que l'accusation n'avait pas d'autre élément que l'affirmation d'un expert en écritures. Quel est le magistrat qui eût fait jeter en prison quelqu'un sur un tel témoignage, et quelle conception faut-il avoir de la justice pour inculper celui contre lequel se lève un seul homme, de compétence douteuse et de qualité telle qu'il eût dû être récusé ? On m'a reproché de ne point assez vénérer l'armée, et je suis obligé de supposer que ceux qui m'ont adressé ce reproche ont pour tout militaire un respect profond. Est-ce en vertu de ce respect qu'ils acceptent si facilement qu'on ait pu saisir un officier et le livrer à l'opprobre de tous sur la foi d'un policier ?

Arrêté, le capitaine Dreyfus fut conduit à la prison militaire du Cherche-Midi. Dès qu'il fut écroué, on perquisitionna à son domicile. La perquisition ne donna aucun résultat. Tout fut examiné, cependant, la correspondance du capitaine, ses livres de dépenses ménagères. On ne trouva rien.

Le capitaine n'était à ce moment qu'un prévenu. Le commandant Du Paty de Clam était, par délégation du Ministère de la guerre, commis officier de police judiciaire et chargé de l'instruction. Pendant dix-sept jours le capitaine Dreyfus fut mis au secret et il fut défendu à sa femme d'informer de son arrestation ses parents même les plus proches. Pendant dix-sept jours, il ignora l'accusation qui pesait sur lui, ce qui entre dans les procédés coutumiers de l'instruction. Que fut-elle en la circonstance ? Elle consista uniquement à interroger, sur les points les plus divers, le capitaine Dreyfus et sa

femme. Aucun témoin ne fut entendu. Quant à l'enquête, elle fut
confiée à des agents qui élaborèrent des rapports à ce point mensongers qu'aucune de leurs indications ne put être retenue par le
ministère public.

L'homme qui dirigea cette instruction, M. Du Paty de Clam,
mérite de prendre place à côté des Laffemas et des Laubardemont.
Il avait de la justice une conception inquisitoriale qu'il appliqua
indifféremment au malheureux qui lui était livré et à Mme Dreyfus
elle-même; il se montra le plus habile et le plus félin des tourmenteurs et se soucia toujours moins de rechercher la vérité et la lumière
que de manifester sa passion et son instinctive haine. Un homme,
un pauvre hère qui a déshonoré la tribune du Parlement en y
venant faire métier de pourvoyeur de prison et en y apportant
les plus basses, les plus lâches et les plus mensongères calomnies,
calomnies qu'il n'a jamais osé produire alors qu'il n'était plus couvert
par l'immunité parlementaire et qu'il ne pouvait plus accuser et salir
impunément, —M. André Castelin, député de l'Aisne, tout en demandant qu'on me livrât à des juges, a déclaré que pas « un Français
n'avait le droit de parler d'un officier de notre armée » comme je
l'avais fait. Faut-il donc excuser chez un homme, parce qu'il est
revêtu d'un uniforme, ce que l'on réprouverait chez tout citoyen, chez
tout magistrat? Comment jugerait-on celui qui tourmenterait une
femme espérant lui arracher l'aveu de la culpabilité de son mari? Comment jugerait-on celui qui, l'insulte aux lèvres, ne reculerait devant
aucune torture morale pour faire avouer à un homme le crime dont
il est accusé? On le jugerait comme j'ai jugé M. le commandant Du
Paty de Clam. On dirait de lui qu'il a oublié tout devoir d'humanité,
de pitié et de justice. Je n'ai pas dit et ne dis pas autre chose de
M. Du Paty de Clam.

Après les dix-sept jours de la pseudo-enquête à laquelle il s'était
livré, la conviction de cet étrange juge d'instruction était faite; elle
ne reposait sur aucun fait, mais seulement sur des impressions person-
nelles. Celles-ci suffirent pour que le parquet du conseil de guerre
fût saisi; un second juge d'instruction fut nommé et chargé d'établir le rapport d'accusation. Ce juge, commandant Besson d'Ormescheville, reprit l'enquête et cita vingt-deux témoins. Leur audition,
cette enquête et les enquêtes policières reprises, durèrent deux mois.

Quand elles furent closes, elles n'avaient pas donné de résultats, elles n'avaient apporté aucune charge, et lorsque le capitaine Dreyfus fut envoyé devant le conseil de guerre, il était, comme au premier jour, accusé sans preuves, sur des affirmations d'experts en écritures, d'avoir écrit un bordereau d'envoi, mentionnant des documents livrés à une puissance étrangère.

*
* *

J'ai montré par des faits certains et irrécusables comment on avait trompé l'opinion publique et j'ai établi où elle en était lorsque le capitaine Dreyfus comparut devant ses juges. Dans quelles dispositions ceux-ci se trouvaient-ils?

Depuis un mois, on s'efforçait, par tous les moyens, d'exercer sur eux une pression. On répandait le bruit qu'ils étaient sans cesse sollicités en faveur d'un traître et qu'on n'épargnait rien pour les séduire. « *On a offert un million au commissaire rapporteur pour qu'il émette un doute,* » disait *la Libre Parole* (14 décembre). On promet de l'avancement aux autres officiers, affirmaient *la Patrie*, *la Croix*, tous ceux auxquels il fallait une condamnation.

Tout, la clameur publique, les insinuations déshonorantes, les paroles mêmes de celui qui, ministre de la Guerre, était le magistrat suprême, tout s'employait à imposer une sentence à l'esprit des juges. Quelles conditions pour rendre la justice! Leur livra-t-on au moins, quand ils furent dans la salle d'audience, les éléments nécessaires pour qu'ils pussent se former une conviction? Le dossier, que seul connaissait le colonel président, comme c'est la coutume dans tout conseil de guerre, ne pouvait leur fournir aucune preuve, car il n'en contenait aucune, et ils durent se fonder sur les paroles et les affirmations de ceux qui, comme le commandant Henry, vinrent leur déclarer que ces preuves existaient, sans pouvoir cependant les leur donner. Quand ils entrèrent dans la salle du conseil, ils étaient sous l'impression de la terrible campagne de presse menée. Les crimes que — sur la foi d'ailleurs des communiqués officieux ou des rédacteurs militaires, tous plus ou moins à la dévotion du Ministère de la guerre — les journaux imputaient à Dreyfus, étaient innombrables. Il avait des relations suivies avec les attachés militaires de certaines puissances étrangères, il avait livré les graphiques de mobilisation et les fiches de concentration, communiqué des renseignements précis sur les armements nouveaux et la situation des troupes. On précisait même. Il a vendu, disait M. Leser (*Figaro* du 4 novembre), « *les documents ayant trait à la concentration des 14ᵉ et 15ᵉ corps d'armée sur la frontière d'Italie.* » Il « *connaissait les noms des officiers en mission,* disait le *Petit Journal, il les dénonçait et les signalait. Ces officiers déclarèrent qu'ils étaient trahis. On cacha désormais leurs noms à Dreyfus et ils réussirent dans leurs entreprises. On envoya alors M. Cochefert en Italie, il revint avec les preuves absolues.* « L'*Intransigeant* donnait des noms : « *Le ministre de la Guerre sait maintenant à n'en pas douter*, annonçait-il, *que c'est à Dreyfus qu'on doit l'arrestation de Mᵐᵉ Ismert, aujourd'hui détenue dans les prisons d'Allemagne, celles de MM. Degouy et Delguey, les deux officiers de marine récemment graciés par Guillaume II, celle du capitaine Romani et de tant d'autres. C'est au point que* la Gazette de la Croix *publiait, il y a quelques jours, tous les noms des officiers français chargés de missions, non seulement en Prusse, mais en Italie et en Autriche.* « Dans ce même numéro (8 novembre), M. Henri Rochefort rapportait une conversation qu'il avait eue avec un attaché du Ministère de la guerre de passage à Bruxelles. « *Depuis longtemps,* disait cet inconnu, *le ministre soupçonnait ce Dreyfus. Il est et a toujours été un espion.* » « *Dreyfus, qui pénétrait partout,* ajoutait M. Rochefort, *et que l'attaché avec lequel je causais connaît parfaitement, a livré à l'Allemagne non seulement les plans de mobilisation, mais, chose peut-être encore plus grave, ce qu'on appelle* « *l'horaire* », *la marche des trains avec leur destination, le jour et l'heure où ils amèneront des troupes dans un endroit déterminé.* « La Libre Parole prétendait tour à tour qu'il existait au dossier de l'affaire une correspondance du capitaine Dreyfus avec le major Schwartzkoppen, attaché militaire allemand, et qu'ils se rencontraient dans un café du boulevard Saint-Germain. Quant à *l'Echo de Paris,* journal dont les attaches avec le Ministère de la guerre sont avouées, il se piquait d'être plus précis encore. Selon lui (17 novembre 1894), en présence du général de Boisdeffre (que le capitaine ne vit jamais d'ailleurs, à aucun moment de l'instruction pas plus qu'au jour de l'arrestation), « *Dreyfus ne sut que pleurer,* » et il avoua. « *Il était en relation avec un officier allemand résidant à Bruxelles et c'est à lui qu'il livrait les pièces relatives à la mobilisation. Il faisait des absences fréquentes sans autorisation. Pendant une de ses absences on vit que des pièces confidentielles manquaient. On fit une perquisition dans son bureau et on trouva, écrite de la main du capitaine, la liste des documents qui avaient disparu. Des correspondances de son écriture, saisies et existant encore au dossier, prouvaient ces relations. A un moment donné, Dreyfus a cherché à nier la paternité de ces lettres, et, bien que l'état-major n'ait aucun doute sur leur origine, l'officier instructeur ordonna une expertise d'écriture. Les résultats de cette expertise, nous pouvons l'affirmer, sont écrasants pour Dreyfus.* » Quand on n'affirmait pas, on insinuait. *L'Intransigeant* (7 novembre) prétendait que pendant le séjour du capitaine Dreyfus à l'Ecole de Pyrotechnie de Bourges des soupçons s'étaient « *élevés contre lui au sujet de faits très graves qui se sont passés dans cette ville en 1890* ». Il contait qu'à cette époque on avait expérimenté à Bourges un fusil nouveau du capitaine Praslon et que, quelques mois après, plusieurs puissances étrangères adoptaient un fusil de même calibre ; que plus tard on constata, au cours d'expériences sur de nouveaux obus, que la poudre en avait été falsifiée. « *Nous ne prétendons pas,* concluait ce journal, *que le capitaine Dreyfus soit l'auteur des divulgations commises à propos de certaines expériences au polygone de Bourges, ni qu'il ait falsifié les obus. Nous rappelons seulement les faits auxquels, coïncidence singulière, le nom d'Alfred Dreyfus fut quelque peu mêlé.* »

Si un seul des faits que nous venons d'énoncer, d'après les journaux accusateurs, eût été vrai, ils eussent été chacun une preuve de culpabilité. Or, pas un seul n'a été invoqué contre le capitaine Dreyfus au moment de son procès, pas un seul n'est cité, même pour mémoire, dans le dossier, non plus que dans l'acte d'accusation, non plus que dans le rapport du commissaire instructeur, rapport qui, je l'espère, sera publié un jour et attestera la vérité de ce que j'avance. Donc, ou les journaux qui énuméraient et publiaient ces charges mentaient, ou bien ils accueillaient sans contrôle les infamies colportées contre un prévenu sans défense, ce qui était abominable, ou bien ils étaient trompés par les communications intéressées des officieux du ministre de la Guerre. Que la presse puisse ainsi se faire l'auxiliaire de ceux qui poursuivent un homme, que sans demander que la vérité d'une accusation soit prouvée d'une façon irréfutable, elle aide à l'établir et à perdre ainsi un malheureux dont elle ignore s'il est ou non coupable, c'est là une chose indigne, et cependant elle se produit tous les jours et elle ne peut que toujours se produire, tant qu'un prévenu sera, par l'instruction secrète, séparé du monde, tant que, dans toute affaire criminelle, l'accusateur aura ce droit de parler qu'on refuse à l'accusé. Mais jamais, et pour les causes que j'ai déjà exposées, on n'avait poussé aussi loin ce système de dénonciation et de calomnie, que dans l'affaire du capitaine Dreyfus. Et je n'ai pas parlé des mensonges abjects que propageait *la Libre Parole*. Elle avait, en effet, affirmé (16 novembre) que le capitaine Dreyfus s'occupait d'affaires véreuses, qu'il était compromis dans une affaire de chantage à Marseille (le confondant ainsi volontairement, car elle ne pouvait en ignorer, avec l'ancien directeur du journal *la Nation* qui avait été poursuivi pour ces faits), et elle disait impudemment : « *Longtemps avant sa trahison, Dreyfus avait déjà fortement endommagé sa réputation d'honnête homme.* »

Quant aux mobiles qui avaient pu pousser le capitaine Dreyfus à trahir, on les appréciait aussi diversement. Il a trahi par dépit de n'avoir pas été envoyé en mission à l'étranger, affirmait *le Matin* (2 novembre); d'autres soutenaient qu'il avait voulu se venger de ses camarades, sans d'ailleurs indiquer les motifs de l'animosité qu'il aurait pu nourrir contre eux. Ceux-ci insinuaient qu'en sa qualité d'Allemand (il était Alsacien) il avait voulu servir sa vraie patrie et qu'il n'était entré dans l'armée que pour trahir — ce qui, selon la conception chauvine, en aurait fait un véritable héros, acceptant l'opprobre pour le bien de son pays.

Enfin un « haut fonctionnaire », toujours anonyme, disait à un rédacteur du *Petit Journal* (2 novembre) : « *Le cas de M. Dreyfus est des plus simples, il a trahi pour de l'argent.* » Pour peu d'argent, précisait *l'Intransigeant* du même jour. Quant à *la Libre Parole*, fidèle à ses principes, elle disait (14 novembre) : « *Sa trahison serait une œuvre purement juive, l'œuvre d'ingratitude et de haine par laquelle les juifs ont toujours remercié les nations qui les ont accueillis. »*

*
* *

C'est ainsi que chaque jour on faussait l'opinion, c'est ainsi qu'avait pu se faire celle des officiers désignés pour être des juges. Combien la vérité était loin de tout cela, et cette vérité je l'établis, je le répète, d'après le rapport du commandant Besson d'Ormescheville et d'après le réquisitoire du commandant Brisset, commissaire du gouvernement. Quand le capitaine Dreyfus comparut, le 19 décembre 1894, devant le conseil de guerre, *aucune des charges qu'on avait si complaisamment énumérées ne s'élevait contre lui.* Après quatre jours de débats à huis clos, il fut constaté qu'il n'avait aucune relation suspecte, que les voyages à l'étranger, les placements de fonds dont il ne pouvait justifier, les besoins d'argent, les habitudes de jeu, la fréquentation des femmes, étaient des légendes. Le commandant Brisset, requérant contre l'accusé, déclara qu'il ne pouvait attribuer de mobiles à sa trahison, il écarta tous les mensonges, toutes les calomnies contenues dans les rapports de police, il reconnut la parfaite probité du capitaine Dreyfus, son honorabilité absolue, la régularité et la simplicité de sa vie.

De quoi l'accusait-il donc? D'avoir livré des documents à une ambassade étrangère. Sur quoi s'appuyait-il? Uniquement sur une lettre, sorte de mémorandum contenant la liste des documents livrés. Le rapport Besson d'Ormescheville avait cherché à établir — sans y réussir, toutefois, autrement que par des suppositions insoutenables, — que le capitaine Dreyfus avait pu posséder les documents énumérés par le bordereau accusateur. Le ministère public ne retenait même pas ces hypothèses, et son réquisitoire se terminait par ces mots : « *Cette lettre missive (le bordereau incriminé) est de l'écriture du capitaine Dreyfus. M. le commandant Du Paty de Clam l'a affirmé, MM. Bertillon, Charavay et Teyssonnières l'ont affirmé à leur tour; je déclare qu'il est de sa main, vous le déclarerez aussi et vous condamnerez cet homme. »* C'est donc uniquement à des témoignages d'experts en écritures que s'en référait l'accusation, et encore ces témoignages ne s'accordaient-ils pas. Il est vrai que dans son réquisitoire le commandant Brisset ne mentionnait même pas les experts défavorables à l'accusation : MM. Gobert et Pelletier.

Que le capitaine Dreyfus, après deux mois d'une enquête qui n'amena aucune découverte, fût uniquement accusé d'avoir écrit ce bordereau, ses ennemis, ceux qui avaient montré contre lui le plus d'acharnement, le reconnaissaient eux-mêmes : « *Il est exact*, disait *l'Intransigeant, que c'est sur une pièce unique, sorte de bordereau indiquant une liste de documents à livrer, que repose l'accusation. Nous croyons même pouvoir donner, d'après ce que nous affirmait une aimable assistante qui l'a, avant l'ouverture de l'audience, aperçue sur le bureau du conseil de guerre, derrière lequel elle était placée, le sens général de cette pièce. Dreyfus y parle d'un rendez-vous manqué et y annonce l'envoi prochain des documents dont il donne la liste. La pièce se termine par cette phrase : Je vais partir en manœuvres.* »

J'ai publié dans mon premier mémoire le texte véritable de ce bordereau, dont l'exactitude a été confirmée par la publication d'un fac-simile de la pièce elle-même, dans le journal *le Matin* du 10 novembre 1896. Nul, depuis sa publication, n'a tenté d'ailleurs d'en nier l'authenticité, et elle n'était pas niable puisque c'était M. le général Mercier, détenteur (à quel titre?) de plusieurs pièces relatives au procès Dreyfus, qui l'avait communiqué au *Matin*, de même qu'il avait communiqué à *l'Eclair* certains faits et documents sur lesquels nous reviendrons tout à l'heure (1). Il me sera permis à ce propos de faire observer que c'était celui qui s'était avec le plus d'énergie opposé à la publicité des audiences, sachant que devant tous la lumière aurait éclaté, amenant l'acquittement du capitaine Dreyfus et la condamnation du ministre de la Guerre, qui, sans preuves, par légèreté d'abord, par lâcheté et tactique de politicien ensuite, l'avait laissé poursuivre, il me sera permis, dis-je, de faire remarquer que c'est M. le général Mercier qui le premier a violé le huis clos nécessaire selon lui au salut de la France, comme si le salut d'une nation pouvait dépendre d'une iniquité!

Je reproduis encore ici le texte de ce bordereau (2) :

(1) J'avais imputé à tort ces communications à M. Bertillon. Je dois reconnaître que je m'étais trompé.
(2) On en trouvera le fac-simile sur une feuille hors texte, à la fin de ce volume

TEXTE DU DOCUMENT

« *Sans nouvelles m'indiquant que vous désirez me voir, je vous*
« *adresse cependant Monsieur quelques renseignements intéressants.*

« *1° Une note sur le frein hydraulique du 120 et la manière*
« *dont s'est conduite cette pièce.*

« *2° Une note sur les troupes de couverture (quelques modifica-*
« *tions seront apportées par le nouveau plan).*

« *3° Une note sur une modification aux formations de l'artil-*
« *lerie.*

« *4° Une note relative à Madagascar.*

« *5° Le projet de manuel de tir de l'artillerie de campagne (14*
« *mars 1894).*

« *Ce dernier document est extrêmement difficile à se procurer*
« *et je ne puis l'avoir à ma disposition que très peu de jours. Le*
« *Ministère de la guerre en a envoyé un nombre fixe dans les corps*
« *et ces corps en sont responsables, chaque officier détenteur doit*
« *remettre le sien après les manœuvres. Si donc vous voulez y*
« *prendre ce qui vous intéresse et le tenir à ma disposition après,*
« *je le prendrai. A moins que vous ne vouliez que je le fasse*
« *copier in extenso et ne vous en adresse la copie.*

« *Je vais partir en manœuvres.* »

***

Comment ce document tomba-t-il entre les mains du ministre?
D'après des récits plus ou moins véridiques, il aurait été trouvé dans
les papiers de rebut de l'ambassade d'Allemagne, papiers qu'un
domestique avait coutume de vendre à des chiffonniers qui n'étaient
autres que des agents du bureau des renseignements du Ministère de
la guerre. Ce bordereau était écrit au recto et au verso d'une
feuille simple d'un papier filigrané spécial, dont on n'a trouvé
aucun spécimen au domicile du capitaine Dreyfus. Ce papier était
de nature à servir à des décalques. La feuille en était déchirée en
quatre morceaux irréguliers, qu'on a soigneusement recollés à

l'aide de bandes placées derrière, et dont on a livré diverses photographies, en plusieurs états, aux experts (1).

Quelle était maintenant la valeur accusatrice de cette « lettre missive », comme elle est désignée couramment dans le procès ? Pour que cette valeur fût sérieuse, il ne suffisait pas que des experts reconnussent que la lettre avait été écrite par Dreyfus, d'autant que, d'après les experts à charge eux-mêmes, l'écriture du bordereau n'était pas semblable absolument à celle du capitaine. Il eût fallu, outre ces témoignages, démontrer qu'il avait eu en mains les documents énumérés par la « lettre missive », ou qu'il avait possédé les éléments nécessaires pour envoyer une note sur chacun d'eux. Or, le commissaire du gouvernement, commandant Brisset, a avoué qu'au cours de l'instruction aucune preuve n'avait pu être fournie sur ce point. En ce qui concerne le « *projet de manuel de tir de l'artillerie de campagne* », énoncé par la « lettre missive », l'acte d'accusation disait : « *Le capitaine Dreyfus a reconnu, au cours de son premier interrogatoire, s'en être entretenu à plusieurs reprises avec un officier supérieur du deuxième bureau de l'état-major de l'armée.* » L'acte d'accusation mentait. Le capitaine Dreyfus avait affirmé qu'il avait parlé de toute autre chose avec cet officier supérieur, le commandant Jeannel ; il demanda qu'une confrontation eût lieu, on refusa, comme on refusa de faire comparaître le commandant Jeannel lors du procès. Pourquoi ? Parce que le commandant Jeannel aurait confirmé les dires du capitaine Dreyfus, ce qui n'empêcha pas l'affirmation mensongère de subsister dans l'acte d'accusation, bien qu'il n'existât dans le dossier, et qu'il n'ait été produit dans l'affaire, aucune charge autre que l'existence même du document.

S'est-on demandé quelle nécessité pouvait pousser un officier de l'état-major général — j'insiste là-dessus — trahissant son pays à accompagner ses envois de documents d'un memorandum commercial ?

A-t-on recherché comment un tel bordereau, avec les renseigne-

(1) La photographie d'après laquelle a été fait le cliché du *Matin*, cliché fort exact, a été retouchée de façon à enlever les traces du travail de réparation, traces qui se manifestaient par de longues baudes noires coupant irrégulièrement la photographie. On a ensuite, pour exécuter le cliché, rajouté bout à bout les deux photographies, faites séparément, du recto et du verso. C'est dans cet état que j'ai reproduit ce document.

ments qu'il mentionnait était parvenu à son destinataire mystérieux, puisqu'on n'a jamais pu montrer un intermédiaire quelconque ayant pu servir à le transmettre. Il établit cependant dès le début les rapports de celui qui l'écrit avec un personnage étranger. « *Sans nouvelles m'indiquant que vous désirez me voir,* » dit la lettre missive en commençant, et elle impose immédiatement à l'esprit de tous le fait que l'anonyme pratique coutumièrement le métier d'espion. Il aurait donc dû exister des traces de ses relations, en un mot, d'autres témoignages de la trahison que cet unique bordereau, seule preuve invoquée contre le capitaine Dreyfus.

« *Je vais partir en manœuvres,* » conclut la lettre missive et il a été établi qu'en 1894, date à laquelle elle a été écrite, le capitaine Dreyfus n'a pas pris part aux manœuvres.

Pourquoi ce fait incontesté n'a-t-il arrêté ni les officiers du bureau des renseignements, ni le ministre de la Guerre, ni les juges militaires ?

Supposa-t-on que l'écrivain avait voulu dissimuler sa personnalité, mais alors il eût été plus simple pour lui de livrer les documents sans les accompagner d'un bordereau. Au contraire, le bordereau semble faire parade de cette personnalité d'officier. Dès lors, deux hypothèses sont seules possibles.

Ou la lettre incriminée est l'œuvre d'un faussaire désireux de se couvrir en rejetant la suspicion sur un autre, ou elle est à la fois une lettre d'envoi et une lettre de proposition. Ce qui porterait à adopter plutôt cette seconde hypothèse, c'est la façon dont la missive insiste sur le titre d'officier, titre destiné à donner de l'importance aux renseignements, que l'anonyme propose de livrer, et la manière équivoque dont elle parle du manuel de tir de l'artillerie de campagne (1).

Ces deux hypothèses permettent aussi d'expliquer l'origine du bordereau. Trouvé, comme on le sait, dans le panier à papier d'une ambassade étrangère, il y a été jeté ou comme une pièce sans importance,

_____

(1) « Ce dernier document est extrêmement difficile à se procurer, et je ne puis l'avoir à ma disposition que très peu de jours. Le ministre de la Guerre en a envoyé un nombre fixe dans les corps et ces corps en sont responsables, chaque officier détenteur doit remettre le sien après les manœuvres. *Si donc vous voulez* y prendre ce qui vous intéresse et le tenir à ma disposition après, je le prendrai à *moins que vous ne vouliez que je le fasse copier in extenso et ne vous en adresse la copie.* »

émanant d'un agent dont les services ne pouvaient plus désormais être utilisés, ou dans le but de sauver un vrai traître, et de lancer de cette façon le bureau des renseignements du Ministère de la guerre sur une fausse piste.

Telle était donc la base de l'accusation : une feuille de papier, bordereau d'envoi de provenance louche et inexpliquée, déchirée en quatre morceaux et recollée. On ne sait ni à quelle date il est parti des mains de celui à qui on l'attribue, ni à quelle date il est parvenu à l'accusation. A qui était-il adressé ? La défense aussi bien que les juges l'ignorent. Nulle charge n'appuyait l'attribution qui était faite au capitaine Dreyfus de cette lettre missive. Bien que sa première phrase fût : « *Sans nouvelles m'indiquant que vous désirez me voir,* » ce qui, pour l'accusation au moins, devait signifier que le capitaine Dreyfus voyait le correspondant mystérieux auquel il écrivait, on ne pouvait apporter contre lui la preuve d'une relation suspecte quelconque. Cependant, au dire du ministre de la Guerre, on le soupçonnait depuis longtemps, on le filait, on épiait ses moindres actes, tous ses pas et toutes ses démarches. A moins qu'on ne l'ait pas surveillé du tout, et qu'on l'ait arrêté, comme je l'ai dit, sur les rapports contradictoires de deux experts en écritures ! Il faut choisir et, quoi que l'on choisisse, l'unique accusation qui subsiste est celle d'avoir écrit un bordereau, les seuls témoignages sur lesquels on se base pour condamner sont les conclusions d'experts qui ne parvenaient pas à s'entendre.

J'ai écrit que sur d'aussi faibles preuves on n'eût pas osé conduire le capitaine Dreyfus devant un conseil de guerre, s'il n'eût été juif et si la pression de la bande antisémite n'y avait contraint un ministre sans caractère et sans courage. Mais, même juif, ce conseil de guerre l'eût acquitté si, dans la chambre des délibérations du conseil de guerre, le général Mercier, au mépris de toute justice, n'eût fait communiquer aux juges une pièce qui, selon lui, établissait la culpabilité du capitaine Dreyfus. L'existence de cette pièce, ignorée de l'accusé, ignorée de son défenseur, c'est le général Mercier lui-même qui l'a révélée à tous. Il le fit dans le journal *l'Éclair* du 15 septembre 1896, dans le but, disait-il, de faire cesser les doutes qui pouvaient subsister dans l'esprit de quelques-uns sur la culpabilité du capitaine Dreyfus. Sa conscience, qui ne lui avait pas reproché d'avoir obtenu, par de tels procédés, la condamnation d'un homme, ne sut pas l'empêcher de revendiquer comme un titre une aussi indigne action. Il s'en fit une sorte de gloire et n'hésita pas, une fois encore, à se présenter comme le sauveur de la patrie.

On sait quelle était cette pièce. D'après *l'Eclair*, c'était une lettre chiffrée écrite par l'attaché militaire allemand à Paris à un attaché militaire italien; lettre contenant cette phrase : « *Décidément, cet animal de Dreyfus devient trop exigeant.* » Ces détails n'étaient pas exacts. Le général Mercier, qui avait menti jadis en se faisant interviewer, mentait encore et communiquait au journal qu'il avait choisi et qui n'était pas responsable de sa mauvaise foi, des renseignements en partie faux. La lettre soumise aux membres du conseil de guerre n'était pas chiffrée, elle était écrite en français, et ne contenait pas le nom de Dreyfus, mais l'initiale D.

Elle est d'une nature absolument invraisemblable. Voit-on, en effet, cet attaché militaire allemand, ayant réussi à gagner à son gouvernement un capitaine d'état-major, agent précieux qu'on doit sauvegarder, s'empressant de parler de lui dans une lettre, alors qu'il devait craindre de faire la moindre allusion à un pareil auxiliaire? Et il s'est rencontré sept hommes prêts à tenir pour véridique une semblable histoire et pour, sur un document pareil, condamner quelqu'un! Ces sept hommes, il est vrai, ont trouvé naturel de prononcer leur verdict sur un document caché à l'accusé et à la défense. Il faut dire à leur décharge que le général Mercier le leur a imposé au nom de prétendus intérêts supérieurs dont il ne leur a du reste pas permis de juger. Quelqu'un d'ailleurs, lorsque le fait a été révélé, a-t-il protesté contre une si monstrueuse violation des principes de la justice (1)? On a laissé passer sans rien dire cette abominable chose, sans s'apercevoir qu'on permettait ainsi aux juges futurs de se réclamer de ce jugement pour la renouveler. N'a-t-on pas senti qu'en attentant aux droits d'un seul on attentait aux droits de tous, et que désormais tout gouvernement pouvait se permettre, pour obtenir la condamnation de ceux qu'il désirerait éliminer de la vie publique, de peser par tous les moyens

(1) Je dois faire exception pour MM. Maurice Charnay et Paul de Cassagnac qui, dans *le Parti ouvrier* et *l'Autorité*, ont protesté.

sur l'esprit, sur la décision et sur la sentence d'un tribunal ? Autrefois, on admettait que de prétendues raisons d'Etat pouvaient être supérieures aux droits de l'individu, à la justice même, et la fiction du salut de tous servait à cacher les abus du pouvoir comme l'ignominie des juges. Il est permis désormais de dire qu'on a laissé ceux qui dirigent la République faire de même. Cependant, il s'agissait là des garanties qui sont dues à la liberté de chacun, et non pas seulement du capitaine Dreyfus ; mais la force du préjugé était si grande, si forte la crainte de paraître l'ami des juifs, que nul n'a osé être l'ami de la vérité et de la justice.

J'ai parlé du fait lui-même, de l'infamie du mode de jugement employé contre un homme ; discuterai-je plus longuement la lettre mystérieuse elle-même ? Pour la discuter, il faudrait la connaître dans son entier, et ceux qui la détiennent sont plutôt disposés à prétendre désormais qu'elle ne fut jamais communiquée qu'à la publier. Sa publication, tous les amis du capitaine Dreyfus la demandent, et si ceux qui croient fermement à sa culpabilité sont convaincus qu'elle apporterait une preuve de plus, pourquoi ne se joignent-ils pas à ceux qui réclament la lumière complète ? Qu'on produise cette pièce, et la nécessité de reviser ce procès apparaîtra à tous les esprits qui ne sont soucieux que d'équité et que n'aveugle aucune passion basse.

Il est vrai qu'après avoir révélé l'existence de ce document, on a affecté de l'ignorer. En communiquant au journal *le Matin*, le 10 novembre 1896, le fac-similé authentique du bordereau, ce bordereau qu'un soi-disant intérêt de défense nationale avait interdit de montrer publiquement lors du procès, le général Mercier donnait comme « *preuve matérielle et irrécusable du forfait* » de Dreyfus, cette lettre missive et les expertises d'écritures qui l'attribuaient au capitaine. Abandonnons donc momentanément l'existence de la pièce secrète. Il reste un fait, fait que ne dément aucun des ennemis du capitaine Dreyfus : ce sont des expertises en écritures et uniquement elles qui l'ont fait condamner. Parlons donc de ces expertises.

J'ai dit qu'au début même de l'affaire, avant l'arrestation du capitaine Dreyfus, deux experts avaient été consultés : MM. Gobert et Bertillon. Ils avaient émis tous les deux un avis différent et, sur cette divergence, on avait arrêté celui que nul autre indice ne désignait. Après l'arrestation, trois autres experts furent commis : MM. Charavay, Teyssonnières et Pelletier. Un d'entre eux, M. Pelletier, conclut à l'innocence, les deux autres, MM. Charavay et Teyssonnières, à la culpabilité. Mais le rapport le plus important, celui qui semble avoir fait, du moins sur le général Mercier et sur M. Du Paty de Clam, l'effet le plus décisif, c'est celui de M. Bertillon, rapport qu'il a complété après l'arrestation à tel point que sa déposition devant le conseil de guerre dura près de trois heures. C'est donc de lui, tout d'abord, que nous allons nous occuper. Avant d'examiner son rapport, il importe de parler de sa personne. Simple policier relevant du Ministère de l'intérieur, effronté charlatan, ayant organisé, d'après les idées des autres, ce service de torture qu'on appelle le service anthropométrique, auxiliaire de geôlier et condamné à une basse besogne quotidienne, M. Bertillon eût dû être récusé par la défense. Un policier ne peut être libre, il est au service d'un gouvernement, ce qui aliène son indépendance, et son rapport est une chose suspecte. Indépendamment de ces raisons légitimes de suspicion, le personnage est une manière de détraqué, un homme à système, prêt à conduire quelqu'un au bagne ou à l'échafaud pour démontrer l'excellence de ses théories.

Devant les juges, il a affirmé que, sur la culpabilité du capitaine Dreyfus, aucun doute n'était possible et, sans hésitation aucune, il l'a déclaré l'auteur du bordereau. Quelle foi peut-on avoir dans un témoignage si singulier, et quelle inconscience suppose-t-il chez celui qui, un an après le procès Dreyfus, appelé à témoigner dans une affaire de faux en écriture, refusait de reconnaître coupable un clerc d'huissier qui avouait avoir fait ce dont on l'accusait, disant pour sa justification :

« *Je n'affirme jamais l'authenticité d'un écrit. On peut, quoique cela ne soit pas sans présenter de bien grandes difficultés, établir à peu près certainement, dans certains cas, qu'une pièce est fausse et encore ne doit-on accepter, sous réserves, une telle conclusion que lorsqu'elle est confirmée par des preuves d'ordre matériel. Mais aujourd'hui que la graphologie, que je ne considère, bien entendu, que comme la science de l'écriture et non au point de vue des appréciations aux-*

quelles elle sert de prétexte sur le caractère des scripteurs, s'est répandue et qu'elle permet, par une analyse minutieuse, de s'assimiler une écriture, à la condition d'avoir le tour de main nécessaire, les faussaires ont beau jeu, et il n'est pas douteux que tels ou tels documents, reconnus même judiciairement pour authentiques, ne l'étaient point et — je l'ajoute, à la décharge des experts, qui donnèrent des conclusions conformes — qu'ils ne pouvaient pas être graphiquement reconnus faux.

« *C'est pourquoi je m'abstiens toujours, quant à moi, de conclure, me contentant d'indiquer des probabilités* (1). » -

M. Bertillon n'a pas su se contenter de ces probabilités, il a affirmé « *l'authenticité d'un écrit* ». Pourquoi, sinon parce qu'il s'est laissé dominer par un parti pris injustifiable, ce que prouvent ses arguments, dérivant tous d'une hypothèse *a priori?* Comme le bordereau accusateur et l'écriture de Dreyfus présentent d'incontestables dissemblances, M. Bertillon suppose que le capitaine a volontairement déguisé son écriture, qu'il y a introduit des modifications, et il le montre décalquant sa propre écriture pour la modifier légèrement. La folie d'une telle hypothèse est flagrante. Comment, voilà un homme qui trahit et il ne trouve rien de plus ingénieux, lorsqu'il écrit à ses complices, que d'altérer son graphisme, de décalquer ses propres écrits! Plus même, il va (c'est le rapport de M. Bertillon qui l'affirme) chercher dans un de ses travaux anciens déposé au ministère, des mots qu'il reporte ensuite dans sa correspondance. Ce graphologue, faisant fonction de ministère public, ne suppose pas un instant que l'écriture qu'il étudie puisse être falsifiée; il ne lui paraît pas évident, puisqu'il trouve des mots de l'écriture authentique du capitaine Dreyfus s'appliquant rigoureusement sur des mots du bordereau, qu'il est en présence d'un faussaire, de quelqu'un qui a voulu perdre celui qu'on accuse. Et pourquoi cette conclusion ne s'impose-t-elle pas à lui, comme elle s'est imposée à d'autres, sinon parce que M. Bertillon est parti de cette idée : « Le capitaine Dreyfus est coupable (2). »

Tout son rapport n'est d'ailleurs que le développement de cette

(1) Voir le *Journal des Débats* du 23 septembre 1895.

(2) Voir page 243 la critique du rapport de M. Bertillon par M. Georges Hoctès.

hypothèse absurde, et toutes ses déductions prétendent la renforcer. Les mots *officiers* et *in extenso*, dit-il, ont été relevés sur un document émanant des archives de la Guerre et que le capitaine Dreyfus reconnaît avoir écrit de sa main; on les a calqués sur gélatine, et ces décalques ont couvert exactement tout ou partie des mêmes mots du bordereau. Quant aux différences qu'on remarque, elles sont mises là, prétend-il, pour détourner les soupçons. Par exemple, dans les mots avec double « *s* », le capitaine Dreyfus a l'habitude de mettre un « *f* » long d'abord, un petit « s » ensuite; dans le bordereau il a fait le contraire, se réservant ainsi, en cas de découverte, un moyen de défense. De même, au lieu de mettre, comme dans son écriture habituelle, des déliés au commencement des mots, il les ajoute à la fin dans le bordereau. Ainsi voilà un homme qui, d'après M. Bertillon, calque quelques-uns de ses mots et en dénature certains autres; il se livre à cet incroyable travail, et il n'a pas songé à ce qui eût été moins long et plus sûr pour lui, à découper des lettres imprimées dans un journal ou à se servir d'une machine à écrire. Cette série d'hypothèses n'indique-t-elle pas chez M. Bertillon un fâcheux équilibre mental, ce dont on ne doute pas lorsqu'on rapproche de son rapport écrit sa déposition orale?

Avant de développer les conclusions de son rapport, M. Bertillon fit distribuer aux juges du conseil de guerre et aux assistants un dessin qu'il prétendait être le schéma de l'affaire Dreyfus elle-même. Ce dessin représentait une sorte de pentagone, ou plutôt de cœur, désigné sous le nom d'arsenal, relié par deux chemins, qualifiés de chemins souterrains, à une sorte de citadelle crénelée au centre de laquelle sont inscrits les mots : « *Tir à longue portée, feux de tous côtés.* » Cette citadelle se rattache à un rectangle figurant le but. A la gauche de ce rectangle sont tracés six demi-cercles; c'est, selon les indications écrites de M. Bertillon : « *Le plan de défense venant de la gauche.* » Chacun des intervalles de ces demi-cercles est rempli par une légende indiquant les moyens de défense imaginés par « *le traître* » en cas de découverte. Cette composition, infiniment précieuse pour renseigner chacun sur l'état d'esprit de M. Bertillon, est intitulée : « *Coup monté.* »

Outre ce curieux tableau, qui ne laissa pas de surprendre les membres du conseil de guerre, M. Bertillon fit circuler aussi deux petites cartes superposées dont la supérieure, jouant dans une sorte de coulisse, pouvait recouvrir l'inférieure. Sur l'une d'elles était écrit le mot « adresse », sur l'autre le nom « A. Dreyfus ». M. Bertillon voulait, à l'aide de ce petit appareil, démontrer la culpabilité du capitaine Dreyfus. Pour arriver à ses fins, il faisait jouer rapidement les deux cartes l'une sur l'autre et convainquait ses auditeurs qu'au bout d'un temps fort court il leur était impossible de distinguer les deux mots qu'elles portaient. Il est indifférent, disait-il, que la superposition de leurs lettres soit impossible au repos, il suffit de retenir la confusion qui s'établit entre les deux mots lorsqu'on les fait glisser l'un sur l'autre. Craignant de n'être pas compris, il ajoutait qu'euphoniquement la constatation était la même et qu'en prononçant alternativement et avec volubilité le mot « adresse » et le nom « A. Dreyfus » on arrivait à les confondre et à dire l'un pour l'autre, ce qui, d'après cet étonnant expert, prouvait leur identité.

Une pareille déposition n'eût-elle pas dû amener l'acquittement du malheureux, victime d'un pareil halluciné ? Il en eût peut-être été ainsi devant le conseil de guerre, si ce conseil n'avait pas eu à compter avec la pression exercée par le général Mercier et par l'opinion. Il est cependant surprenant qu'aucun des juges n'ait réclamé pour M. Bertillon le bénéfice de l'irresponsabilité, après que celui-ci eut prétendu avoir trouvé dans l'écriture du bordereau le prix dont avaient été payés les documents !

Que valent les autres rapports et comment ont opéré les deux autres experts hostiles, MM. Charavay et Teyssonnières ? Ils ont pris simplement dans les pièces de comparaison qui leur étaient fournies, c'est-à-dire dans les lettres et travaux authentiquement écrits par le capitaine Dreyfus, quelques mots ayant une ressemblance avec des mots du bordereau ; cela leur a suffi. Ils ne se sont aucunement préoccupés des dissemblances; leur rapport n'est pas, comme celui de M. Bertillon, l'œuvre de déséquilibrés, mais l'œuvre d'incompétents à la conscience légère, n'ayant aucune idée des méthodes et des procédés de la graphologie et envoyant au bagne un homme, sur la foi de leur science incertaine, sans trouble et sans remords.

Se sont-ils tous servis, au moins, de pièces de comparaison normales? Comment procède-t-on ordinairement dans des expertises d'écritures? On donne aux experts le document qu'il s'agit d'identifier et des spécimens de l'écriture courante de celui ou de ceux qui sont soupçonnés d'avoir écrit ce document. Cela n'a pas suffi pour le capitaine Dreyfus, car il était dit qu'en tout des mesures exceptionnelles seraient prises à son égard. Certaines des pièces de comparaison ont été obtenues par des procédés qui permettraient de déclarer coupables vingt personnes sur cent prises au hasard. M. Du Paty de Clam, dans son ingéniosité inquisitoriale, a fait écrire au capitaine jusqu'à soixante fois et plus des phrases ou des parties de phrases de la « lettre missive », par exemple le mot « *manœuvres* » et la phrase : « *Je vais partir en manœuvres,* » l'obligeant à écrire tantôt assis, tantôt debout, tantôt ganté, tantôt mains nues, tantôt lentement, tantôt avec rapidité. S'il l'avait osé, il lui aurait demandé sans doute d'imiter l'écriture du bordereau anonyme. N'est-ce pas un moyen semblable à ceux employés dans les formes judiciaires de jadis? Au lieu de torturer physiquement un accusé, on le torturait moralement jusqu'à ce qu'on eût obtenu de lui une imitation graphique qui satisfît à peu près l'accusation. Sera-t-il permis, après cela, de flétrir ceux, qu'ils portent ou non l'uniforme, qui se font les tourmenteurs et les bourreaux des hommes livrés à leur autorité toute puissante; et ce dernier tableau n'achève-t-il pas de prouver l'indignité de ceux qui ont pris au procès Dreyfus une part active : qu'ils s'appellent Mercier, ou Bertillon, ou Du Paty de Clam?

Dans ces « *corps d'écritures* » que l'on a fait exécuter par le capitaine Dreyfus, de tant de façons différentes, il devait forcément s'en trouver un moins dissemblable du bordereau que les autres. Je me sers à dessein de cette expression : « moins dissemblable, » car il n'y en eut aucun qui fût ressemblant. Mais, sur les soixante fois environ qu'a été écrit le mot « manœuvres », ce mot ne comportant rien de typique dans sa forme, à cause de la banalité des lettres qui le composent et qui ne prêtent pas à des complications graphiques, il y en a eu un qui, isolé des autres, se rapprochait quand même quelque peu du mot « manœuvres » de la lettre missive. Mais il ne suffit pas, en expertise d'écritures, qu'une chose soit similaire (1). J'ajouterai même, d'accord en cela avec tous les maîtres de la graphologie, que ce qui est obtenu exceptionnellement et par des procédés artificiels ne saurait compter. Que si des experts, dans le cas présent, l'eussent voulu retenir, ils auraient dû le faire avec équité et dire : « Sur soixante fois, le capitaine Dreyfus a écrit une fois le mot « manœuvres » *à peu près* comme celui du bordereau ; il y a donc contre lui un soixantième de preuve *par à peu près.* »

Au lieu de raisonner ainsi, les experts officiels ont pris dans les pièces de comparaison, que l'accusation a fait fabriquer par l'accusé, tantôt une lettre, tantôt une fraction de lettre, et ils les ont présentées comme des preuves de la culpabilité du capitaine.

Il s'est évidemment passé dans leur esprit un phénomène d'inconscience qui n'est malheureusement pas rare chez des experts assermentés. On leur demande un rapport ; ils ont le sentiment que lorsque la justice, quelle qu'elle soit, demande un rapport, ce n'est pas pour innocenter quelqu'un. Sollicités par un juge d'instruction, ils comprennent ceci : « Voici deux écritures que le juge suppose être de la même main, il nous demande de faire tous nos efforts pour confirmer sa supposition. » Il ne leur vient que rarement l'idée de plaider l'innocence, et, d'ailleurs, s'ils le faisaient, ils ne seraient pas davantage dans leur rôle, qui est uniquement d'expertiser, c'est-à-dire d'établir rigoureusement les dissemblances et les ressemblances de deux écritures, et non de bâtir des actes d'accusation.

Il est vrai que, généralement, la compétence des experts en écriture s'étend à tout, sauf à la graphologie.

Dans l'affaire Dreyfus, à qui s'adresse-t-on ? A M. Bertillon, un policier suspect ; à M. Teyssonnières, un ancien graveur et agent-voyer que rien ne préparait au rôle d'expert ; à M. Charavay, qui peut se prononcer — et encore ! — sur les écritures de ses collections d'autographes. Qu'on ne croie pas que j'accorde une valeur supérieure à MM. Gobert et Pelletier qui ont déposé des rapports favorables à la défense ; ils ont des titres égaux à ceux de leurs collègues. C'est, du reste, la nullité proverbiale des experts attachés

(1) Voir le rapport de M. Crépieux-Jamin, p. 67.

aux tribunaux qui fait de la profession d'expert la plus justement décriée des professions.

* * *

Lorsque, par la bienveillance involontaire de M. le général Mercier, j'ai été mis en possession du fac-similé de la lettre missive attribuée au capitaine Dreyfus, j'ai résolu de faire appel, pour qu'ils puissent déterminer le bien ou le mal fondé de cette attribution, non seulement à des experts d'une renommée incontestable, mais encore et surtout à des savants, à ceux qui ont contribué à faire de la graphologie une science rigoureuse, ayant ses règles et ses lois. Je les ai pris en France et à l'étranger; à l'étranger, parce que je pensais qu'ils seraient peu accessibles aux préjugés; en France, parce que la conscience de ceux auxquels je m'adressais les rendait propres à juger équitablement.

Ces hommes sont, en France, MM. Crépieux-Jamin et Gustave Bridier; en Suisse, MM. de Rougemont et Paul Moriaud; en Belgique, M. E. de Marneffe; en Angleterre, MM. de Gray Birch, Th. Gurrin et Schooling; en Amérique, MM. Carvalho et Ames; en Allemagne, M. Preyer.

MM. de Marneffe, de Gray Birch, Gurrin et Schooling sont tenus, chacun dans leur pays, pour des experts et des graphologues éminents; il en est de même de MM. Ames et Carvalho. Je n'ai pas à dire ce qu'était M. Preyer, le savant physiologiste, mort récemment, et dont la *Psychologie de l'écriture* a apporté de si importantes contributions à la science graphologique.

Les noms de MM. Paul Moriaud, professeur de droit à l'Université de Genève, et de Rougemont sont fort connus en Suisse; les sentiments plutôt antisémites de ce dernier, sentiments publiquement manifestés, étaient, vu sa haute conscience, un garant de plus de son impartialité.

Les philosophes et les hommes de science qui se sont occupés de graphologie connaissent tous M. Gustave Bridier, un très ingénieux et très subtil psychologue. Quant à M. Crépieux-Jamin, dont M. Tarde (1) a dit qu'il « *incarnait la graphologie* », tout le monde a lu son livre sur l'*Ecriture et le caractère*, « *ouvrage tout*

---

(1) *Revue philosophique* du 1er octobre 1897, étude sur « *la Graphologie* », par M. Tarde.

pénétré du suc d'observations accumulées et coordonnées dans le plus judicieux esprit (1), » et les ennemis mêmes du capitaine Dreyfus n'ont pas été les derniers à reconnaître le talent de celui que M. Edouard Drumont a proclamé (2) : « *un esprit sagace, à la fois imaginatif et attentif,* » auteur d'un « *volume tout à fait exquis, plein d'observations charmantes, de fines déductions, d'aperçus parfois un peu subtils mais toujours curieux.* »

En m'adressant à ces experts et à ces graphologues, je les ai priés de faire œuvre indépendante. Cependant j'avais tout à redouter d'eux. La crainte de l'opinion publique, la force du courant plus hostile au capitaine Dreyfus qu'il ne l'était à la veille de la condamnation, pouvaient les impressionner défavorablement. Ma conviction était si forte que je déclarai à chacun d'eux que son rapport serait publié tel qu'il me serait présenté, qu'il conclût à l'innocence ou bien à la culpabilité du capitaine. Je ne pouvais compter que sur deux choses : leur science et leur impartialité. N'étant pas couverts, comme c'est la coutume, par l'accusation, ils ne pouvaient, par égards pour eux-mêmes, donner des rapports insuffisants. Ils devaient, comptant sur la critique de tous, ne se servir que d'arguments judicieux, et ils étaient placés dans cette alternative, ou bien de perdre leur réputation professionnelle par un mauvais travail propre à satisfaire l'opinion publique, ou bien d'apporter des études approfondies et sûres dont les conclusions, quelles qu'elles fussent, seraient valables, abstraction faite des préjugés et des colères.

L'opinion des douze experts en écritures que j'ai consultés a été favorable. On lira leurs rapports qui sont, *in extenso*, annexés à ce livre ; mais je veux ici relater les conclusions de chacun.

(1) *Idem.*
(2) *Libre Parole* du 17 novembre 1895.

CONCLUSIONS DE M. CRÉPIEUX-JAMIN

« *L'écriture de la pièce de question (le bordereau anonyme) a un rapport apparent avec celle des pièces de comparaison. Cela détruit l'hypothèse que les deux sortes de pièces émanent du même écrivain* qui aurait falsifié son écriture; *car il est peu vraisemblable que voulant contrefaire son écriture on n'y introduise aucune forme étrange et déconcertante, ni aucune modification à l'ensemble des formes qui dénoncent immédiatement l'auteur.*

« *Cette écriture, si elle est de Dreyfus, est donc une écriture normale et naturelle, modifiée peut-être, et seulement, par une circonstance de temps ou de milieu.*

« *Dans ce cas, abondamment pourvus de pièces de comparaison comme nous le sommes, nous devrions trouver des similitudes certaines, caractéristiques, indiscutables. Ces similitudes font défaut et les dissemblances, au contraire, sont nombreuses et qualitatives.*

« *Est-ce que la pièce* X *est l'écriture naturelle d'une tierce personne? Cela peut se soutenir, mais ce n'est pas probable. Cette pièce n'est pas exempte de tares; écrite en deux fois, avec des marques de contraction, elle m'inspire une forte méfiance. Si elle n'a pas de ressemblances profondes avec l'écriture de Dreyfus, elle y ressemble trop, superficiellement, pour ne pas reconnaître là une intention d'imiter son écriture. Et elle n'y ressemble justement que par ces trois ou quatre allures générales que les faussaires parviennent tout au plus à imiter.*

« *En conséquence je déclare :*

« *1° Que l'écriture de la pièce de question n'a pas été écrite par l'auteur des pièces de comparaison ;*

« *2° Qu'il est probable que la pièce de question a été faite avec l'intention d'imiter l'écriture de l'auteur des pièces de comparaison.* »

CONCLUSIONS DE M. GUSTAVE BRIDIER

« *Le cas de la falsification volontaire vient d'être examiné et jugé irréalisable par qui que ce soit et en employant n'importe quel procédé, tout écrivain laissant forcément quelques traces de sa propre originalité dans un espace de trente lignes, ce qui inciterait fort à penser que ce ne serait pas l'écrivain des pièces de comparaison, mais bien plutôt celui de la pièce de question qui aurait falsifié son écriture.*

« *En dehors de la falsification volontaire, il reste le cas d'une transformation inconsciente qui serait à la rigueur possible, mais seulement partiellement, et sous le coup d'une violente émotion dépressive surtout.*

« *Dans le cas d'une émotion violente, il est impossible que le désarroi dans lequel se trouve l'écrivain ne facilite pas, au contraire, la production de traits rapides et accessoires, analogues à ceux dont il a été parlé ci-dessus.*

« *Enfin, dans ce même désarroi préjugé de l'émotivité de l'écrivain, où l'irradiation de l'ébranlement nerveux et musculaire donne lieu à des contre-balancements excessivement compliqués d'impulsions de directions diverses et même contradictoires, il ne serait pas possible à un écrivain d'avoir tracé avec autant de netteté et de relief qu'elles en ont dans la pièce de question les formes calligraphiques des lettres S et M déjà mentionnées plus haut ; d'ailleurs le fait est démenti par le graphisme mort et appliqué, sinon à main posée, de la pièce de question.*

« *En définitive, il résulte tant des constatations dont le compte rendu précède que de celles généralement quelconques dont la récapitulation a été faite sous la neuvième opération, qu'il y a autant de différences scripturales entre la pièce de question et les pièces de comparaison, qu'il y en aurait, pour prendre une comparaison par- faitement exacte, entre un homme mort et le même homme vivant.*

« *En conséquence, cette conclusion générale s'impose que toutes les pièces versées à l'expertise n'ont pas été écrites par la même main; que la pièce de question est l'œuvre d'un écrivain inconnu qui a laissé des traces de sa facture personnelle, et que les pièces de comparaison sont l'œuvre d'un autre écrivain.* »

CONCLUSIONS DE M. DE ROUGEMONT

« *Résumant en quelques mots tout ce qui précède, je conclus et je dis :*

« *1º L'écriture du capitaine Dreyfus, jugée graphologiquement, le met absolument à couvert de la supposition de pouvoir être un lâche et un traître.*

« *2º Les dissemblances si nombreuses et si profondes qui existent entre l'écriture du bordereau et celle des lettres authentiques du capitaine Dreyfus prouvent jusqu'à l'évidence qu'une seule et même main ne peut les avoir tracés.*

« *Je tiens encore à dire en terminant que l'examen des pièces que l'on soumet à l'analyse graphologique ne permet pas toujours d'aboutir à une certitude aussi absolue.*

« *Mais dans ce cas-ci, le doute n'est pas possible.*

« *Pour moi, j'affirme, sans crainte aucune de me tromper, que jamais le capitaine Dreyfus n'a été l'auteur du document incriminé; tôt ou tard les faits le prouveront.* »

CONCLUSIONS DE M. PAUL MORIAUD

« *Il ne peut être question d'attribuer le bordereau à Dreyfus. La ressemblance entre ses autographes et le document anonyme est superficielle, elle ne résiste pas à cinq minutes d'examen : tout ce qui est significatif diffère dans les deux écritures.*

« *Quant à supposer que Dreyfus a, dans le bordereau, dissimulé son écriture, c'est une supposition commode, elle a l'avantage d'éveiller le doute dans l'esprit de ceux-là même qui croient s'y connaître en écritures. En apparence elle jette dans l'inconnu. Mais pour qui a étudié à fond le graphisme de Dreyfus, elle ne tient pas un instant debout, quelque bonne volonté qu'on mette à la retourner sur toutes ses faces. C'est une pure absurdité.*

« *Pris en lui-même, le bordereau est suspect. Si l'on en fait une lettre ordinaire, il y a en lui de l'inexplicable. Supposer qu'un vrai coupable a dissimulé son écriture sans autre but que de se cacher est insuffisant. Tout s'éclaire, toutes les difficultés s'évanouissent, au contraire, si l'on admet que le faussaire a voulu imiter l'écriture de Dreyfus : le manque d'homogénéité du bordereau, les lettres grosses et les mots grands parsemant l'écriture petite, le caractère différent de l'écriture quand elle est lente et quand elle est rapide, et surtout le fait que, lorsqu'elle ressemble à celle de Dreyfus, l'application y est manifeste, enfin les contractions nerveuses en font foi.*

« *Je conclus donc :*

« *1° Dreyfus n'a pas écrit le bordereau.*

« *2° Le bordereau est l'œuvre d'un faussaire, imitateur grossier de l'écriture de Dreyfus.* »

CONCLUSIONS DE M. E. DE MARNEFFE

« *En conséquence, la conclusion qui s'impose est que les écrits mentionnés au début de ce rapport émanent de deux mains différentes, et que le capitaine Dreyfus n'est pas l'auteur de l'écrit anonyme en question.* »

CONCLUSIONS DE M. DE GRAY BIRCH

« *A la suite d'un examen de ces documents, je suis nettement d'avis, au mieux de mon jugement et en conscience, que le capitaine Dreyfus n'a pas écrit le document à lui attribué et je n'ai ni doute, ni restriction mentale à ce sujet.* »

CONCLUSIONS DE M. TH. GURRIN

« *En présence de ces faits, ayant, entre les mains, le fac-similé de la lettre attribuée au capitaine Dreyfus, laquelle ne présente que quelques vagues points de ressemblance avec sa véritable écriture, car elle ne possède aucun de ses traits caractéristiques, je me demande comment il me serait possible d'avoir, pendant une minute seulement, l'idée que la preuve est faite et que la lettre est de sa main ?*

« *Toutes mes observations m'ont amené à la conviction que ce document ne fut jamais écrit par le capitaine Dreyfus.*

« *La conclusion de ce rapport est, je le répète, que le document incriminé n'a pas été écrit par le capitaine Dreyfus, en admettant que le fac-similé que j'ai par-devers moi soit une reproduction fidèle de l'original ; enfin, je crois sincèrement qu'il a été condamné pour un crime dont il est innocent.* »

CONCLUSIONS DE M. J.-H. SCHOOLING

« *En ma qualité d'Anglais, je n'ai qu'une faible connaissance de l'affaire Dreyfus et il ne m'est peut-être pas nécessaire de dire qu'aucune des influences politiques ou autres, qui peuvent ou non s'être exercées dans cette affaire, n'a eu d'effet sur mon opinion présente, laquelle est basée uniquement et entièrement sur les spécimens d'écriture à moi fournis. Mais, avec ces spécimens sous les yeux et entre mes mains, et après un examen des plus appro-*

fondis, j'affirme le plus fortement et le plus sérieusement que le capitaine Dreyfus n'a pas écrit le document incriminé qui lui a été attribué. »

CONCLUSIONS DE M. D. CARVALHO

« *Le bordereau n'est pas écrit par le capitaine Dreyfus, il est l'œuvre de quelqu'un qui a consacré beaucoup d'efforts à son écriture et qui a cherché à imiter certains traits caractéristiques particuliers et dominants de l'écriture authentique du capitaine Dreyfus.* »

CONCLUSIONS DE M. AMES

« *Autant que j'ai pu effectuer la comparaison des écritures qui m'ont été soumises, je suis d'avis que ladite écriture inconnue* (celle du bordereau) *est le résultat d'un effort tendant à imiter ou à contrefaire l'écriture du capitaine Dreyfus et non pas l'écriture déguisée de ce dernier.* »

OPINION DE M. PREYER (1)

« *Le bordereau anonyme et les lettres authentiques du capitaine Dreyfus émanent de deux écrivains différents. Le capitaine Dreyfus n'est pas l'auteur du bordereau* (2). »

**

Tous les rapports dont je viens de citer les conclusions affirment, sans restriction aucune, que le capitaine Dreyfus n'est pas l'auteur du bordereau sur lequel il a été condamné. Soit qu'ils déclarent simplement que l'écriture en est différente de celle du capitaine, soit

(1) M. Preyer n'a donné qu'une opinion ; il est mort avant d'avoir pu la justifier longuement en un mémoire, ce qu'il avait promis de faire.
(2) Un douzième expert consulté, M. Hurst de Bâle, à émis également l'avis que le bordereau anonyme ne pouvait être attribué au capitaine Dreyfus.

qu'ils soutiennent qu'il est l'œuvre d'un faussaire — et les deux
choses se peuvent également soutenir — ils s'accordent, ce qui est le
point capital, à proclamer l'innocence du malheureux qui, depuis
trois ans, mène la plus misérable des existences en expiation d'un crime
qu'il n'a pas commis. Une seule réserve, toute naturelle, se trouve
dans ces rapports. J'ai communiqué aux experts le fac-simile
de la lettre missive publié par le journal le *Matin*. Leur devoir
était de se demander si cette pièce était vraiment semblable à celle
qui avait été soumise aux experts officiels; l'indépendance de jugement que je les avais prié de garder leur commandait cette
réserve. Je puis les rassurer. En communiquant au *Matin* cette
si précieuse pièce, le général Mercier n'a pas commis de faux, et
c'est bien l'authentique document qu'il a livré au public, per-
mettant ainsi de faire la lumière à ceux dont la foi en l'innocence du capitaine Dreyfus est restée inébranlable. La seule chose
qui autorise les graphologues que j'ai consultés à supprimer de
leur jugement cette réserve, c'est qu'on leur remette l'original du
bordereau, celui sur lequel ont opéré MM. Bertillon, Charavay et
Teyssonnières. Je puis affirmer que cette communication leur
permettra de fortifier encore leur certitude. La reproduction du
journal le *Matin* est, en effet, excellente, elle ne diffère de l'original
que par un léger écrasement, dû aux effets des machines rotatives,
qui ne compromet en aucune façon la forme des lettres, ni les dispositions générales. La photographie qu'il reproduit n'a pas été
retouchée en ce qui concerne l'écriture; on s'est contenté de faire disparaître les taches noires que produisaient les papiers qui ont servi
au recollage. Cela répond à l'observation de plusieurs des rapports; mais je n'ai pas donné ces renseignements aux experts, ne
voulant en aucune façon les influencer.

Donc, au témoignage de trois hommes, dont l'un, policier vulgaire et valet de justice, est suspect légitimement, j'oppose l'affirmation libre de douze hommes de compétence et d'indépendance
indiscutables. En vertu de quels principes les ennemis du capitaine
Dreyfus les récuseraient-ils? Ce ne peut être pour des raisons générales et ce n'est pas eux qui peuvent repousser la graphologie en
elle-même, puisque c'est sur elle qu'ils s'appuient pour, depuis trois
ans, aider à maintenir un innocent à l'île du Diable.

« *On sait*, disait *l'Intransigeant* (1), au lendemain de la condamna tion du capitaine Dreyfus, en analysant et en s'appropriant le rapport Bertillon, *que la graphologie est devenue une science réelle. En tirer des conclusions sur le passé, le présent et l'avenir de la personne dont on analyse l'écriture est du charlatanisme. Mais il est acquis que chaque homme adulte a dans son écriture certains traits caractéristiques dont il ne peut se défaire, même en les renversant ou en les contournant. Les graphologues reconnaissent l'identité d'une écriture dissimulée, comme nous reconnaissons un individu rasé ou déguisé.* »

« *Quiconque*, écrivait le général Mercier dans le *Matin* du 10 novembre 1896, en réponse à mon premier mémoire, *a pu comparer le document avec les vingt-neuf autres pièces du dossier, affirme en son âme et conscience que c'est la même main qui a tracé et la lettre, preuve de la trahison, et les pièces que Dreyfus reconnaît avoir écrites. Ainsi la culpabilité de Dreyfus éclate indiscutablement. A moins d'être aveugle, on ne peut nier que Dreyfus soit l'auteur du document que nous reproduisons. C'est ce document et ce document seul, que connaissait la défense, et dont la famille a livré le texte exact, faisant ainsi connaître l'importance et l'étendue du crime, c'est ce document, disons-nous, qui a entraîné la condamnation de Dreyfus à l'unanimité par le conseil de guerre.* » Le *Matin* continuait en exposant les arguments des experts commis, et concluait : « *Le doute est-il encore possible?* »

J'ai donc le droit de demander au général Mercier quand il a dit la vérité. Est-ce le 15 septembre 1896, en écrivant dans *l'Éclair* qu'une pièce secrète avait été communiquée aux juges hors la présence de l'avocat et que cette pièce « *emporta à l'unanimité la décision implacable des juges* »? Ou bien est-ce le 10 novembre 1896, en écrivant dans le *Matin* que c'était seul le bordereau et par conséquent les expertises d'écritures qui avaient « *entraîné la condamnation de Dreyfus à l'unanimité par le conseil de guerre* »?

Quoi qu'il en soit, ceux qui sont convaincus de la culpabilité du capitaine Dreyfus n'ont jamais admis que la preuve tirée contre lui des

(1) *Intransigeant* du 21 décembre 1894.

expertises en écritures fût peu satisfaisante. Je l'ai, quant à moi, dé-
clarée nulle parce qu'elle n'était corroborée par aucune autre preuve;
c'est, au contraire, cette absence de toute autre preuve qui, en tenant
compte aussi des raisons morales intervenant logiquement en faveur
du capitaine Dreyfus, donne aux expertises que j'apporte tout leur
poids. Et, d'ailleurs, je ne comprendrais pas que ceux qui ont
trouvé trois expertises, et même une seule, celle de M. Bertillon,
suffisantes pour condamner un homme, se refusent à croire que
douze expertises puissent l'innocenter.

Suspectera-t-on maintenant l'impartialité de ces experts? C'est là
une suspicion dont je ne me permettrai pas de défendre tant
d'hommes honorables. Ce qui n'empêche pas que je suis prêt à sou-
mettre à tels graphologues que me désigneraient ceux qui ne vou-
draient pas accepter uniquement les témoignages que j'ai obtenus,
les mêmes documents que 'ai soumis à ceux dont on va lire les
rapports. On verra quelles seront leurs conclusions.

Si maintenant quelques-uns infirment la graphologie elle-même,
il est de toute évidence que s'ils n'admettent pas en faveur d'un
homme des preuves de ce genre, ils peuvent encore moins admettre
qu'elles suffisent à faire condamner quelqu'un contre lequel on
n'a pas élevé d'autres charges; ils doivent appeler alors le verdict
rendu contre le capitaine Dreyfus une monstruosité sans nom. Il
est vrai que sans doute ceux-là, s'ils écartent toute expertise aussi
bien favorable que défavorable, veulent retenir comme élément de
conviction la lettre secrète tour à tour avouée et niée par le général
Mercier. Ces hommes, si scrupuleux qu'ils refusent d'accepter
un témoignage graphologique comme incertain, consentent donc
à appuyer leur jugement sur une chose qu'ils ignorent? Ils con-
çoivent, sans remords et sans scrupules, qu'on puisse, d'après des
raisons qu'ils ne savent pas, condamner un homme au bagne? Ces
procédés ont un nom en Russie : ils s'appellent la relégation par
mesure administrative. J'ignorais qu'ils fussent applicables en
France.

Quoi qu'on dise, on ne peut échapper à ce dilemme : ou des juges
ont condamné un homme en ayant comme unique preuve des expertises contradictoires, et le témoignage de son défenseur l'atteste,
ou bien ils l'ont condamné sur des pièces qu'il n'a pu contester parce

qu'on les lui a dissimulées comme on les a dissimulées à son défenseur. Ou le procédé a été indigne, ou il a été abominable.

*
* *

Dans les pages qui précèdent, j'ai exposé la genèse de l'affaire Dreyfus, comment on avait fait l'opinion publique, comment on avait provoqué le jugement, comment, délibérément, sans connaître le crime qui était imputé à un homme, on avait poussé ses juges à l'enfermer dans un tombeau d'où il ne devait plus sortir. J'ai dit quelle avait été l'accusation, quelles avaient été les charges, les témoignages et les preuves, j'en ai montré le néant et, je le répète encore, j'en appelle au défenseur et même aux juges, libérés sans doute maintenant de la terreur morale qu'on a fait peser sur eux, et que seul un vague respect humain — le respect de leurs erreurs — et les liens hiérarchiques empêchent de parler, j'en appelle, dis-je, au défenseur et à ces juges abusés, trompés, affolés par une meute féroce, et je leur demande à tous de déclarer si je n'ai pas dit la vérité.

A ceux qui sont les ennemis du capitaine Dreyfus, je parlerai aussi. Il en est — je mets à part la tourbe des aboyeurs professionnels — qui, loyalement et sincèrement, sont convaincus de la culpabilité de celui qu'ils appellent le « traître ». Qu'ils se joignent donc aux amis du capitaine pour demander la lumière, le jugement devant l'opinion, qui, s'ils ont foi en la sentence prononcée, les confirmera dans leur conviction. Cette lumière, je ne la redoute pas, bien au contraire. Qui donc la craint et veut l'empêcher de se manifester, sinon ceux qui veulent reculer le jour des responsabilités?

Je ne m'adresse pas aux indifférents, à ceux dont la quiétude n'est pas troublée par l'iniquité, non plus que par la douleur des autres : ils forment le troupeau, le troupeau qui suivra. Mais il est des hommes pour qui la liberté et la justice ne sont pas de vains mots. A eux je vais parler. Il n'ont pas le droit de se contenter de théories générales et généreuses, s'ils se refusent à les appliquer. Il me semble que certains hommes doivent causer plus d'horreur que l'égoïste : ce sont ceux qui, préoccupés de l'humanité dans son ensemble, se détournent des infortunes individuelles; ce sont ceux aussi qui ne confèrent qu'à leur propre malheur, ou à celui qui atteint quelqu'un de leur famille, de leur tribu, de leur parti ou de leur secte, le caractère d'une calamité universelle.

Ceux qui ont su se dégager de ces intérêts étroits diront avec moi : Quand la liberté d'un homme est lésée, quand un innocent est frappé, c'est là une atteinte à l'éternelle justice.

Ils diront avec moi, car toute cause particulière devient générale, si l'on sait la regarder : Il ne faut plus que d'aussi barbares coutumes judiciaires puissent subsister dans un libre pays. Il ne faut plus que désormais on puisse un matin saisir un homme, le retrancher du monde, étouffer sa voix, le condamner dans un cachot clos, sans que rien de ce qui le défend ou l'accuse puisse être connu au dehors. La liberté de tous les citoyens se trouve atteinte par la façon atroce dont quelqu'un a été jugé, et c'est les défendre tous que d'en défendre un seul.

J'ai défendu le capitaine Dreyfus, mais j'ai défendu aussi la justice et la liberté.

ANNEXES

EXPERTISE A. DREYFUS

Par M. J. Crépieux-Jamin

J'ai reçu de M. Bernard Lazare, le 29 mai 1897, la mission de rechercher si l'écriture d'un document que j'appellerai X, commençant par les mots : « Sans nouvelles m'indiquant que », et finissant par ceux-ci : « Je vais partir en manœuvres », est attribuable à l'ex-capitaine Alfred Dreyfus.

I

ÉNUMÉRATION DES PIÈCES DE COMPARAISON

J'ai basé mon expertise sur les pièces de comparaison suivantes :

1° Une lettre de deux pages commençant par les mots : « Mon cher Paul, un de mes amis », et finissant par : « Lucie me charge de t'embrasser » (1);

2° Une lettre de trois pages commençant par les mots : « Ma bonne chérie », et finissant par : « mille baisers pour toi de ton dévoué, Alfred » (2);

3° Une lettre de sept pages datée, en tête des îles du Salut, mercredi 8 mai 1895; datée à la quatrième page du 12 mai 1895; datée à la sixième page du 18 mai 1895; commençant par les mots : « Chère Lucie, quoique », et finissant par : « ton papa » (3);

4° Une lettre de deux pages commençant par les mots : « Mon cher Sam », et finissant par : « 25 décembre 1894 » (4);

5° Une lettre de trois pages, datée du 24 janvier 1895, du départ

(1) Voir page 253.
(2) Voir page 255.
(3) Voir page 258.
(4) Voir page 265.

de Saint-Martin-de-Ré, finissant par les mots : « je t'embrasse comme je t'aime, Alfred » (1) ;

6° Une lettre de quatre pages commençant par les mots : « Mon cher Paul, te donner un conseil », et finissant par : « ainsi que Georges, ton dévoué Dreyfus » (2) ;

7° Une lettre de quatre pages datée, en tête : « Iles du Salut, 28 mars 1897 », finissant par : « la tendresse de mon cœur » (3) ;

8° Une lettre de trois pages commençant par : « Jeudi matin. Ma chère Lucie, j'attends », finissant par : « je t'embrasse, Alfred » (4) ;

9° Une lettre d'une page commençant par : « Mon cher Paul », finissant par : « à bientôt, j'espère » (5).

II

CONSIDÉRATIONS SUR LA PIÈCE DE QUESTION X

La pièce de question qui m'a été procurée était imprimée sur divers papiers. Son impression très grasse m'a mis en garde contre une reproduction obtenue à l'aide d'un cliché écrasé, usé. Sur cette observation il m'a été remis des exemplaires du journal *le Matin*, du 10 novembre 1896, reproduisant le même document en meilleur tirage. Evidemment, cette reproduction est plus nette, plus détaillée, mais elle contient encore quelques marques imputables, à tort ou à raison, au clichage et au mode d'impression.

Toutefois, grâce à son étendue, cette pièce est suffisante pour appuyer de très nombreuses et importantes conclusions. Les diverses parties se contrôlent mutuellement et cela nous place dans une situation favorable pour fixer ses caractères fondamentaux.

Une autre réserve est cependant nécessaire, parce que X m'est fourni sous une forme qui n'est pas celle à laquelle je m'attendais. N'est-il pas de notoriété publique que ce document était primitivement un papier déchiré en quatre parties? La photographie a donc été retouchée, puisqu'on ne voit pas la trace de ces déchirures.

Ce document a été entre les mains d'experts officiels. Pourquoi ne porte-t-il pas la mention habituelle *ne varietur?*

Tel qu'il m'est présenté, il ne saurait donc être assimilé à un do-

(1) Voir page 267.
(2) Voir page 270.
(3) Voir page 274.
(4) Voir page 278.
(5) Voir page 281.

cumént incontestable. C'est pourquoi mon expertise porte seulement sur une pièce *X*, sans que j'aie à me prononcer sur l'authenticité de ce document, si probable qu'il semble.

Il n'est pas inutile d'ajouter que dans ce travail strictement limité à une comparaison d'écritures je m'interdis toute discussion étrangère à l'expertise, même en ce qui concerne les formes et les contradictions du texte, qui, en temps ordinaire, sont étudiés par extension, par les experts en écritures.

III

CONSIDÉRATIONS SUR LES PIÈCES DE COMPARAISON

Les pièces de comparaison dont je me sers ont été choisies entre beaucoup d'autres. L'écriture de Dreyfus est assez variée; j'ai retenu les pages les plus dissemblables.

J'ai fait mon expertise tout entière sur les pièces originales.

Par leur nombre et leur qualité, les pièces de comparaison sont extrêmement satisfaisantes.

IV

ORDRE DE L'EXPERTISE

On peut classer les mouvements de l'écriture en six genres : l'intensité (énergie et vitesse du tracé), la forme, la dimension, la direction, la continuité, l'ordonnance.

Cet ordre méthodique nous servira pour tout le travail de comparaison.

V

DE L'INTENSITÉ

L'intensité, l'énergie du graphisme, se manifeste, entre autres espèces, par les angles.

L'angulosité est faiblement marquée dans la pièce X; elle est au contraire très prononcée dans toutes les pièces de comparaison. Il est vrai que l'écriture de Dreyfus est inégale, mais celle des pièces de comparaison qui, sous ce rapport, se rapproche le plus de la pièce X est encore très différente. Nous aurons l'occasion de constater cette très importante dissemblance à chaque rapprochement de mots ou de lettres.

La netteté est beaucoup plus faible dans la pièce X que dans les pièces de comparaison.

Certains mots, comme « extrêmement » (ligne 15), « disposition » (ligne 17), « ministère » (ligne 18), « responsables » (ligne 20), « manœuvres » (ligne 22), « manœuvres » (ligne 30), révèlent un état de contraction suspect. L'écriture des pièces de comparaison n'y ressemble pas du tout, même occasionnellement. La lettre missive n° 1 fait à ce propos la plus vive opposition avec la pièce X. Il y a donc là une discordance générale et foncière.

La typographie a cependant pour effet habituel de rendre nets les contours indécis. Si elle en détruit la délicatesse, elle les limite mieux. Aussi l'examen du document original X augmenterait peut-être encore le contraste.

L'épaisseur de l'écriture de Dreyfus se tient dans une moyenne banale avec tous les degrés de l'écriture mince et moyenne. Cependant, nous trouvons dans l'écriture X un certain nombre de finales en forme de massue, plus grosses à l'extrémité. Chez Dreyfus on ne rencontre jamais cette forme qui est relativement fréquente dans la pièce X. Voyez (*fig.* 1) les mots « cependant, conduite (la barre du « t »), couverture, peu, guerre, ce, ne, adresse ». Il est impossible de trouver des équivalences dans les pièces de comparaison. Si nous mettons en regard les mots semblables que nous trouvons comme « ce, peu, ne », ou le mot « maintenant » (pour « cependant »), nous voyons l'éclatante différence des finales. Mais ici nous devons encore formuler des réserves. L'impression typographique dénature si souvent les signes qui se rattachent à l'épaisseur des traits qu'il n'est pas légitime, à ce propos, de tirer des conclusions sûres de la comparaison d'un document original avec celle d'un document imprimé. La différence précédente devait être notée, mais considérons-la comme une preuve quantitative.

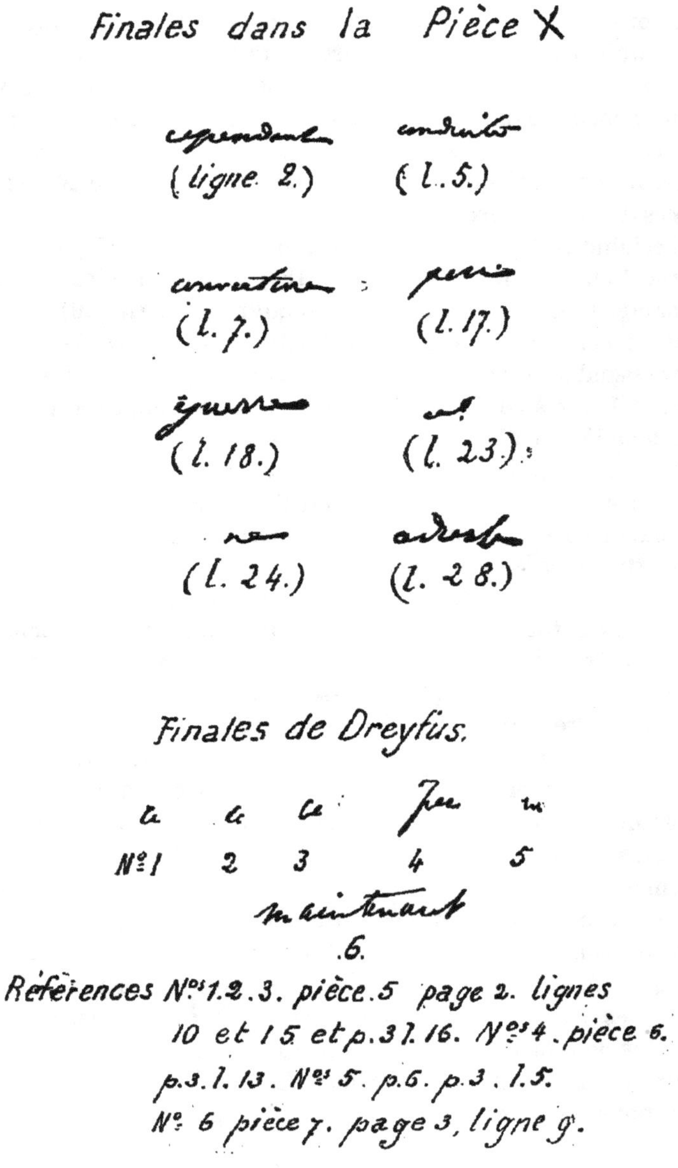
Finales dans la Pièce X
(ligne 2.)
(l. 5.)
(l. 7.)
(l. 17.)
(l. 18.)
(l. 23.)
(l. 24.)
(l. 28.)
Finales de Dreyfus.
N° 1
2
3
4
5
maintenant
.6.
Références N°s 1.2.3. pièce.5 page 2. lignes 10 et 15 et p.3 l. 16. N°s 4. pièce 6. p.3. l. 13. N°s 5. p.6. p.3. l. 5. N° 6 pièce 7. page 3, ligne 9.

Fig. 1.

L'amplitude générale des mouvements de la pièce X semble égale à celle des pièces de comparaison. Parmi les ressemblances que nous aurons à constater, celle-là est une des plus apparentes. Et cependant, nous voyons au seul examen de la figure 1 combien les écritures sont différenciables sous ce rapport.

La vitesse est légèrement moindre dans l'écriture de la pièce X que dans la moyenne des pièces de comparaison, ou plutôt elle est autre à cause des associations de lettres qui tantôt la favorisent, tantôt la retardent. La plupart des signes d'écriture rapide contenus dans une sorte de pièce se retrouvent dans l'autre, mais avec de grandes variations dans le degré. Ainsi, lorsque nous voyons les accents liés à la lettre suivante dans les lignes 4, 6, 8, 10, 13, 14, 16, 17, 18, 21, 24, 25, 26 de la pièce X, il est un peu étonnant de ne trouver ce signe qu'à l'état d'exception dans l'écriture de Dreyfus. Même dans les pages les plus rapides de sa correspondance, on tourne souvent plusieurs feuillets avant de rencontrer une seule de ces liaisons. Les déformations de lettres provoquées par le tracé rapide sont aussi bien plus grandes dans la pièce X où beaucoup de lettres sont à peine formées, par exemple l'« o » de « jours » (ligne 18), le « z » de « voulez » (ligne 23), etc. Dans le mot « partir » (ligne 30), on voit un « a » et un « r » dont il est impossible de trouver l'équivalence dans l'écriture de Dreyfus. Il en est de même du mot « extrêmement » (ligne 15), dont les liaisons sont étranges. Jamais nous ne trouvons ces formes inhibées dans l'écriture de Dreyfus.

VI

DE LA FORME

Etudions maintenant la forme des traits. Des six perspectives sous lesquelles nous envisageons les graphismes à comparer, celle-là est la plus importante. En effet, une expertise en écriture pourrait se définir une comparaison des formes, car en dernière analyse toutes les autres qualités de l'écriture rentrent dans celle de la forme.

Le naturel. — Et tout d'abord la forme, dans la pièce X, est-elle artificielle, compliquée à dessein? A première vue, il ne le semble pas. Mais regardons de plus près ce document...

Ne sont-ils pas étranges, ces mots : « campagne » (ligne 14), « extrêmement » (ligne 15), « ministère » (ligne 18)? Ce sont là des mouvements qui témoignent d'une contraction comme celle qui frappe les faussaires. La difficulté de fausser son écriture, et surtout d'en imiter une autre, réside justement dans la lutte qu'il faut entreprendre avec son système nerveux pour qu'il ne se produise aucune de ses manifestations habituelles. Si habile que soit le faussaire, il a le sentiment de laisser échapper des indices de sa personnalité, et, dans les moments où il poursuit le plus adroitement son œuvre, son esprit trop tendu vers la réalisation de formes complexes qu'il n'est pas habitué à produire provoque des contractions musculaires.

Observons la dernière ligne. Les mots « je vais partir en manœuvres » sont d'une inégalité choquante et d'une netteté plus que médiocre ; le tracé contracté est évident, et nulle part, dans les vingt-neuf pages des pièces de comparaison, écrites cependant dans des états d'esprit si différents, nous ne trouvons une équivalence acceptable.

Une autre forme graphique qui décèle l'effort et la tension d'esprit du scripteur, c'est le grossissement de certains mots. La tension d'esprit qui fait affluer l'influx nerveux dans la main qui écrit, provoque, dans les moments proches de la contraction, une exagération des mouvements en vue de dominer cette contraction. La violence, l'exaltation, tous les mouvements expansifs, en général, et surtout l'effort, favorisent la formation de mots dont les lettres vont en grossissant. Les mots « guerre » (ligne 18), « envoyé » (ligne 17), « détenteur » (ligne 21), « remettre » (ligne 22), « manœuvres » (ligne 22), « intéresse » (ligne 24), « adresse » (ligne 28), « manœuvres » (ligne 30), sont des exemples de cette forme grossissante qui est étrangère à toutes les habitudes de Dreyfus.

J'observe aussi que le début du document X est sensiblement plus net et que les contractions et les grossissements vont en augmentant. On dirait que cet écrit a été tracé en deux fois, les quatorze premières lignes d'abord. Brusquement, dès la quinzième ligne, l'écriture change de direction, de dimension, de forme! Cette écriture est donc suspecte, malgré sa rapidité. L'on sait, du reste, qu'un bon lithographe parvient toujours à imiter l'allure d'un graphisme quelconque en écrivant rapidement. Il saisit trois ou quatre des manières de l'écrivain qu'il imite et le résultat est une ressemblance générale assez satisfaisante, mais qui ne résiste pas à une expertise tant soit peu sérieuse.

Comparaison des formes. — Grâce à l'abondance des parties à comparer nous trouvons des mots semblables dans les deux sortes

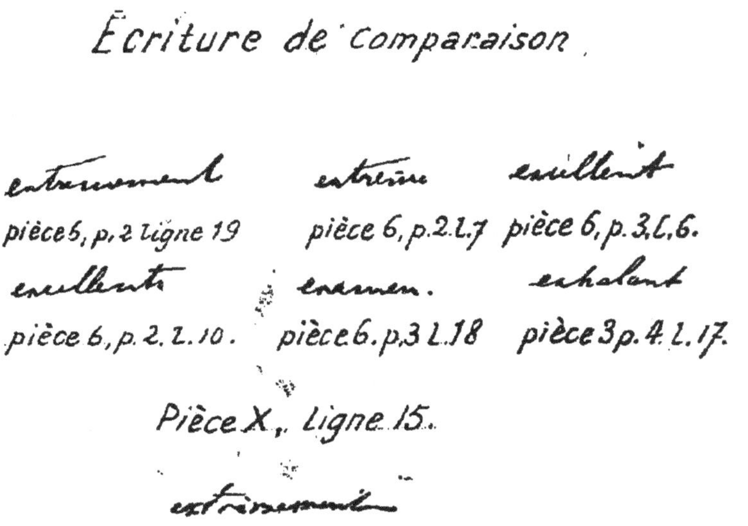

Écriture de comparaison

entrèmement *extrème* *exullent*

pièce 6, p. 2 ligne 19   pièce 6, p. 2. l. 7   pièce 6, p. 3. l. 6.

exullents *examen.* *exhalant*

pièce 6, p. 2. l. 10.   pièce 6. p. 3. l. 18   pièce 3 p. 4. l. 7.

Pièce X, ligne 15.

extrèmement

Fig. 2.

de pièces. Ainsi le mot « extrèmement », qui est à la ligne 25 de la pièce *X*, se trouve dans la pièce 6, page 2, ligne 19, et nous découvrons dans cette pièce 6 les mots « extrème, excellent, excellents, examen » et le mot « exhalant » dans la pièce 3, page 4, ligne 7. (Voyez la *fig.* 2.)

Tous les mots de la pièce de comparaison ont la même forme et ce n'est pas celle de la pièce de question. L' « x », l' « h », l' « m » sont aussi dissemblables que possible. Par contre l'allure de la finale est la même, sauf encore l'inclinaison, les liaisons et la finale ! C'est beaucoup de choses différentes contre une ressemblance à peu près.

Une des lettres les plus typiques de la pièce *X* est l' « f » minuscule. Elle est formée d'une boucle en haut et d'un jambage en bas lié à la lettre suivante. Dans l'écriture de Dreyfus elle est formée d'un jambage en haut et d'une boucle en bas liée à la lettre suivante. C'est donc absolument le contraire (*fig.* 3).

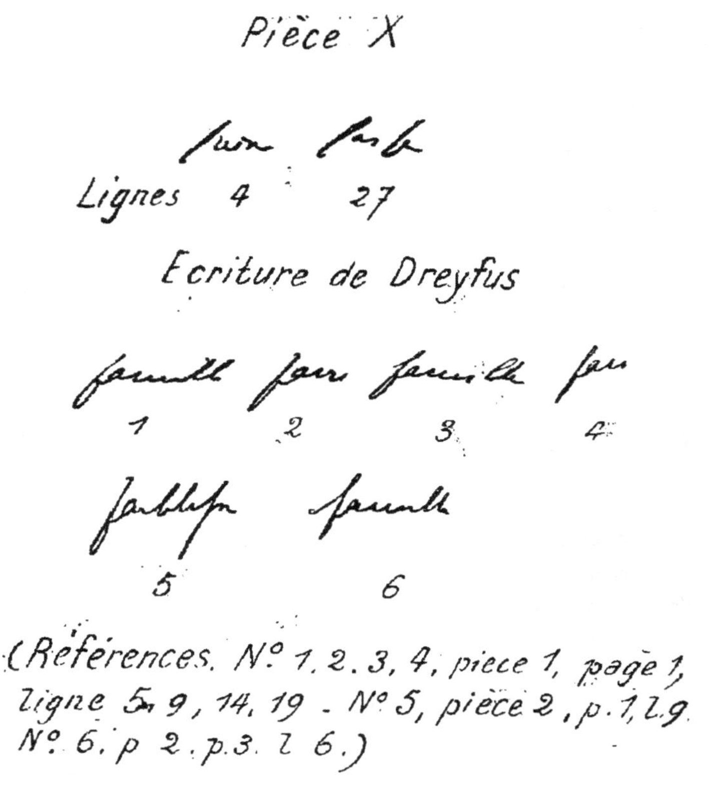

Pièce X

Lignes   4   27

Ecriture de Dreyfus

1   2   3   4

5   6

(*Références.* Nº 1, 2, 3, 4, pièce 1, page 1,
ligne 5, 9, 14, 19 - Nº 5, pièce 2, p. 1, l. 9.
Nº 6, p 2, p. 3, l 6.)

Fig. 3.

Prenons la [lettre M majuscule. J'ai recueilli tous ceux de Dreyfus, soit vingt-deux exemplaires (*fig.* 4). Celui qui ressemble le plus à ceux des pièces de question en est encore foncièrement dissemblable; c'est le nº 16 qui est anguleux et finit par un trait net, contrairement à ceux qui lui sont comparés.

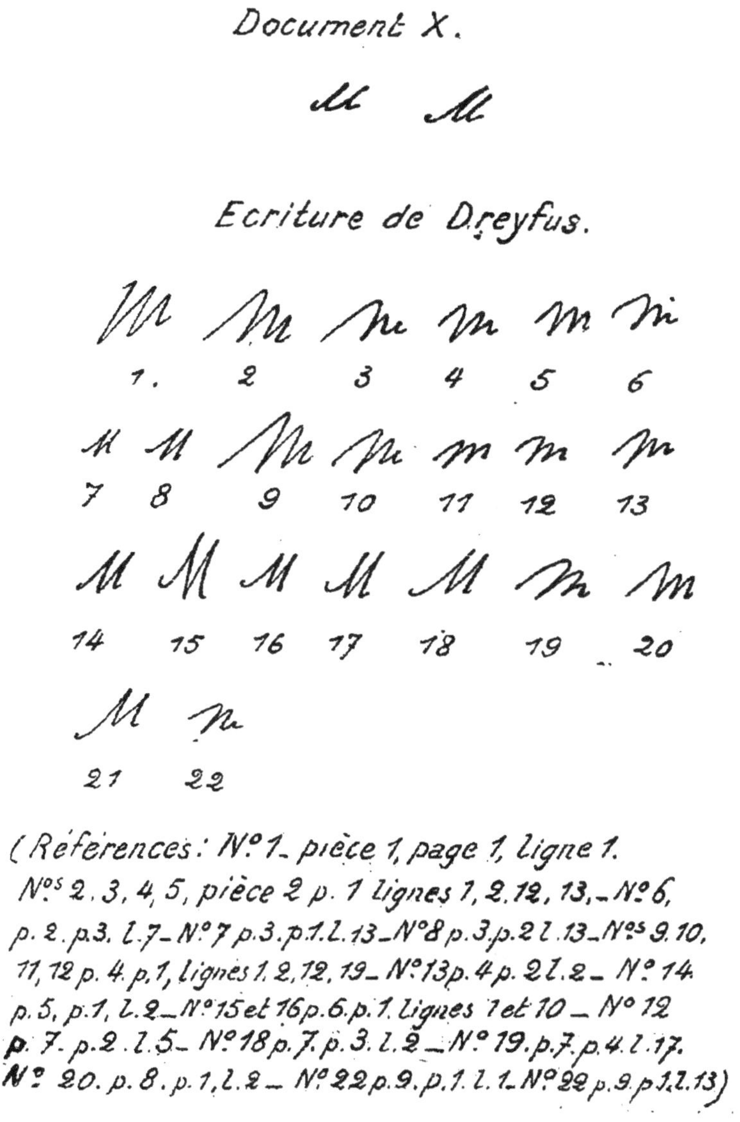
Document X.
Ecriture de Dreyfus.
1. 2 3 4 5 6
7 8 9 10 11 12 13
14 15 16 17 18 19 20
21 22
(Références: N° 1_ pièce 1, page 1, ligne 1.
N°s 2. 3, 4, 5, pièce 2 p. 1 lignes 1, 2, 12, 13, _ N° 6,
p. 2. p.3. l.7_ N° 7 p.3. p.1. l. 13_ N° 8 p.3. p.2 l. 13_ N°s 9. 10,
11, 12 p. 4. p.1, lignes 1. 2, 12, 19_ N° 13 p. 4 p. 2 l. 2_ N° 14
p. 5, p.1, l. 2_ N° 15 et 16 p. 6. p. 1. lignes 1 et 10_ N° 12
p. 7. p.2. l. 5_ N° 18 p. 7. p. 3. l. 2_ N° 19. p.7. p. 4. l. 17.
N° 20. p. 8. p. 1, l. 2_ N° 22 p. 9. p. 1. l. 1_ N° 22 p. 9. p.1. l. 13)

Fig. 4.

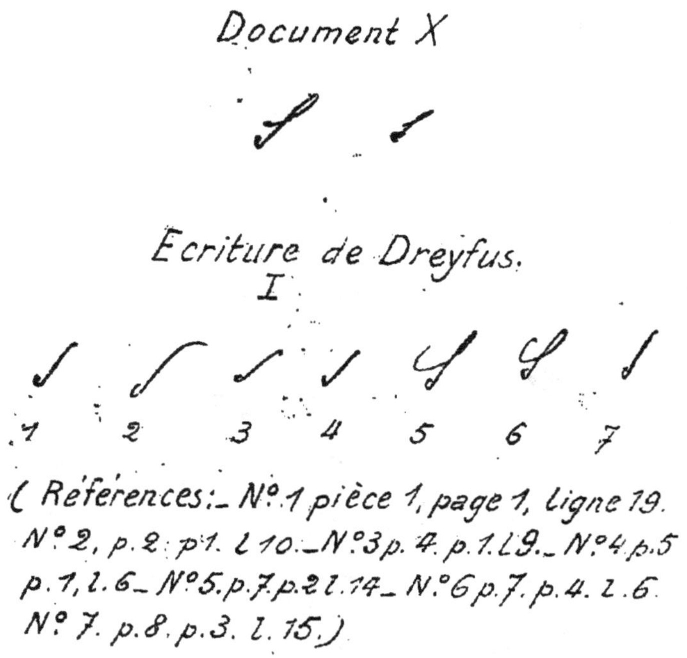

Document X

Écriture de Dreyfus.

(Références :_ N? 1 pièce 1, page 1, ligne 19.
N? 2, p. 2, p. 1. l 10._N? 3 p. 4. p. 1. l 9._ N? 4 p. 5
p. 1, l. 6_ N? 5. p. 7. p. 2 l. 14_ N? 6 p. 7. p. 4. l. 6.
N? 7. p. 8. p. 3. l. 15.)

Fig. 5.

Observons la lettre S majuscule (*fig.* 5). Elle est deux fois dans la pièce de question et sept fois dans l'écriture de Dreyfus. Le n° 6 ressemble à peu près au n° 1 du document *X*.

Le J majuscule, dans le mot « Je », est formé, dans la pièce *X*, d'une tête assez haute et d'une boucle descendant normalement, non liée à la lettre suivante. J'ai recueilli les vingt-deux exemplaires de J des pièces de comparaison et il suffit de jeter un coup d'œil sur la *fig.* 6 pour voir que la ressemblance est peu concluante. Le début de la lettre est semblable, la finale ne l'est plus.

Ecriture de Dreyfus

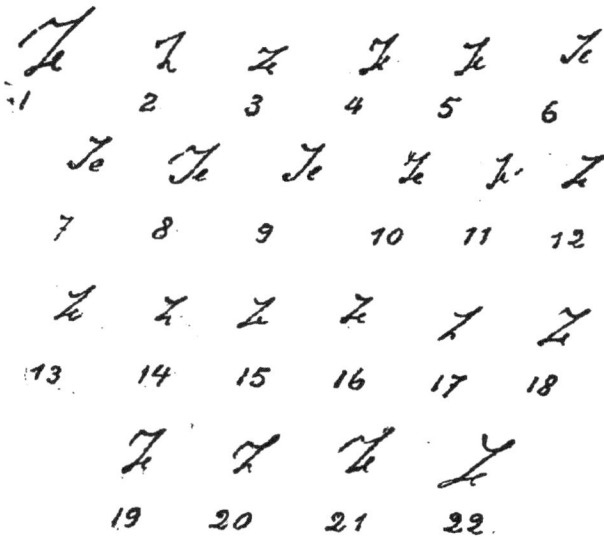

Pièce X

Fig. 6.

Le même mot « je », avec une minuscule, est plus intéressant à observer. Nous voyons, *fig.* 7, ceux des pièces de question. C'est un type unique et bien caractérisé, formé d'un jambage séparé de l' « e » suivant et pointé.

Pièce X

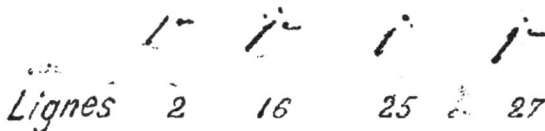

Lignes   2   16   25   27

Fig. 7.

On voit, *fig.* 8, les soixante-douze « je » que nous avons trouvé dans les pièces de comparaison. Ils sont formés d'une boucle liée à la lettre suivante, sans point. Ici la dissemblance est absolue.

La lettre majuscule C se trouve une fois dans la pièce X. Ce C ressemble à très peu de chose près au n° 3 de la *fig. 9*. Toutefois même si la ressemblance n'était pas limitée à un exemple sur huit il faudrait dire que la forme est trop banale pour constituer une preuve importante.

Ecriture de Dreyfus

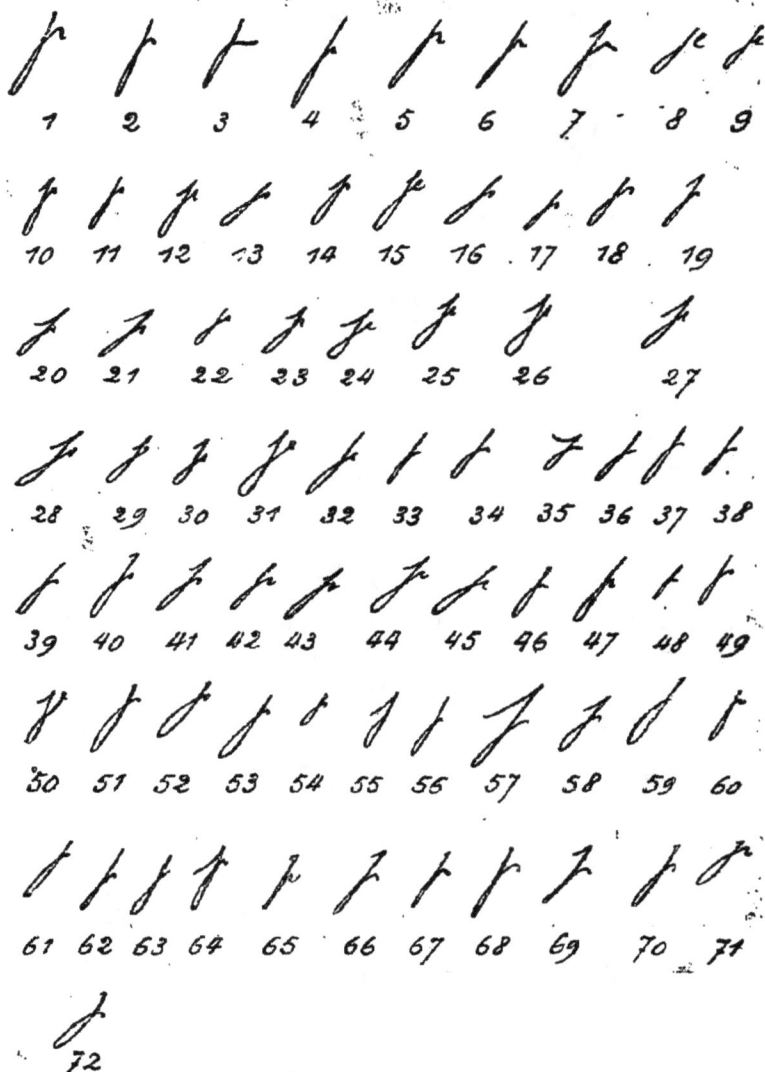

(*Références pièce 2 _ Nos 2 à 7 pièce 3 _ Nos 8 à 31 pièce 4 _ Nos 32 à 38, pièce 5 _ Nos 39 à 48, pièce 6 _ Nos 49 à 54, pièce 7 Nos 55 à 63, pièce 8 _ Nos 64 à 72)*

Fig. 8.

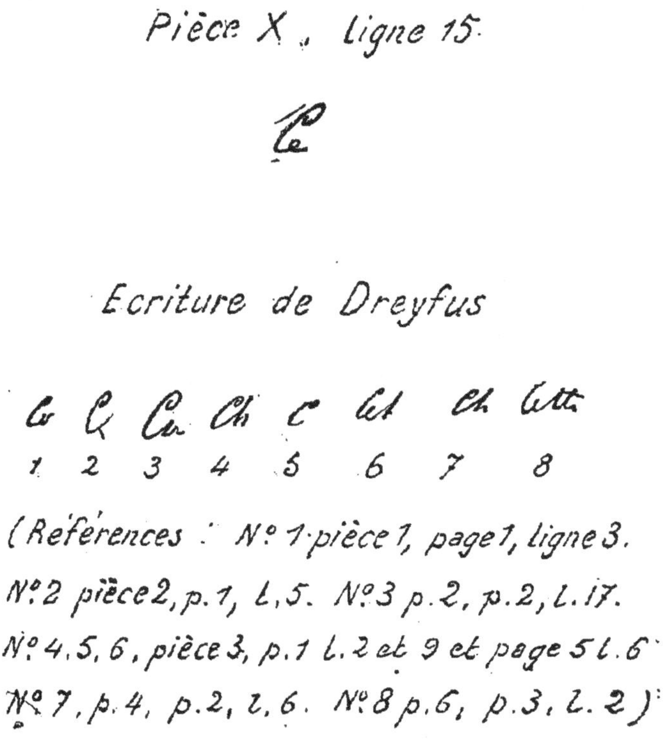

Pièce X , ligne 15.

Ecriture de Dreyfus

(figure: comparison of handwritten forms numbered 1 through 8)

(*Références : N° 1 pièce 1, page 1, ligne 3.*
N° 2 pièce 2, p. 1, L. 5. N° 3 p. 2, p. 2, L. 17.
N° 4, 5, 6, pièce 3, p. 1 L. 2 et 9 et page 5 L. 6
N° 7, p. 4, p. 2, L. 6. N° 8 p. 6, p. 3, L. 2)

Fig. 9.

Le petit mot « de » se trouve huit fois dans la pièce de question.
(Voyez *fig.* 10.) Il est de forme égale, arrondie avec une hampe
bien formée et la première partie de la lettre ouverte.

La forme du même mot, dans les pièces de comparaison, est profondément différente avec le « d » sans panse, anguleux et bouclé
au début de la lettre.

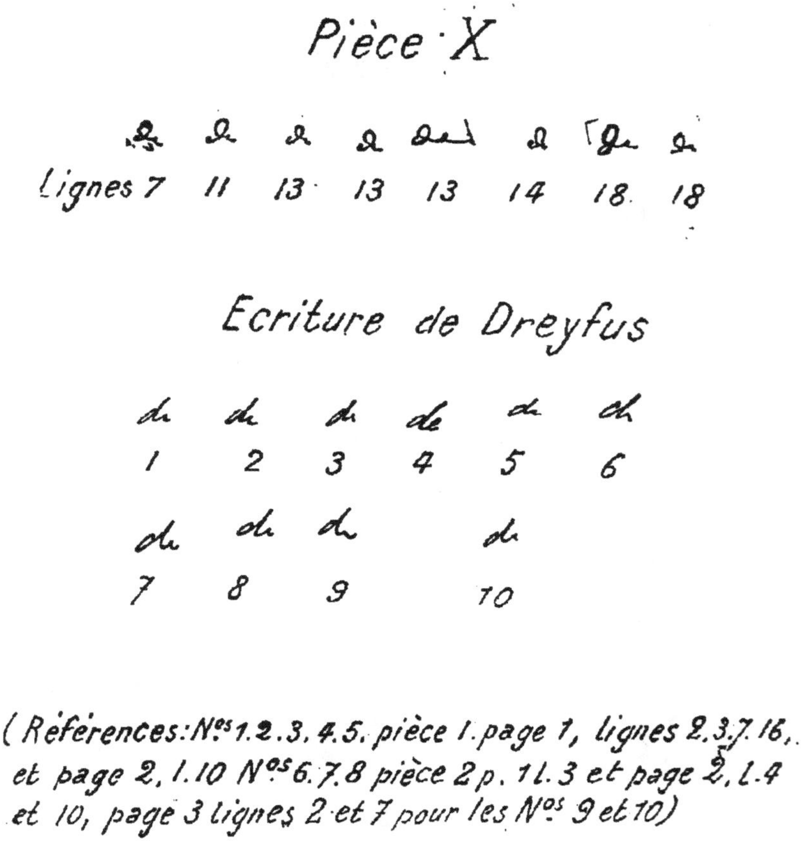

Pièce X

lignes 7 11 13 13 13 14 18 18

Ecriture de Dreyfus

1   2   3   4   5   6

7   8   9   10

(Références: N.ºˢ 1. 2. 3. 4. 5. pièce 1. page 1, lignes 2. 3. 7. 16,
et page 2, l. 10 Nºˢ 6. 7. 8 pièce 2 p. 1 l. 3 et page 2, l. 4
et 10, page 3 lignes 2 et 7 pour les Nºˢ 9 et 10)

Fig. 10.

Voici encore le mot « vous » que je trouve six fois dans la pièce X
et sept fois dans les pièces de comparaison (fig. 11). Les premiers
sont arrondis, avec un « v » en forme d' « u », et l' « u » toujours
plus grand. Les autres, ceux de Dreyfus, sont anguleux, avec le
« v » toujours plus grand. C'est d'une dissemblance très nette.

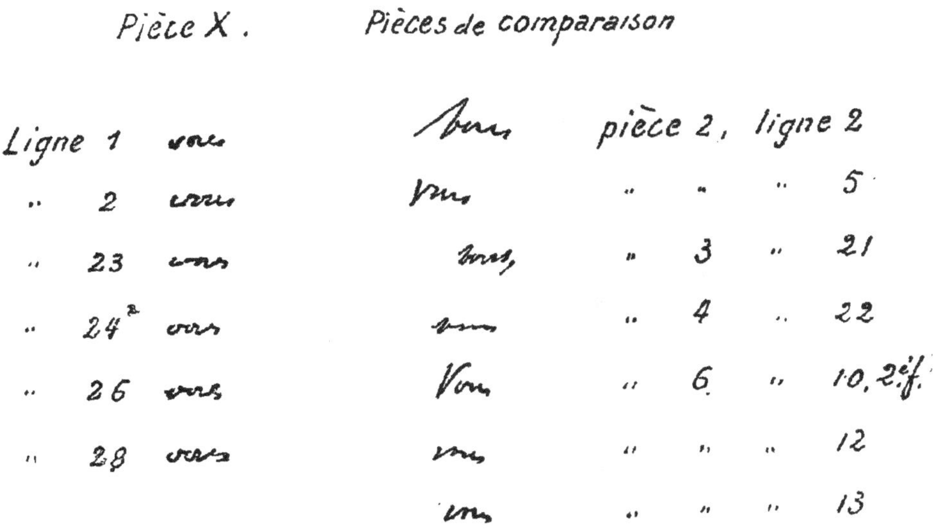

Pièce X.   Pièces de comparaison

Ligne 1   *~~*   *~~*   pièce 2, ligne 2

"   2   *~~*   *~~*   "   "   "   5

"   23   *~~*   *~~*   "   3   "   21

"   24²   *~~*   *~~*   "   4   "   22

"   26   *~~*   *~~*   "   6   "   10, 2²f.

"   28   *~~*   *~~*   "   "   "   12

                       ~~   "   "   "   13

Fig. 11.

Les mots « que » et « quelque » se trouvent plusieurs fois dans chacune des sortes de pièces. Comparons-les (*fig.* 12). Il est remarquable que la forme soit aussi apparemment approchante en étant si foncièrement différente. Voyez, par exemple, comme le début et les finales de ces mots se ressemblent peu et comme le mouvement de X est plus faible, presque mou par rapport à celui des pièces de comparaison.

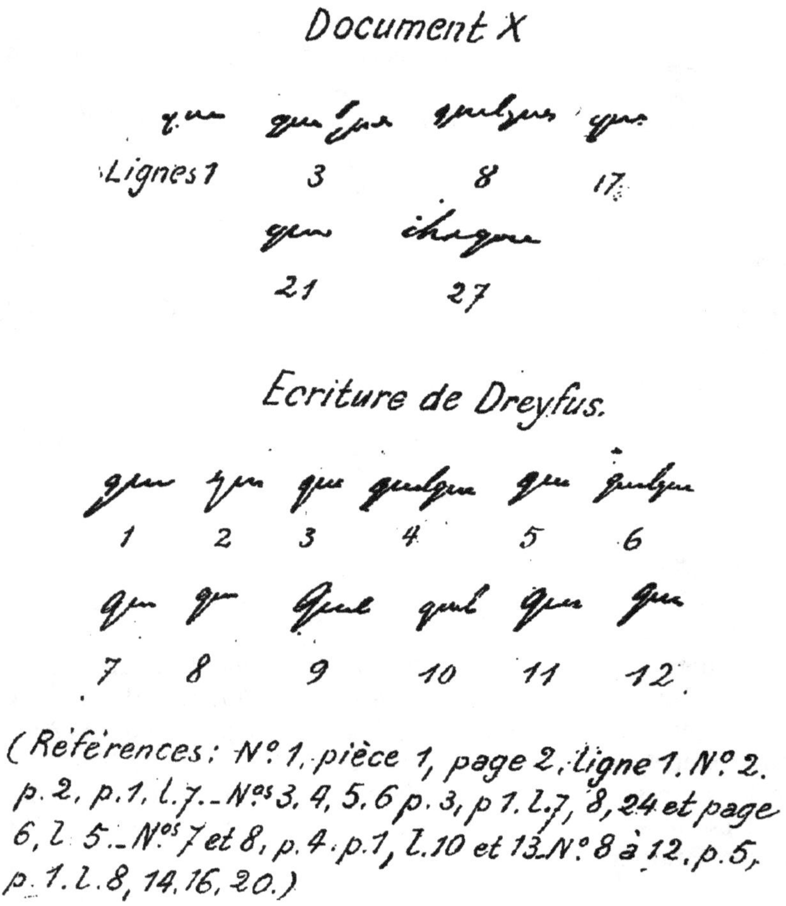

Document X

Lignes 1   3   8   17.

21   27

Ecriture de Dreyfus.

1   2   3   4   5   6

7   8   9   10   11   12

(Références : N° 1, pièce 1, page 2, ligne 1. N° 2.
p. 2, p. 1, l. 7. — N°s 3, 4, 5, 6 p. 3, p 1, l. 7, 8, 24 et page
6, l. 5. — N°s 7 et 8, p. 4. p. 1, l. 10 et 13. N° 8 à 12, p. 5,
p. 1, l. 8, 14, 16, 20.)

Fig. 12.

La même chose s'observe dans la comparaison des mots « corps »
(*fig.* 13). Il y a là une ressemblance frappante. Eh bien, cherchons
dans toutes les pièces de comparaison un « p » avec la seconde partie
à la hauteur du jambage et nous ne le trouverons pas. Il serait tout
aussi difficile de trouver deux « c » comme ceux de la pièce de
question. Ceux de Dreyfus sont toujours plus hauts et plus ovales.

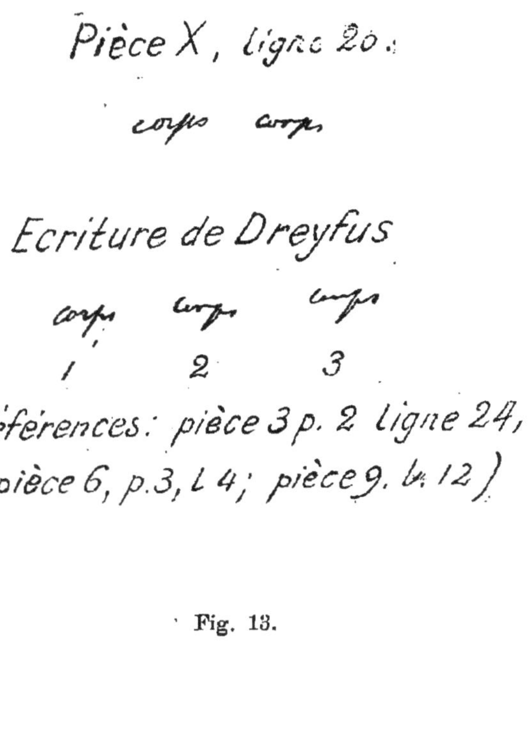

Fig. 13.

Nous avons un L majuscule dans la pièce de question. Le
voici *fig.* 14. Ceux de Dreyfus diffèrent entre eux, mais il n'en est
pas un seul qui soit comparable à celui de la pièce de question.

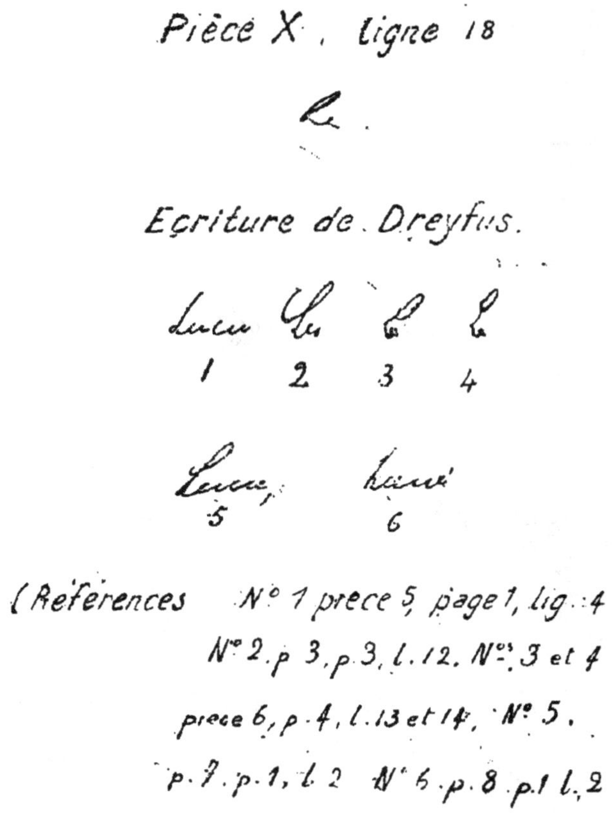

Pièce X, ligne 18

l.

Écriture de Dreyfus.

Lucu Ll l l

1   2   3   4

Lucu,   Lucu

5   6

(Références N° 1 prece 5, page 1, lig. 4
N° 2, p 3, p 3, l. 12. N°. 3 et 4
piece 6, p. 4, l. 13 et 14, N° 5,
p. 7, p. 1, l. 2 N° 6, p. 8, p. 1 l. 2

Fig. 14.

. L'une des formes caractéristiques de l'écriture de Dreyfus est dans le départ de ses mots (*fig.* 15). Il lance sa plume de bas en haut, ce qui fait précéder ses mots d'un trait droit et raide. C'est une marque difficile à éviter dans une écriture rapide comme celle de la pièce X. Mais elle ne s'y rencontre pas. Au contraire, les commencements des mots sont très sobres, à peine formés, contrairement à l'habitude de Dreyfus.

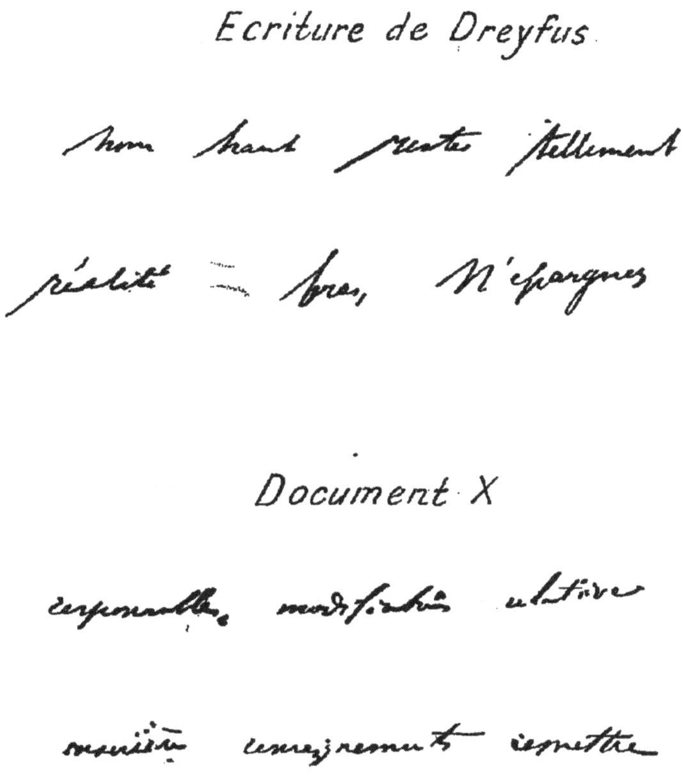

Ecriture de Dreyfus

nous   haut   restes   tellement

réalité = force,   N'épargnes

Document X

responsable, modification ulttime

maniere enregistrement remettre

Fig. 15.

Il y a de nombreux chiffres dans la pièce *X*. Comparons leur forme avec celle des chiffres trouvés dans la pièce de comparaison (*fig.* 16). Le 2 de la ligne 5 de la pièce *X* ressemble au n° 16 de l'écriture de Dreyfus. Mais à côté de cela il y a autant de différences qu'il reste de chiffres à comparer. Quand on rencontre une analogie de forme sur dix et qu'elle s'applique à la forme la plus banale, on peut bien dire qu'il y a pure coïncidence.

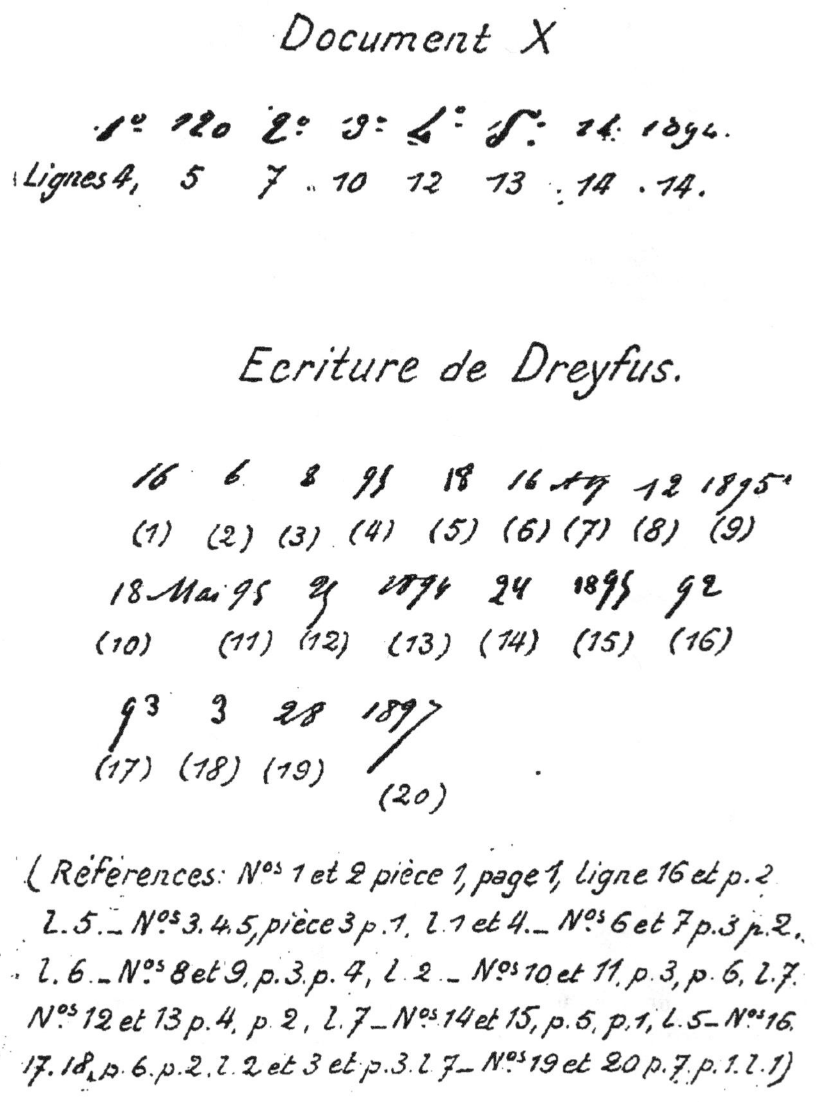

Document X

1º 120 2º: 3º: 4º: 5º: 14. 1894.

Lignes 4, 5 7 . 10 12 13 . 14 . 14.

Ecriture de Dreyfus.

16 6 8 95 18 16 12 1895¹
(1) (2) (3) (4) (5) (6) (7) (8) (9)

18 Mai 95 2 1894 24 1895 92
(10) (11) (12) (13) (14) (15) (16)

93 3 28 1897
(17) (18) (19)   (20)

(Références: Nᵒˢ 1 et 2 pièce 1, page 1, ligne 16 et p. 2
L. 5. _ Nᵒˢ 3. 4. 5, pièce 3 p. 1. l. 1 et 4. _ Nᵒˢ 6 et 7 p. 3 p. 2.
l. 6. _ Nᵒˢ 8 et 9, p. 3, p. 4, l. 2 _ Nᵒˢ 10 et 11, p. 3, p. 6, l. 7.
Nᵒˢ 12 et 13 p. 4, p. 2, l. 7 _ Nᵒˢ 14 et 15, p. 5, p. 1, l. 5_ Nᵒ 16.
17. 18, p. 6. p. 2. l. 2 et 3 et p. 3. l. 7_ Nᵒˢ 19 et 20 p. 7. p. 1. l. 1)

Fig. 16.

VII

LA DIMENSION

La dimension des lettres paraît semblable dans les deux sortes de pièces, surtout si on compare X au document 5. C'est la même amplitude de mouvements, avec, dans la même ligne, un mot composé de lettres moitié plus petites que les autres. Cependant cette variation est beaucoup plus intense dans la pièce X et la dégradation des dimensions plus brusque. C'est la même chose, un peu forcée.

Nous avons déjà vu que les inégalités dans la disposition des lettres qui forment les mots grossissants du document X ne se trouvent pas dans l'écriture de Dreyfus. On voit aussi une différence notable dans le caractère général des variations de la pièce X à partir de la quinzième ligne.

Faut-il voir dans ce fait la preuve du bien fondé de l'hypothèse que Dreyfus aurait fait un effort en vue d'exagérer les habitudes qui composent son écriture? Mais cela n'arrive pas du tout à fausser le graphisme. Il n'est pas probable que voulant contrefaire son écriture on en conserve toutes les formes habituelles, sauf à en exagérer quelques-unes parmi les plus difficiles à modifier, et non seulement en choisissant le mode de falsification le plus difficile, mais encore le plus médiocre comme résultat, puisqu'il laisse subsister tout ce qui est apparent dans la personnalité scripturale.

Quand on compare les documents pour la première fois c'est là, peut-être, ce qui frappe le plus fortement : la ressemblance dans l'inégalité. Eh bien, cherchons l'équivalence réelle des variations de X dans les pièces de comparaison. Même en collectionnant dans plusieurs documents les parties les plus similaires on ne trouve que des à peu près. Si la ressemblance dans l'inégalité des dimensions n'est pas absolue dans les conditions les plus favorables, elle nous apparaît plus que médiocre dans la comparaison des autres documents. C'est ainsi que nous tombons dans l'incertitude au sujet d'une des similitudes les plus frappantes.

·VIII

LA DIRECTION

La direction des lignes dans la pièce X est légèrement descendante, de 2° à 4° selon les lignes. Dans l'écriture des pièces de comparaison, et même dans les lettres missives qui expriment les sentiments les plus tristes, elle est légèrement ascendante. Cette différence est frappante par sa généralité.

Dans la pièce X les lignes descendent de plus en plus, si bien qu'à la ligne 28 nous trouvons le maximum de chute. Dans les pièces de comparaison le phénomène opposé se produit; la direction des premières lignes est moins ascendante; elle faiblit même comme dans la pièce 3 pour se relever quelques lignes plus loin.

On trouve dans les deux sortes de pièces des lignes sinueuses de même valeur. Tantôt la ligne s'affaisse au centre, comme dans la ligne 2 de la pièce X, tantôt elle est en dos d'âne (ligne 15) ou tourmentée (ligne 14), ou encore presque droite (ligne 20).

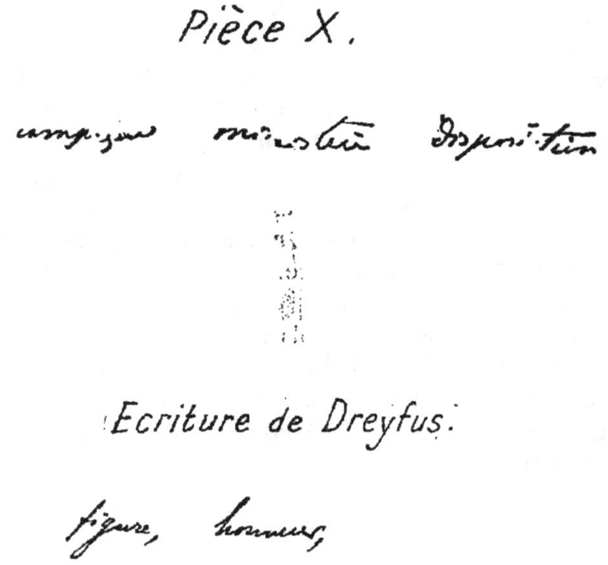

Fig. 17.

Nous trouvons aisément des équivalences dans la pièce 5, lignes 7 et 10 de la page 1 et lignes 8 et 9 de la page 4. Je ne me sers que d'un seul document pour démontrer cette ressemblance : on n'en pourrait pas faire autant avec chacun des autres, mais dans tous on retrouve des lignes sinueuses de l'une ou l'autre des espèces ci-dessus. La démonstration est donc satisfaisante.

Dans la pièce *X* nous trouvons des mots dont la seconde partie descend brusquement (*fig.* 17) : « Campagne » (ligne 14), « ministère » (ligne 18), « disposition » (lignes 17 et 25). Il m'a été impossible de trouver une ressemblance satisfaisante dans les vingt-neuf pages des pièces de comparaison. Voici les deux mots qui se rapprochent le plus de ce brusque changement de direction : « figure » et « honneur » (pièce 3, page 2, lignes 3 et 16). C'est peu démonstratif et je crois qu'il est mieux d'admettre que ces variations brusques de la pièce *X* sont des indices de falsification.

L'inclinaison de l'écriture de Dreyfus est assez inégale d'un document à l'autre et la pièce *X* a une inclinaison différente à partir de la ligne 15. La ressemblance qu'on peut constater dans ces conditions n'a qu'une valeur quantitative.

IX

LA CONTINUITÉ

La continuité des mouvements graphiques est importante à observer, car il est difficile d'éviter certaines liaisons, certaines associations de lettres ou de syllabes, quand on y est habitué. Et comme nous avons des écritures rapides à comparer nous devons trouver dans l'examen des marques de la continuité de sérieux éléments de preuve.

Dreyfus se sert fréquemment, dans le cas du redoublement de l' « s », de la façon ancienne, avec un grand « s » allongé, puis un petit lié au précédent. Dans la pièce *X* nous trouvons cinq de ces doubles « s » (*fig.* 18). Ils sont formés d'un petit « s » puis d'un grand non lié au précédent quatre fois sur cinq. Et la forme est aussi différente de celle de Dreyfus que la liaison.

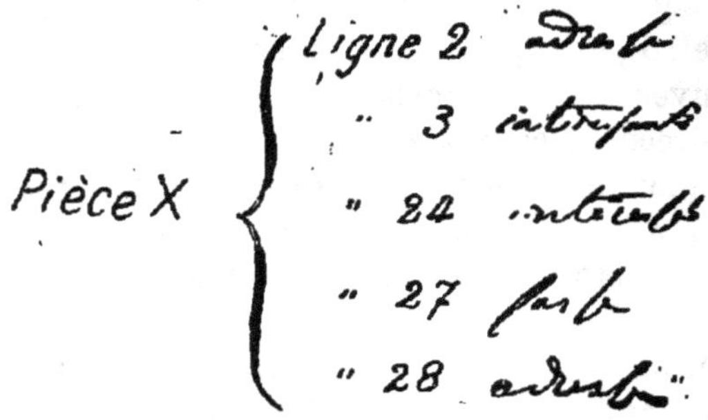

Fig. 18.

Pour apprécier la très haute importance de ce désaccord il suffira d'essayer de faire rapidement quelques doubles « s » d'un genre et ensuite de l'autre genre, en changeant tout à la fois, comme c'est ici le cas, la disposition, la forme et la liaison. C'est presque une impossibilité physiologique. Je n'hésite pas à considérer cette dissemblance comme la plus complète et la plus probante qu'on puisse trouver. J'ai recueilli tous les doubles s des vingt-neuf pages de documents ; on peut voir, *fig.* 19, que cette discordance de disposition de forme et de liaison est constante.

Désirant ne conserver aucun doute au sujet d'un fait si décisif, j'ai demandé un supplément de documents. Il m'a été fourni dix-neuf nouvelles pages de la correspondance de Dreyfus dans lesquelles j'ai trouvé la confirmation pure et simple de cette continuelle et profonde différence.

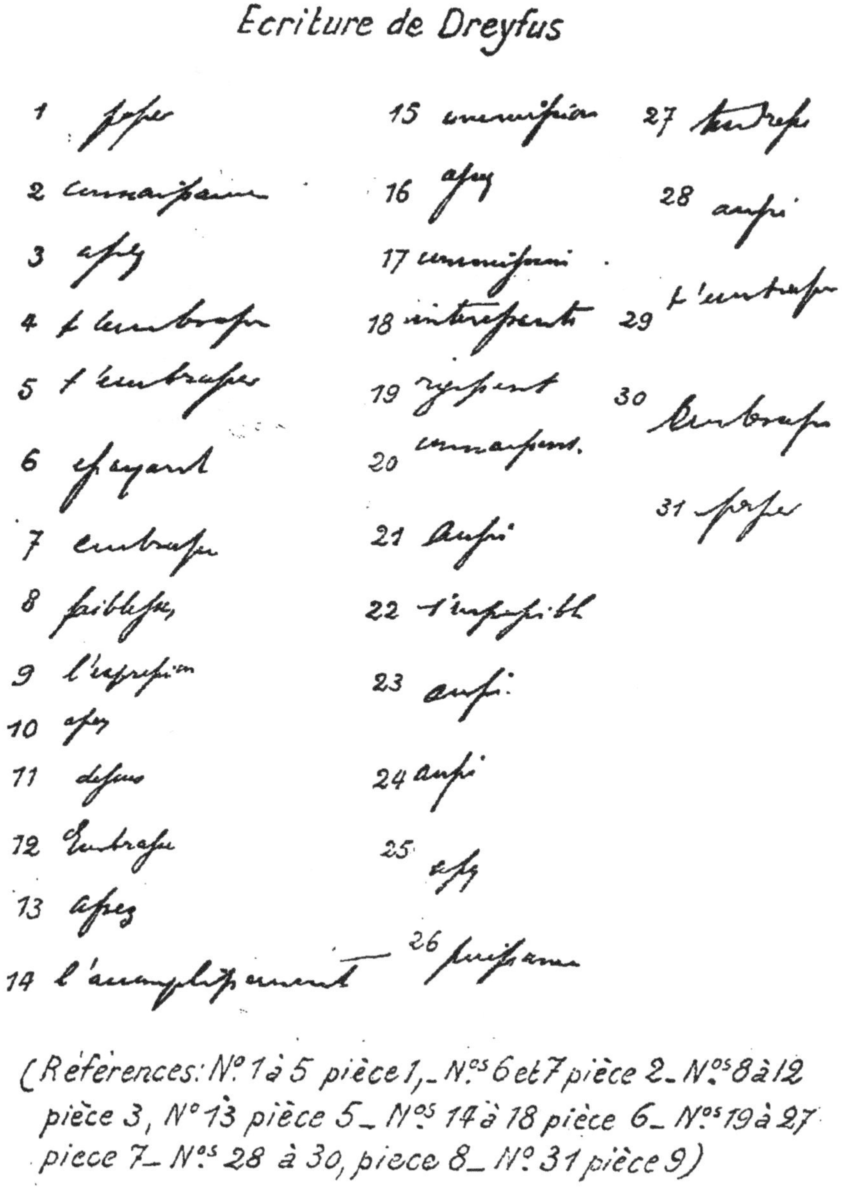

Ecriture de Dreyfus

1 *poper*

2 *connaissance*

3 *afez*

4 *t lembrafer*

5 *t lembrafer*

6 *efeyant*

7 *embrafer*

8 *faiblefse,*

9 *l'expression*

10 *afez*

11 *defus*

12 *Embrafer*

13 *afez*

14 *l'acomplifsement*

15 *enumiçion*

16 *afez*

17 *enumifoni*

18 *interefente*

19 *rijefent*

20 *connaifant.*

21 *Aufi*

22 *t'impofsibl*

23 *aufi:*

24 *aufi*

25 *afez*

26 *puifsan*

27 *tendrefe*

28 *aufi*

29 *t'entrefer*

30 *embrafer*

31 *poper*

(Références: Nº 1 à 5 pièce 1,— Nºs 6 et 7 pièce 2— Nºs 8 à 12
pièce 3, Nº 13 pièce 5— Nºs 14 à 18 pièce 6— Nºs 19 à 27
pièce 7— Nºs 28 à 30, pièce 8— Nº 31 pièce 9)

Fig. 19.

Le mot « difficile » (*fig.* 20), nous offre à considérer un fait analogue. La pièce de question est écrite « di, ffi, ci, le ». La pièce de comparaison porte « diffi, cile », avec une différence nette dans la forme et l'inclinaison.

X , ligne 16.   *Dreyfus, pièce 6, p. 1, l. 3.*

Fig. 20.

Voici le mot « officier » de la pièce *X*, et le voici quatre fois dans les pièces de comparaison (*fig.* 21). Dans ces dernières la continuité est constante de cette façon : « offi, cier ». Dans la pièce *X* nous voyons « off, i, cier », avec l'accent lié au « c ». A côté de cette différence il y en a une non moins profonde dans la forme et dans l'inclinaison.

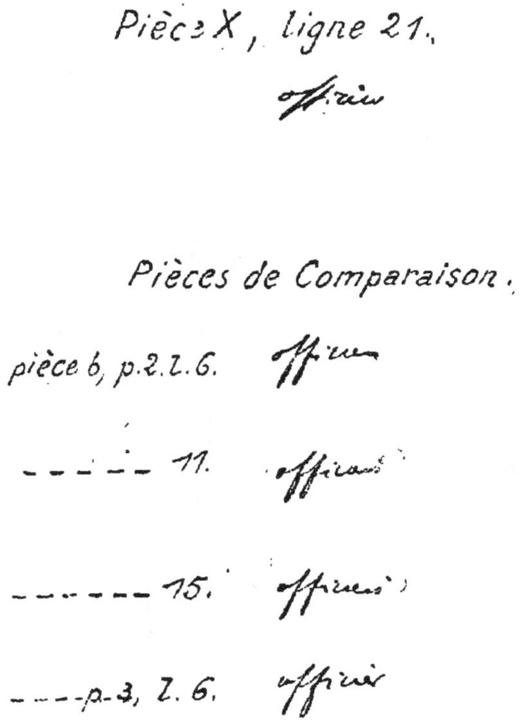

Pièce X , ligne 21.

Pièces de Comparaison.

pièce 6, p. 2, l. 6.

— — — — 11.

— — — — 15.

— — p. 3, l. 6.

Fig. 21.

Si nous opposons au mot « désirez » de la pièce X (*fig.* 22) le mot
« désire » qui se trouve deux fois dans la pièce de comparaison 1,
nous trouvons « de, s, i, rez », contre « desi, re », avec une différence assez grande dans la forme pour qu'il n'y ait aucune assimilation possible.

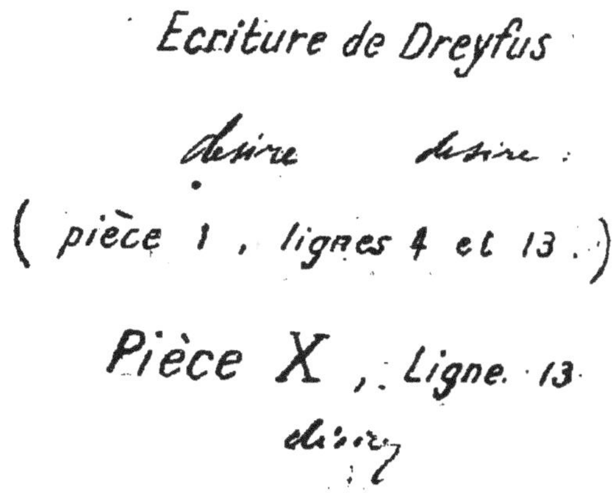

Fig. 22.

Comparons encore les mots « modifications » de la *fig.* 23, aux
mots « application, éducation, justification, condition » que nous
trouvons dans la pièce de comparaison n° 6; pour être moins absolues
les différences de forme et de continuité ne s'en font pas moins sentir
davantage que les ressemblances.

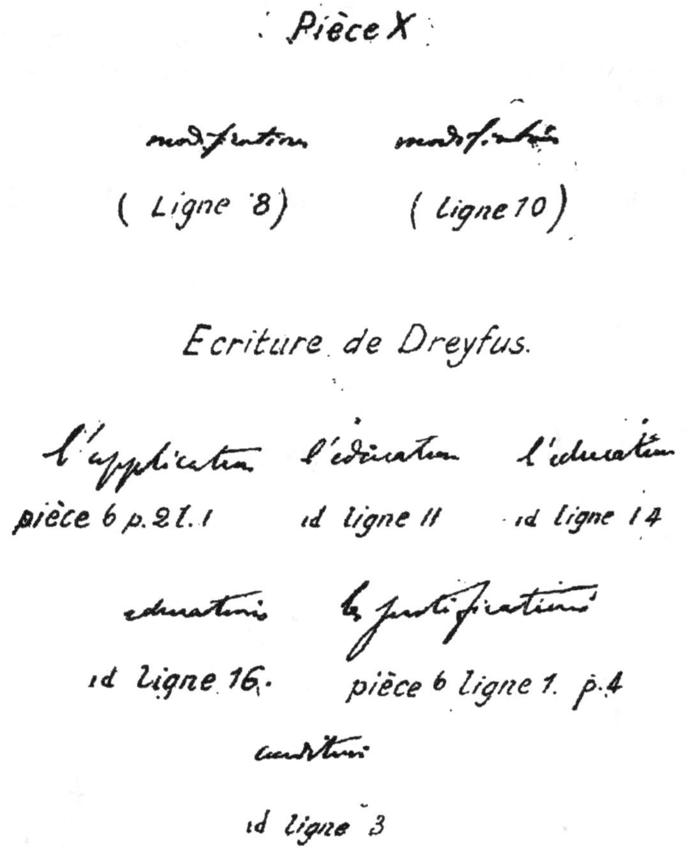

Pièce X

(Ligne 8)   *(Ligne 10)*

Écriture de Dreyfus.

pièce 6 p. 21. l   *id ligne 11*   *id ligne 14*

id ligne 16.   *pièce 6 ligne 1. p. 4*

id ligne 3

Fig. 23.

Partout, en général, les pièces de comparaison offrent une écriture plus liée que la pièce de question et avec des associations de lettres différentes. On en verra de frappants exemples en consultant encore les *fig.* 1, 3, 7, 8, 18 et 19.

Nous devons mentionner des marques d'hésitation dans la pièce *X* qui ne se retrouvent jamais dans l'écriture des pièces de comparaison. Ligne 12, le « g » de Madagascar est évidemment avorté. Après le mot « campagne » (ligne 14), l'écrivain, empêché par la contraction nerveuse dont nous avons parlé, s'est reposé. Quand il reprend, ligne 15, le mot « extrêmement » trahit sa préoccupation d'imiter un modèle; le tracé est hésitant. Il y a là une inhibition très suspecte. Le même phénomène se représente lignes 18, 20 et 30.

Ces faits n'ont un sens que si on admet que la pièce *X* est une imitation d'écriture; éliminez cette hypothèse et nous serons amené à en faire d'autres qui n'auront pas, à beaucoup près, la même vraisemblance.

X

L'ORDONNANCE

L'ordonnance des écrits de Dreyfus, sans être soignée, est toujours correcte. Toutefois son accentuation est défectueuse. Il ne met jamais le point sur le « j », ni l'accent sur la préposition « à ». Dans la pièce de question, au contraire, ces accents sont à leur place, et ligne 24 nous voyons même un A majuscule avec l'accent!

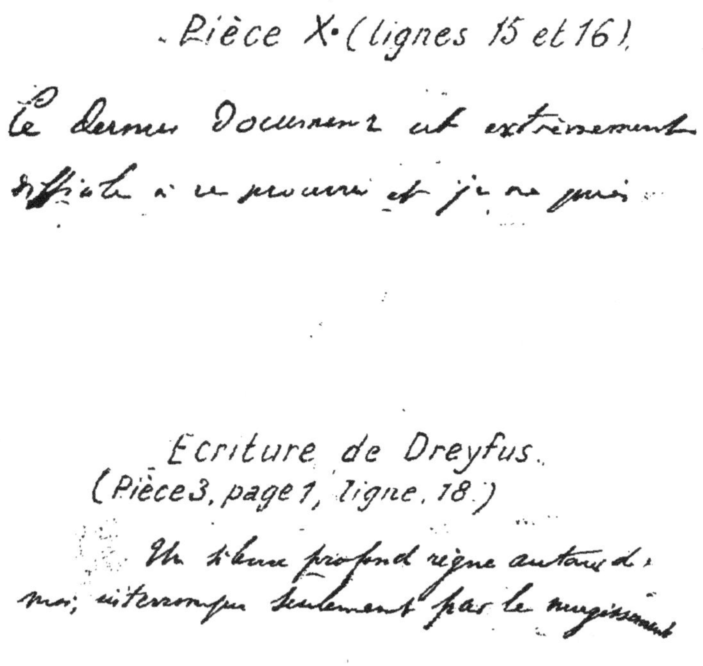

Fig. 24.

Cette dissemblance est importante, parce qu'elle s'applique à un fait constant et répété. A divers endroits l'on voit des points là où il n'en faut pas, lignes 2, 5, 7, 13, 16, 17, 20, 21, 26, 28. C'est un indice de gêne de la respiration qu'on ne trouve jamais chez Dreyfus (1).

Entre la lettre X et les documents il y a cette ressemblance que les lignes de droite sont rarement terminées, constituant ainsi une marge à droite d'aspect sinueux et inégal. Cela est particulièrement frappant dans les pièces 1 et 4. Mais toutes les pièces de comparaison contiennent une dissemblance aussi profonde et plus absolue que n'est la ressemblance précédente, c'est le commencement des phrases à la ligne qui se fait au niveau de la marge dans la pièce X et à une distance de 1 à 2 centimètres dans les pièces de comparaison (*fig.* 24).

Il ne ressort rien de bien concluant de ces deux observations-là.

XI

RÉSUMÉ

J'ai noté les ressemblances et les dissemblances à mesure qu'elles se présentaient pendant l'examen méthodique des mouvements généraux de l'écriture. Il serait puéril, pour apprécier les résultats obtenus, de faire deux additions et de soustraire le plus petit nombre du plus grand. Dans les manifestations graphiques il y a une hiérarchie des signes. Les uns sont fondamentaux, essentiels, typiques, ce sont des marques qualitatives, les autres sont accessoires ou de portée moindre, ce sont des signes quantitatifs. Dans une expertise, la preuve qui résulte de toutes les comparaisons réunies n'est rendue décisive que par les signes qualitatifs.

Mais quels sont ces signes dans la comparaison des écritures? Ce sont les genres, espèces ou modes physiologiques qui, marquant tous les degrés du mode spécial d'activité qu'ils représentent, s'enregistrent le plus facilement et le plus nécessairement pour constituer l'identité du scripteur. Y a-t-il, chez un écrivain, une tendance vive à faire certains mouvements jusqu'à les rendre inévitables? Leurs représentations scripturales sont des signes qualitatifs. Ils sont plus fréquents dans les signes concernant l'intensité, la forme, la direction et la continuité que dans ceux qui se rapportent à la dimension et à

(1) *L'Écriture et le Caractère*, p. 280. (Paris, P. Alcan, 1896.)

4

l'ordonnance, parce que ce sont des genres plus importants du graphisme, dont le retentissement sur la physiologie du scripteur est plus profonde, plus étendue et plus inéluctable. On modifie aisément l'arrangement de son écriture; il est excessivement difficile de changer son intensité. Parvient-on cependant à modifier une des espèces de l'intensité, soit la vitesse, soit les angles, soit la netteté, etc. ? Il se passe alors un phénomène des plus dignes d'attention, que j'ai signalé dans une publication antérieure : on voit apparaître dans l'écriture de celui qui se contrefait des formes qui dénoncent d'un autre côté ce qu'il cherche à dissimuler.

Il ne cache les formes graphologiques de la finesse qu'en prenant celles des impénétrables; son activité contrainte se transforme en énergie, sa faiblesse en désordre, sa sottise en prétention, sa précision en clarté, son hésitation en lenteur, son égoïsme en dureté, etc. Et, s'il parvient à dominer une de ses tendances au point de la rendre méconnaissable, c'est à l'aide d'une opposition absolue, en faisant anguleux tout ce qui est arrondi, léger ce qui est pâteux, etc.

Mais quand la plume ne trahit pas le scripteur en formant tout à coup le trait qu'il cherche à éliminer, c'est la physionomie de l'écriture qui est faussée, qui devient étrange, incoordonnée, et révèle à première vue l'inharmonie et l'invraisemblance de l'arrangement.

Jamais, en tout cas, l'on n'obtient la falsification totale d'une écriture courante, et même dans une copie servile et professionnelle un œil exercé trouve, dans certaines discordances qualitatives, la preuve de l'imitation.

Ces données, qu'il était utile de produire pour la compréhension de ce qui va suivre, s'appliquent avec une certaine force à un document de trente lignes avec une documentation de vingt-neuf pages pour la comparaison...

Avons-nous trouvé des dissemblances qualitatives en comparant les deux sortes de pièces? Oui, *dans toutes les espèces d'intensité* (angulosité, netteté, vitesse) ; *dans toutes les espèces de forme* (forme des lettres, inégalité, naturel, gladiolement, grossissement) ; *dans la direction ascendante; dans toutes les espèces de continuité* (inégalité, hésitation, séparation des lettres, différences de situation, contractions du tracé et dans la très importante et complexe dissemblance des doubles « s ») ; enfin *dans l'accentuation.*

Ces témoignages sont si importants et ils se soutiennent si bien mutuellement qu'il ne faudrait rien moins que des ressemblances absolues entre tous les faits scripturaux non catalogués ci-dessus pour infirmer la conclusion qu'ils annoncent. Or, qu'avons-nous comme ressemblances qualitatives? Une seule, la sinuosité.

C'est évidemment au-dessous des suppositions que l'on fait avant d'étudier à fond ces écritures. Mais il m'est impossible de considérer ici la rapidité et l'amplitude comme des ressemblances qualitatives. Si apparentes que soient ces similitudes, elles sont seulement quantitatives.

La rapidité est presque aussi grande, mais elle est obtenue à l'aide d'associations de mouvements d'ordre tout à fait différent : donc elle est foncièrement différente comme qualité, tout en étant à peu près pareille comme quantité.

L'amplitude nous apparaît aussi grandement semblable. Je voudrais, cependant, pour lui accorder une valeur franchement qualitative, la voir associée au naturel du tracé et appuyée sur une plus grande ressemblance des inégalités de dimension. Il y a aussi trop de mouvements inhibitoires dans la pièce X, et il est permis de supposer que l'écrivain a fait des efforts pour régler l'amplitude de ses mouvements. Ce n'est pas une ressemblance franche et, dans une expertise en écriture, ce qui n'est que similaire est différent.

On objectera que ces signes et quelques autres à peu près ressemblants peuvent être attribués à Dreyfus parce qu'il est capable de les produire et qu'il trace la forme proche de celle-là. C'est un raisonnement hardi et qui peut trouver son application juste ; je ne craindrais pas de m'en servir, dans certains cas, *pour appuyer des preuves déjà satisfaisantes*. Mais il m'est impossible de systématiser ce raisonnement et de dire tout au long d'une expertise, comme seul argument à opposer à des faits indiscutables : « Voici un trait qui ne ressemble pas absolument à celui-là, mais ça ne fait rien. L'écrivain de la pièce X n'est pas très éloigné d'être celui des pièces de comparaison, donc c'est le même. » Cela ne détruirait, du reste, aucune des preuves du contraire.

Ainsi donc, alors que les dissemblances qualitatives s'appliquent à tant de marques de l'écriture, et même à des genres entiers avec toutes leurs espèces, nous n'avons, à une exception près, que des ressemblances secondaires à opposer. Mais nous avons aussi des dissemblances secondaires ! Si l'ordonnance des lignes est semblable en ce qui concerne leurs terminaisons, elle ne l'est plus du tout au sujet d'une caractéristique constante du début de ces mêmes lignes.

Ces différences s'appliquant à des faits trop particuliers, ou à des faits généraux peu marqués, ne peuvent soutenir aucune argumentation sérieuse ; elles s'annulent réciproquement et si elles se représentaient seules tout au long d'une expertise, elles obligeraient encore l'expert à conclure à la non identité.

Mais que dire des faits indéterminés, des similitudes banales, par exemple de la grosseur moyenne, nullement caractéristique, de l'écriture de la pièce X, ressemblant à la grosseur moyenne et non

caractéristique de l'écriture de Dreyfus? Ce sont là des faits négatifs qui ne méritent pas d'être résumés.

XII

DIFFÉRENCIATION GRAPHOLOGIQUE

Il résulte de tout ce qui précède que la différenciation des deux
écritures permet de les attribuer graphologiquement à deux personnalités distinctes.

Celle de Dreyfus révèle une intelligence assez vive, débrouillarde,
capable de s'élever jusqu'au talent pourvu que ce soit dans une
seule direction.

Son caractère est, tout à la fois, très sensible et très renfermé,
presque insaisissable. Il a quelque chose de dur et de hautain qui
éloigne la sympathie affectueuse. Il est doué d'une énergie et d'une
persévérance remarquables.

L'autre écriture, celle de la pièce de question, nous dit une intelligence peut-être aussi cultivée que celle de Dreyfus, mais un esprit
faux et illogique : ce qui est le contraire des qualités de Dreyfus.

Son émotivité est extrême. C'est une nature fausse, menteuse,
profondément antipathique.

Son énergie est faible, inconstante, et ses passions se trouvent à
la merci des caprices de son imagination et de son jugement médiocre.

On comprend très bien que cet esprit-là ait écrit la pièce X, si
incohérente qu'il est impossible de savoir si le projet de manuel de
tir est livré, ou promis, ou copié. Dreyfus eût été plus clair.

Entre les deux hommes il y a une différence fondamentale :
Dreyfus est médiocrement sociable, mais il est un caractère; l'auteur
du document X est plus en dehors, extrêmement fourbe, dangereux
et sans caractère.

XIII

CONCLUSIONS

L'écriture de la pièce de question a un rapport apparent avec celle des pièces de comparaison. Cela détruit l'hypothèse que les deux sortes de pièces émanent du même écrivain *qui aurait falsifié son écriture;* car il est peu vraisemblable que voulant contrefaire son écriture on n'y introduise aucune forme étrange et déconcertante, ni aucune modification à l'ensemble des formes qui dénoncent immédiatement l'auteur.

Cette écriture, si elle est de Dreyfus, est donc son écriture normale et naturelle, modifiée peut-être, et seulement, par une circonstance de temps ou de milieu.

Dans ce cas, abondamment pourvus de pièces de comparaison comme nous le sommes, nous devrions trouver des similitudes certaines, caractéristiques, indiscutables. Ces similitudes font défaut et les dissemblances, au contraire, sont nombreuses et qualitatives.

Est-ce que la pièce X est l'écriture naturelle d'une tierce personne? Cela peut se soutenir, mais ce n'est pas probable. Cette pièce n'est pas exempte de tares; écrite en deux fois, avec des marques de contraction, elle m'inspire une forte méfiance. Si elle n'a pas de ressemblances *profondes* avec l'écriture de Dreyfus, elle y ressemble trop, superficiellement, pour ne pas reconnaître là une intention d'imiter son écriture. Et elle n'y ressemble justement que par ces trois ou quatre allures générales que les faussaires parviennent tout au plus à imiter.

En conséquence je déclare, sous les réserves faites au paragraphe II au sujet de la pièce X :

1° Que l'écriture de la pièce de question n'a pas été tracée par l'auteur des pièces de comparaison ;

2° Qu'il est probable que la pièce de question a été faite avec l'intention d'imiter l'écriture de l'auteur des pièces de comparaison.

Rouen, le 12 août 1897.

CRÉPIEUX-JAMIN.

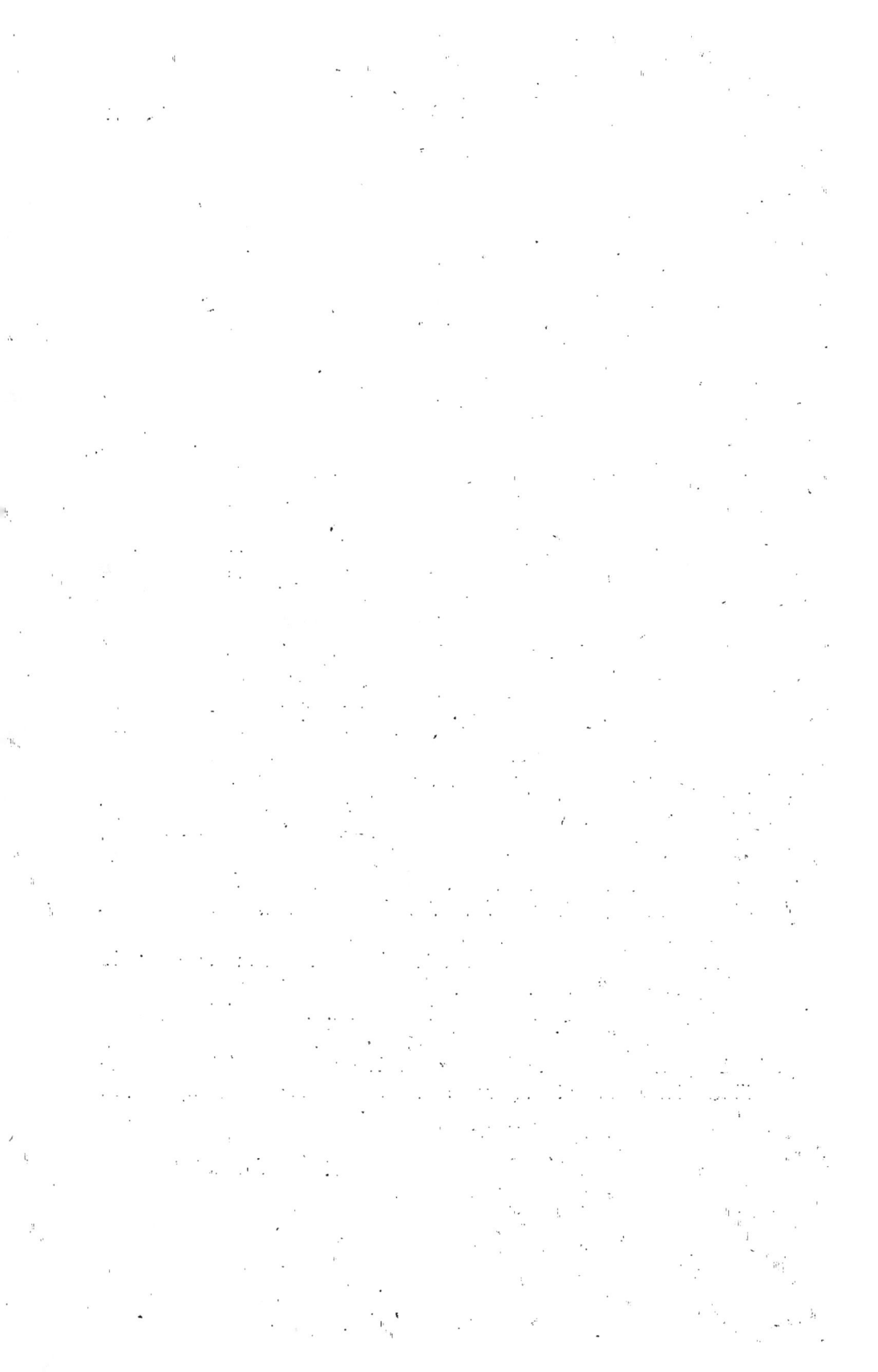

RAPPORT

D'EXPERTISE EN ÉCRITURES

Par M. GUSTAVE BRIDIER.

AFFAIRE DREYFUS

Le soussigné Gustave Bridier, graphologue, expert en écritures, demeurant à Issoudun, rue Jeanne-d'Arc, n° 11,

Commis aux effets ci-après par M. Bernard Lazare, publiciste, demeurant à Paris, rue Juliette-Lamber, n° 20, à titre officieux et amiable mais néanmoins professionnel, et, par suite, dispensé de toute prestation officielle de serment,

A dressé de la manière et ainsi qu'il suit, le rapport des divers examens, opérations et vérifications auxquels a donné lieu l'expertise en écritures concernant M. A. Dreyfus, le tout en conformité de la mission tant verbale qu'écrite dont il a été chargé par M. Bernard Lazare, à Issoudun, en son domicile, rue Jeanne-d'Arc, n° 11, le lundi 10 mai 1897.

PREMIÈRE OPÉRATION

CONSTATATION DES DOCUMENTS

Les documents versés à l'expertise en fin des recherches dont l'objet sera ci-après exposé sous la deuxième opération, comprennent des pièces de question et de comparaison qui vont être ci-après succinctement décrites.

PARAGRAPHE PREMIER : *Pièce de question.*

Il existe une pièce unique de question : c'est le fac-similé photographique, sur papier blanc, et d'une venue assez douteuse, d'un document en forme de lettre, sans en-tête indicateur du destinataire, portant la rubrique imprimée : « Texte du document attribué au capitaine Dreyfus, » sans date ni signature.

Ce texte comprend trente lignes ou portion de lignes, formant un total approximatif de onze cents lettres, et dont la première phrase est ainsi conçue : « Sans nouvelles m'indiquant que vous désirez me voir, je vous adresse cependant quelques renseignements intéressants; » et la dernière : « Je vais partir en manœuvres. » (1).

Une plus ample description de ce document paraît inutile; elle résultera d'ailleurs surabondamment de son analyse alphabétique et graphique qui sera ci-après établie sous la troisième opération, et du tableau qui sera joint et annexé à la pièce principale du rapport de l'expertise dont s'agit.

Une observation toutefois s'impose spécialement à l'égard de ce document, c'est qu'il ne reproduit aucune trace de la mention officielle et sacramentelle du *ne varietur ;* il n'en sera tiré aucune inférence au surplus, si ce n'est que le fait est au moins étrange.

PARAGRAPHE DEUXIÈME : *Pièces de comparaison.*

Les autres pièces versées à l'expertise sont au nombre de quatre, et sont autant de pièces de comparaison, comprenant :

I. — Une lettre écrite sur papier administratif, non réglé, de couleur blanche, portant cet en-tête imprimé : « Dépôt de Saint-Martin-de-Ré, » avec un visa calligraphique et administratif, dans l'angle gauche du papier, portant la date du 21 janvier 1895, signée « Alfred » et dont les trois premiers mots, indicateur du destinataire, ont été raturés (2).

Cette pièce originale comprend quatre-vingt-onze lignes y compris la signature et deux lignes écrites dans la marge gauche de la quatrième page, le tout formant un total d'environ quatre mille lettres tant dans les lignes complètes que dans les portions de lignes.

La première phrase est ainsi conçue : « Comme tu dois souffrir, » et la dernière, avant la signature : « Je te serre sur mon cœur. » Il est également inutile d'en faire ici plus ample description qui résultera suffisamment des constatations comprises aux analyses, opérations et tableaux ci-après établis ou ci-annexés.

II. — La seconde pièce de comparaison est également un original: c'est une lettre paraissant dater du mois d'août 1893, d'après la

(1) Voir page hors texte.
(2) Voir page 282.

mention au crayon qui en est faite dans l'angle droit du papier ; elle est écrite sur papier blanc non réglé, de provenance anglaise ; elle est signée : « A. Dreyfus, » et comprend trente-cinq lignes ou portions de lignes, y compris la signature, le tout formant un total approximatif de onze à douze cents lettres, et contenant deux mots raturés dont l'un a été récrit au-dessus du mot raturé, et dont l'autre constituant moins une rature qu'un *lapsus calami* fait partie du texte (1).

La première phrase de cette lettre est ainsi conçue : « Mon cher Paul, nous serons très heureux de te recevoir vendredi prochain, tu nous apporteras en même temps des nouvelles toutes fraîches ; » et la dernière, avant la signature : « Bien cordialement. » Il est également inutile de faire une plus ample description de cette pièce et pour les mêmes raisons que celles ci-dessus exposées.

III. — La troisième pièce de comparaison est un fac-simile photographique, sur papier violet, de la première partie de la lettre ci-dessus décrite et constatée du 21 janvier 1895 depuis la première phrase : « Comme tu dois souffrir, » jusqu'à ce passage qui forme la dernière phrase de la reproduction : « Peut-être qu'alors eût-on cru à mon innocence ! » (2).

Les mêmes observations que celles ci-dessus formulées s'appliquent à cette pièce, qui ne reproduit pas les trois mots raturés de l'original.

IV. — La quatrième et dernière pièce de comparaison est un fac-simile sur papier jaune d'une lettre datée de l'année 1890, signée « Alfred », portant pour suscription ces mots : « Mon cher Paul, » comprenant cinquante et une lignes ou portions de lignes y compris la suscription et la signature, le tout formant un total d'environ quatorze à quinze cents lettres (3).

La première phrase de cette lettre est ainsi conçue : « Quand tu te plaignais à moi de ne savoir que faire, je te disais que le seul moyen de ne jamais s'ennuyer était de s'occuper, soit intellectuellement, soit manuellement. »

Et la dernière : « Je t'embrasse, ton dévoué. »

Le fac-simile dont s'agit contient en outre deux mots ou portions de mots raturés à la septième et à la trente-deuxième ligne et un autre mot également raturé à la quarante-sixième ligne.

Les observations déjà formulées à propos des autres documents peuvent être réitérées ici : la principale est relative à ce fait,

(1) Voir page 286.
(2) Voir page 282.
(3) Voir page 288.

qu'aucune des pièces tant de question que de comparaison ne porte
de mention *ne varietur* qui puisse dans une certaine mesure en
garantir la non modification; et une autre qui pourrait avoir une
importance, c'est qu'il est regrettable qu'on n'ait pas adopté un
papier de couleur unique pour la reproduction des différents originaux; la couleur blanche choisie pour la pièce de question et les
couleurs violette et jaune pour deux des pièces de comparaison,
détruisant, jusqu'à un certain point, l'unité de physionomie des graphismes et compliquant les comparaisons et vérifications.

DEUXIÈME OPÉRATION

OBJET DE L'EXPERTISE

Sous les réserves nécessitées par les différentes observations formulées au cours de la première opération, les expertise et vérifications d'écritures vont porter sur les différents documents dont la
constatation est ci-dessus établie; une seule question à résoudre
constitue l'objet de ces expertise et vérifications, elle peut se formuler ainsi : le document attribué au capitaine Dreyfus constituant la pièce de question dont l'aspect et la teneur sont ci-dessus
constatés succinctement sous le paragraphe premier de la première
opération, est-il écrit par la même main que celle qui a écrit et
rédigé les autres documents constituant les pièces de comparaison
et tout spécialement la lettre originale du 21 janvier 1895 ?

La mission de l'expert soussigné étant ainsi précisée, le développement de l'expertise et des diverses opérations qu'elle comportera
encore se trouve logiquement indiqué.

Il y a lieu préalablement aux conclusions :

1° D'examiner, comparer et vérifier, tant séparément qu'en les
rapprochant, les divers documents des deux séries pièce de question
et pièces de comparaison ; c'est ce qui va être fait sous les différents
paragraphes de l'opération qui va suivre ;

2° De présenter sous forme de tableaux synoptiques soit dans le
texte du présent rapport, soit dans des annexes, le résultat du
dépouillement des idiotismes scripturaux ou alphabétiques, généraux ou particuliers, que peuvent contenir les documents dont
s'agit ;

3° De commenter, soit dans ces mêmes tableaux, soit au cours du rapport, les analogies graphiques ou caractères différentiels de même nature dont les schémas seront reproduits.

4° De contrôler et vérifier par d'autres procédés d'expertise les faits et résultats obtenus au cours des opérations dont l'indication précède ;

5° De contrôler, autant que possible, la similitude ou l'hétérogénéité des graphismes des deux séries de pièces, par l'analogie, la différence ou l'identité des caractères résultant des deux portraits graphologiques basés, d'une part, sur la pièce de question, et d'autre part sur les pièces de comparaison ;

6° De récapituler toutes les présomptions ou probabilités consignées au cours de l'expertise tendant à l'analogie ou à l'hétérogénéité des deux séries de graphismes ;

7° Et de conclure enfin, en se basant uniquement sur les faits, constatations et déductions consignés au présent rapport, sous la réserve toutefois de modifier, de viser ou ordonnancer autrement, selon les besoins des vérifications, le développement de l'expertise dans les grandes lignes qui viennent d'être indiquées.

TROISIÈME OPÉRATION

ANALYSE GRAPHIQUE DE LA PIÈCE DE QUESTION

Quelque obscure que soit la notion d'identité, il n'en est pas moins certain qu'elle se fonde sur des hétérogénéités plutôt que sur des similitudes, car l'hétérogénéité comporte au moins la dualité qui est la contradiction sinon la négation de l'unité, c'est-à-dire de l'identité, alors que là où il n'y a pas de caractères différentiels possibles tout est un ou identique, tout étant le même.

Et comme la conscience du moi, simple phénomène de contraste, c'est-à-dire d'opposition, résulte de la distinction que le moi établit entre lui et le non soi ; comme on reconnaît un individu seulement au moyen des différences qu'il présente par rapport à un autre ou à tous autres, de même aussi la physionomie d'une écriture comme la physionomie d'un individu ne peut se distinguer d'avec celle d'un autre graphisme et par suite être attribuée à un autre écrivain qu'au moyen des caractéristiques générales ou particulières, plus ou moins appréciables, qui l'empêchent d'être confondue avec ce graphisme.

C'est pourquoi, dans toute expertise, en dépit de l'opinion la plus commune, la question des similitudes, toujours possibles, et de fait, toujours très fréquentes entre deux écritures quelconques quelles qu'elles soient, n'a qu'une importance très subsidiaire, et c'est pourquoi, dans l'espèce, bien que tout doive être également mis en relief, similitudes et caractères différentiels, il sera cependant appuyé sur ces derniers en tant qu'ils constituent des idiotismes scripturaux et idiosyncrasiques dont la synthèse peut seule conduire à l'inférence d'un ou de deux écrivains différents, alors qu'un millier de similitudes ou d'analogies ne peuvent jamais constituer une preuve d'identité d'écrivain ; un faussaire quelconque pouvant toujours imiter plus ou moins maladroitement une écriture déterminée, et un écrivain pouvant toujours imiter dans les mêmes conditions sa propre écriture prise comme modèle, inconsciemment ou non.

I. — Physionomie de l'écriture de la pièce de question.

Un certain nombre de caractéristiques générales donnent tout d'abord une physionomie spéciale à l'écriture du document dont s'agit, et peuvent servir à la qualifier ; ce sont :

1° L'agitation poussée jusqu'au tremblement et analogue à celle qui se produit chez les individus affectés de troubles cardiaques ou pulmonaires, ou qui sont sous l'impression d'intoxications par l'alcool, le haschisch ou autres substances qui ont action presque immédiate sur le système musculaire.

2° La clarté qui dans le courant du texte n'est légèrement troublée que deux fois.

3° L'inhibition supérieure à la dynamogénie et se traduisant par des hachures, hésitations, éraillures et retouches.

4° Le défaut de netteté résultant des mêmes accidents, et appréciable tant dans la physionomie générale que dans celle des mots et des lettres.

5° L'empâtement de mots, de finales et des lettres surtout, ou jambages de lettres.

6° La contrainte beaucoup plus apparente que l'expansion des mouvements graphiques et se distinguant même de la simplification, de la sobriété et de l'abréviation des formes et des traits.

7° La tendance centripète se manifestant partiellement dans la chute de finales, de mots et de groupes de lettres dans l'intérieur des mots.

8° L'inégalité résultant des tremblements et hésitations ainsi que de la différence d'inclinaison des lettres et de la direction des traits et des lignes.

9° La sinuosité provenant en grande partie des différentes caractéristiques sus-énoncées.

10° La tendance dextrogyre beaucoup plus manifeste que la tendance sinistrogyre, dont les rares formes qui s'y rattachent sont comme avortées ou atrophiées, sans la désinvolture ni le naturel de l'écriture à main courante.

11° La placidité du mouvement graphique qui a présidé à la confection de ce graphisme, émaillé de minuties exagérées dans l'accentuation et le pointage, même abstraction faite de récidives dérivant de retouches ou provenant de l'agitation, analogues à celles causées par des troubles de circulation ou de respiration; toutes valeurs qui sont expressives d'angoisses physiques ou morales ou d'une timidité hésitante et suraiguë.

12° Les grossissements de mots et traits spatulés prédominant de beaucoup sur les gladiolements.

II. — IDIOTISMES SCRIPTURAUX.

Concurremment avec ces caractéristiques générales qui déterminent surtout la physionomie du graphisme, la pièce de question contient aussi quelques idiotismes scripturaux qui n'ont pas une moindre importance parce qu'ils proviennent de l'activité musculaire inconsciente de l'écrivain quel qu'il soit.

Les idiotismes scripturaux dont un certain nombre sont devenus idiotismes et caractéristiques alphabétiques, ainsi qu'on le verra dans le tableau synoptique et général affecté au dépouillement des alphabets usités dans les différentes pièces versées à l'expertise, et aussi les caractéristiques scripturales, consistent dans les caractéristiques particulières ci-après énumérées :

1° La première lettre du document, la lettre majuscule S, remarquable par sa forme calligraphique et écolière qui détonne même dans l'écriture du document que l'on ne saurait qualifier de calligraphique et écolière à aucun point de vue.

2° Les traits pleins, sans déliés pour ainsi dire, qui apparaissent en plus ou moins grand nombre à toutes les lignes.

3° Les têtes de lettres ou autres caractères qui sont absolument éludés ou mangés tels que la lettre « q » du mot « indiquant », troisième de la première ligne; dans le même mot, deuxième de la troisième ligne; dans le chiffre « 8 » du millésime « 1894 » de la quatorzième ligne.

4° Les lettres brisées dans leurs jambages ou traits annexes telles que dans la lettre « q » déjà mentionnée de la troisième ligne; dans la lettre « l » du mot « le », troisième de la dix-huitième ligne et dans la lettre du même mot de la vingt-cinquième ligne.

5° Les mots à lettres disjointes, tels que : « modification », des deuxième et troisième alinéas; « relative », du quatrième alinéa ; « document » et « disposition », du cinquième; « ministère », du sixième, coupés de cette manière en trois, quatre et même cinq tronçons.

6° Les points et traits épars dans le graphisme sans qu'ils aient une raison d'être et qui pourraient être attribués à un malade atteint d'affection cardiaque, de troubles de respiration ou même à un écrivain obèse ou bossu et dont on peut constater la présence à chaque ligne presque, notamment à la lettre « i » triplement pointée du mot « manière », quatrième de la cinquième ligne; à la même lettre du mot « prendrai », premier de la vingt-sixième ligne.

7° Les traits tremblés comme ceux qui se produisent à la suite d'intoxications, tel que le mot « extrêmement », dernier de la quinzième ligne.

8° Le double train d'écriture qui se remarque très nettement dans ce document; le premier, du commencement à la dix-huitième ligne incluse, et le second, de la dix-neuvième ligne à la vingt-cinquième ligne, en laissant de côté les six dernières lignes du document qui pourraient à la rigueur constituer un troisième train d'écriture, de façon que le document semble avoir été écrit à trois reprises différentes au moins, avec application et hésitation, et même plus : intention de falsifier peut-être.

9° Les traits spatulés notamment ont beaucoup de finales en massues relevées et appréciables d'un coup d'œil, surtout dans les derniers mots de chaque ligne.

10° Et enfin un idiotisme alphabétique d'une extrême importance et constituant une véritable marque de fabrique : c'est la lettre minuscule « n » faite en forme de « sc » ou de « x » qui est répétée deux fois aux mots « nombre », cinquième de la dix-neuvième ligne et « tenir », dernier de la vingt-quatrième ligne, idiotisme qui fait que l'on lit à première vue « scombre » au lieu de « nombre » et « texir » au lieu de « tenir », — ceci pour ne citer que les cas les plus saillants.

La présence de tous ces signes caractéristiques généraux et de ces idiotismes scripturaux ou même la présence de quelques-uns d'entre eux dans les pièces de comparaison, si elle y est constatée, constituera une forte présomption que tous les documents soumis à l'expertise sont émanés d'un écrivain unique, comme aussi il pourra résulter de leur absence dans ces mêmes pièces une forte présomption que la pièce de question a été écrite par une main et les pièces de comparaison par une autre.

Tous les éléments étudiés dans cette opération sont d'autant plus importants que les caractéristiques générales des graphismes sont ce qui change le moins dans une écriture depuis les débuts de l'écrivain jusqu'à l'époque où il finit d'écrire, et que les idiotismes scripturaux traduisent des mouvements nerveux et musculaires inconscients qui échappent à la volonté autant qu'à la connaissance de l'écrivain.

Sans en tirer aucune inférence spéciale et pour clore les constatations précédentes faites sur la pièce de question, il est enfin à remarquer qu'elle présente tout au moins le cachet d'une écriture anormale et que dans certains cas il arrive :

1° Que des taches ombrageuses dans les environs des mots révèlent une imitation passive d'un graphisme original contre-tiré en tout ou partie au moyen de quelque procédé de transposition ;

2° Que des recharges d'encre, retouches et duplications de traits sont indices que ces procédés ont été employés avec quelque maladresse ;

3° Que des lignes plus ou moins distantes et de venue incohérente et hésitante qui détruisent l'unité du contexte sont marques d'originaux divers utilisés pour la confection d'un nouveau document ;

4° Et que le manque de relief et de netteté dans une reproduction peut être suspecte, attendu que les écritures reproduites par quelque procédé que ce soit ont toujours un relief plus intense que les originaux.

Bien que la fatigue plus ou moins grande des clichés puisse, dans une certaine mesure, expliquer que quelques-unes de ces particularités soient représentées dans le graphisme de la pièce de question par des traces qu'il ne serait pas impossible de mettre en relief, peut-être, en recourant à l'original, elles ne seront cependant considérées que comme indice de document anormal et retenues seulement pour ordre.

QUATRIÈME OPÉRATION

I. — Autant l'écriture de la pièce de question paraît être une écriture anormale quel que soit son écrivain, autant la première des pièces de comparaison, la lettre du 21 janvier 1895, constitue un document de venue naturelle et aisée, si l'on se borne à l'examen des mouvements graphiques qu'elle révèle, bien que sa physionomie originale ne soit peut-être pas sans être quelque peu altérée dans le fac-similé par la reproduction photographique.

C'est donc dans cette pièce que doivent surtout être recherchés les caractéristiques et idiotismes scripturaux de l'écriture authentique de A. Dreyfus; un simple travail de recolement étant suffisant pour leur identifier ceux des autres pièces de comparaison dont la communauté d'origine résulte d'ailleurs surabondamment de leurs dépouillements alphabétiques portés au tableau synoptique qui sera ci-joint et annexé.

A première vue, le graphisme du 21 janvier 1895 n'offre aucune caractéristique synthétique bien spéciale qui puisse servir à la qualifier, car il n'est ni rond, ni pointu, ni autre chose d'une façon prédominante; la note dominante en est seulement une correction mouvementée appréciable à chaque ligne, mais qui ne suffit pas cependant pour en faire un graphisme mouvementé.

Et il en est de même pour les gladiolements, la distinction, la tendance à spatuler les traits, la simplification et la sobriété dont pourtant il y a des manifestations çà et là dans le texte, mais d'une manière ni exclusive, ni permanente et surtout sans exagération.

Il est cependant possible d'isoler et de mettre à jour les perspectives d'une certaine importance sous lesquelles cette écriture peut être considérée. Ce sont :

1° L'inégalité, sans aucune incohérence d'ailleurs ;

2° La clarté si intense qu'il se produit à peine une ou deux confusions par page ;

3° La rapidité caractérisée par les liaisons des lettres et des mots, notamment les traits ascendants et une certaine dynamogénie mou-·vementée exclusive à peu près de toute inhibition ;

4° En outre, cette écriture est légère plus que pâteuse, surtout dans la confection de tous les traits annexes, tels que barres de « t », points et accents ;

5° Elle est dextrogyre, mais sans exclusion de nombreux éléments sinistrogyres centrifuges, tels que les jambages des lettres qui en comportent et qui sont tous lancés d'un mouvement aisé, rapide et bien détaillé ;

6° Elle est serpentine, mais à larges ondulations et sans incohérence de directions ou d'eurythmie ;

7° Elle est liée à tel point qu'il est impossible de trouver un mot qui par ses lettres disjointes soit coupé en trois ou quatre tronçons dans la lettre de 1895 ;

8° Elle est nette dans ce sens qu'aucun de ses éléments n'est illisible, que toutes les lettres sont bien détaillées avec aisance et souvent avec délicatesse et grâce ;

9° Elle est ordonnée, mais sans minutie, sans affectation d'exagération ;

10° Elle est parfois gladiolée ;

11° Et enfin elle est inégale, mais sans incohérence.

Telle est la nomenclature des caractères généraux au moyen desquels on peut qualifier la pièce de comparaison la plus importante.

II. — Malgré les très légères altérations qu'apporte toujours l'introduction de la photographie dans la reproduction de la physionomie d'une écriture, et malgré la différence réelle relative aux trois mots raturés de la pièce originale dont il a été question dans la constatation des documents, il est inutile de rechercher dans ce fac-simile d'autres caractéristiques générales que celles qui viennent d'être énoncées ; la seule différence qui pourrait exister, c'est qu'elles se présentent avec un peu plus de relief dans le fac-simile, comme il a été déjà dit.

III. — En ce qui concerne la lettre originale de 1893, il n'est pas possible d'y relever d'autres caractéristiques générales ; le train d'écriture y est peut-être seulement plus rapide, la forme moins gracieuse à l'œil et le graphisme plus nerveux.

IV. — Le fac-simile enfin de la lettre de 1890 ne révèle aucune caractéristique générale de physionomie différente de celles déjà mentionnées ; c'est également une écriture spécialement rapide et même un peu agitée, mais d'une agitation se traduisant surtout par la tension des traits et même, dans les ratures dont il est parlé dans la constatation de la pièce, par quelques phénomènes d'agraphie accidentelle, dont la lettre de 1893 porte également une ou deux traces.

V. — En sorte qu'en faisant abstraction pour le moment, de tous les caractéristiques alphabétiques et idiotismes scripturaux de détail, il y a lieu de considérer que toutes les pièces de comparaison présentent toutes également la même physionomie plus ou moins accentuée dans les uns ou les autres de ses éléments et qu'il ne reste plus à ce sujet qu'à en rapprocher ceux de la pièce de question et d'en noter les analogies ou les caractères différentiels, ce qui peut se présenter sous la forme du tableau ci-après établi.

I. - PIÈCE DE QUESTION	II. - PIÈCES DE COMPARAISON	ÉLÉMENTS COMMUNS
1. Agitation.	Néant.	Néant.
2. Clarté.	Clarté.	Clarté.
3. Inhibition.	Dynamogénie.	Néant.
4. Manque de netteté.	Netteté.	Néant.
5. Empâtement.	Délicatesse.	Néant.
6. Contrainte.	Expansion.	Néant.
7. Directions centripètes.	Directions centrifuges.	Néant.
8. Sinuosités.	Sinuosités.	Sinuosités.
9. Prédominance dextrogyre.	Dextrogyre et sinistrogyre.	Néant.
10. Inégalités.	Inégalités.	Inégalités.
11. Exagération.	Naturelle, normale.	Néant.
12. Gladiolements.	Gladiolements.	Gladiolements.
13. Incohérence.	Harmonie.	Néant.

Du simple rapprochement fait au tableau ci-dessus des caractéristiques de la physionomie des écritures de la pièce de question et des pièces de comparaison, il résulte que les analogies que l'on peut y trouver à ce point de vue se réduisent à quatre, basées qu'elles sont sur la clarté, la sinuosité, l'inégalité et les gladiolements, et que les neuf autres caractéristiques de la pièce de question ne se retrouvent pas dans le graphisme des pièces de comparaison, du moins d'une manière assez sensible pour le qualifier, ou sont même formellement contredites par des qualités contraires.

Observation faite que sur cent écrivains quelconques il peut à la rigueur s'en trouver deux qui présentent concurremment quatre et même cinq caractéristiques analogues de physionomie scripturale dans leur écriture.

Par suite il n'est pas inutile de pousser plus loin le développement de la présente expertise, en laissant de côté l'analyse graphique de cette physionomie scripturale, pour s'attacher aux éléments de détail qui contribuent à la déterminer. Mais pour éviter une opération spéciale destinée à la comparaison des caractéristiques comprises au tableau ci-dessus, il convient dès maintenant d'en retenir les résultats ci-dessus déduits à titre de... *caractère différentiel*.

CINQUIÈME OPÉRATION

COMPARAISON DES IDIOTISMES SCRIPTURAUX

Les idiotismes scripturaux de la pièce de question ont été ci-dessus énumérés au cours de la troisième opération. Il reste à établir en regard ceux des pièces de comparaison, à consigner leurs correspondances ou leurs oppositions et à en déduire les conséquences ; ce qui va être fait au moyen d'un tableau pour simplifier l'opération et parler davantage aux yeux.

Pièce de Question	Pièces de Comparaison	Analogie
1 majuscule	Néant	Il suffit d'un coup d'œil jeté sur le tableau ci-contre pour voir que les 14 pièces de comparaison formant un total de 177 lignes, ne contiennent que 2 analogies peu prononcées d'ailleurs, avec les 11 idiotismes scripturaux des 30 lignes de la pièce de question et que les 9 autres idiotismes scripturaux relevés dans la pièce de question, ne se retrouvent pas dans les pièces de comparaison ou même sont contredits par des idiotismes contraires
2 Confusion des pleins et déliés	Bien moins sensible	
3 Têtes mangées	Néant	
4 Lettres brisées	(sur l'original) un mot unique en 1890	
5 Mots et lettres disjointes		
6 Points et traits épais	Néant aux originaux	
7 Traits tremblés	Très fermes	
8 Multiple train d'écriture	Néant	
9 Traits spatulés	trace	
10 Lettre n :	Néant	
11	Néant	

Par contre, les pièces de comparaison contiennent un certain nombre d'idiotismes scripturaux ci-après énumérés et qui leur sont spéciaux, se rencontrant plus ou moins nombreux dans toutes également. Ce sont :

I. Les points d'exclamation ou autres signes d'exaltation.

II. Les barres ascendantes :

III. Les caractères avec traits de départ, notamment la lettre « p » :

IV. Les « m » minuscules caractérisés par un trait de départ et un premier jambage plus élevé :

V. Les accents circonflexes remplacés par un simple trait :

VI. Les traits surajoutés, par un mouvement musculaire inconscient :

VII. Les mots unis par la jonction des traits annexes avec la première lettre du mot suivant : ou autre jour.

VIII. La lettre « r » minuscule commençant par un long trait de départ partant de dessous la ligne :

IX. Les signes orthographiques de séparation de paragraphe :

X. Les formes typographiques :

XI. Les ratures de mots :

XII. Les lettres contournées telles que :

En somme, c'est un total de vingt-cinq idiotismes scripturaux colligés tant dans la pièce de question que dans les pièces de comparaison, et sur lesquels, parmi ceux de la pièce de question, quatre peuvent à la rigueur se retrouver quoique avec bien moins de fréquence et d'intensité dans les pièces de comparaison, alors qu'aucun des douze relevés dans ces dernières pièces ne se retrouvent dans la pièce de question.

Parmi eux, cependant, il en est quelques-uns plus importants tels que les lettres : « p » « r » qui apparaissent régulièrement une fois et même deux fois ou plus souvent encore pour chaque page écrite des pièces de comparaison et qui figureraient au moins dans la pièce de question s'il était certain ou même seulement probable que cette pièce émane de l'écrivain qui a écrit les pièces de comparaison.

Rien de semblable ne se présente, et, au contraire, de même que l'on ne voit aucun des idiotismes scripturaux des pièces de comparaison se manifester dans la pièce de question, l'idiotisme le plus important de cette pièce, la lettre minuscule « n » formée en « sc » ou « x », ne se retrouve pas une seule fois parmi les cinq ou six mille lettres des pièces de comparaison.

Observation faite que si cette forme graphique absolument typique et personnelle se retrouvait seulement dans la même proportion dans les graphismes des pièces de comparaison, comme aussi, si la lettre « r » qui constitue un idiotisme d'une importance équivalente dans les pièces de comparaison était représentée seulement dans la pièce de question, il y aurait dans ce fait une très forte présomption sinon la certitude que toutes les écritures expertisées sont du même écrivain.

Quelque torture que l'on fasse subir à ces pièces et sous quelque perspective qu'on les considère, il est impossible cependant, malgré la meilleure volonté, de faire que les idiotismes scripturaux les plus importants de la pièce de question ci-dessus spécifiés figurent dans les pièces de comparaison, et que ceux de même valeur des pièces de comparaison figurent dans la pièce de question.

C'est pourquoi les résultats des comparaison et vérification portés au cours de la présente opération s'imposent pour être portés ici seulement à titre de. . . . . *caractère différentiel.*

SIXIÈME OPÉRATION

ANALYSE GRAPHIQUE DES IDIOTISMES ALPHABÉTIQUES

En dehors des idiotismes scripturaux dont il a été parlé au cours des opérations qui précèdent et dont quelques-uns sont à proprement parler alphabétiques, chaque écrivain, même celui qui varie le plus sa façon de faire, possède généralement, pourtant, un alphabet particulier qui n'appartient qu'à lui, et d'après les types duquel il forme le plus souvent ses lettres et autres caractères de l'écriture.

Ce sont ces alphabets spéciaux de la pièce de question d'une part, et ceux des pièces de comparaison d'autre part, dont il va être parlé

au cours de la présente opération et dont les éléments seront reproduits ci-dessous en ce qui concerne les lettres majuscules et dans le
tableau synoptique ci-joint et annexé en ce qui concerne les lettres
minuscules réparties en initiales, médiales, finales, double lettre ou
lettre isolée toutes les fois qu'il y aura lieu.

Le paragraphe premier sera consacré aux lettres majuscules et au
commentaire qu'elles nécessiteront.

Le paragraphe deuxième sera consacré aux lettres minuscules et
au commentaire de leur morphologie ou de leur emploi.

Le paragraphe troisième, enfin, résumera les résultats obtenus
au cours des deux paragraphes concernant les alphabets des lettres
majuscules et minuscules et établira une comparaison accessoire
entre les autres signes accessoires de l'écriture, orthographiques ou
autres, s'il y a lieu.

PARAGRAPHE PREMIER. — *Analyse des majuscules.*

L'alphabet des lettres majuscules est fort réduit pour la pièce de
question, puisqu'il comprend seulement sept lettres qui sont ci-après
énumérées dans la première colonne.

Ces lettres présentent les formes graphiques suivantes :

| | | Pièce de Question | Comparaison | | |
			Ecriture 1895	Ecriture 1893	Ecriture 1890
1	A	*a*	*a*	*a a*	*a*
2	C	*C*	*C*	néant	*C*
3	J				
4	L				
5	M		*m*		
6	S				néant
7	U	*u*	néant	néant	néant

Il suffit d'un simple coup d'œil jeté sur le tableau ci-dessus pour voir :

1° Que sur les sept lettres majuscules que contient la pièce de question, six seulement trouvent des correspondantes dans le graphisme de 1895 et que sur ces six lettres deux seulement présentent une certaine analogie les rattachant à un même type scriptural, les lettres C et J, les autres dérivant d'une calligraphie complètement différente.

2° Que cinq majuscules de la pièce de question se trouvent dans le graphisme de 1893, mais sous des types absolument différents;

3° Que, dans le graphisme de 1890 enfin, cinq majuscules trouvent également leurs correspondantes, mais appartenant à des types calligraphiques aussi absolument différents.

En sorte qu'en résumé, en ce qui concerne l'analyse des lettres majuscules, deux lettres seulement, parmi celles des pièces de comparaison, sont susceptibles de présenter une certaine analogie avec celles de la pièce de question.

C'est pourquoi, les cinq autres appartenant à des idiotismes alphabétiques qui n'ont aucun rapport avec les premiers, le résultat de l'analyse est ici porté pour. . . . . . . *caractère différentiel*.

L'alphabet des lettres majuscules des pièces de comparaison est plus développé et diversifié que celui de la pièce de question.

I. — Celui du graphisme de 1890 comprend les lettres A, C, J, L, M, P, Q, T.

II. — Celui du graphisme de 1893 contient les lettres A, B, D, G, L, M, N, O, P, S, V.

III. — Celui de 1895 comprend les lettres A, C, D, E, F, I, J, L, M, N, Q, R, S, V.

Soit en résumé un alphabet de huit lettres majuscules pour le graphisme de 1890, de onze majuscules pour celui de 1893 et de quotorze majuscules pour celui de 1895.

Il a déjà été question des analogies qui peuvent être relevées entre elles et celles de la pièce de question, il est donc inutile d'y revenir; mais, en ce qui concerne leurs majuscules qui ne trouvent pas de correspondantes dans celles de la pièce de question, on peut faire la remarque qu'aucune d'elles ne jure avec l'écriture, comme il arrive pour les lettres en quelque sorte moulées ou calligraphiques de la pièce de question, et qui détonnent étrangement dans le contexte; que toutes les pièces de comparaison contiennent en plus ou moins grand nombre des lettres de forme typographique, et, enfin, qu'alors que dans toutes les pièces de comparaison, l'écrivain quel qu'il soit substitue parfois des lettres majuscules à des lettres minuscules, l'écrivain de la pièce de question substitue au contraire des minuscules aux lettres majuscules alors que ces dernières devraient être employées ; remarque qui, s'ajoutant à celles qui précèdent ressortant de l'analyse des éléments graphiques dont il est question, révèle une différence caractérologique importante qu'il y a lieu — et ce, d'autant plus que des formes majuscules nombreuses des pièces de comparaison ne se retrouvent pas dans la pièce de question — de retenir de nouveau également à titre spécial de. . . . . *caractère différentiel.*

PARAGRAPHE DEUXIÈME. — *Analyse des minuscules.*

L'alphabet des lettres minuscules, employé dans la confection des pièces de question et de comparaison, comprend vingt-quatre caractères alphabétiques pour la pièce de question et deux des pièces de comparaison, et vingt-cinq pour la troisième, celle qui contient le graphisme de 1893. Le dépouillement analytique de toutes les formes scripturales minuscules et même de quelques autres éléments graphiques a été établi en double colonne dans le tableau synoptique qui est et demeure joint et annexé au présent rapport : il est donc inutile d'en faire plus ample mention ici, comme aussi de renouveler les remarques et annotations dont est assortie chacune des formes scripturales reproduites.

Ces formes scripturales ont toutes été ramenées à des idiotismes alphabétiques qui parfois se confondent avec les idiotismes scripturaux qui ont été l'objet des énumérations, analyses et remarques consignées au cours de la troisième opération du présent rapport; mais il y a lieu de remarquer que les idiotismes alphabétiques qui s'appliquent à la manière spéciale dont un caractère est conçu et fabriqué par un écrivain ont une importance bien moins grande que les idiotismes scripturaux purs qui traduisent immédiatement l'activité musculaire inconsciente de l'écrivain, et que tous, sans exception, révèlent une spontanéité originale qu'il est impossible à un faussaire ou à un copiste de s'assimiler.

Les analogies d'une part, et les hétérogénéités d'autre part, qu'il est possible d'établir d'une façon plus ou moins nette entre les minuscules de la pièce de question et celles des pièces de comparaison, se répartissent, en ce qui concerne les analogies, sur les lettres

« a, e, i, o, u, y », c'est-à-dire sur cinq voyelles, celles qu'on pourrait qualifier d'amorphes à quelques exceptions près, qui comportent le plus de similitudes chez tous les écrivains et dans toutes les écritures, et qu'il est le plus facile de copier et d'imiter.

Les hétérogénéités au contraire se répartissent presque exclusivement lorsqu'elles sont nettes et bien frappantes, sur les lettres consonnes qui sont aussi les lettres les plus typiques et les plus mouvementées, qui trahissent le mieux l'originalité de l'écrivain et qui, moins commodes à copier et à imiter, constituent chez tous les écrivains et dans toutes les écritures des bases nombreuses et solides de caractères différentiels.

On obtient donc, en résumé, cinq analogies plus ou moins sensibles, relativement aux lettres minuscules, contre dix-neuf hétérogénéités nettes et précises et même vingt, si l'on fait entrer dans la proportion les chiffres et autres signes graphiques portés en fin du tableau et dont les analogies ne se retrouvent pas dans la pièce de question.

Sans en tirer aucune déduction, il n'est pas inutile de remarquer que, entre deux écritures quelconques de quelques écrivains qu'elles émanent, il est toujours facile de trouver cinq analogies, sinon plus, même sans sortir de l'analyse des lettres minuscules.

C'est pourquoi les résultats de l'analyse des lettres minuscules seront retenus ici à un point de vue synthétique à titre de. . . . .
. . . . *caractère différentiel.*

PARAGRAPHE TROISIÈME. — *Commentaire.*

La constatation de l'état des pièces de comparaison et les dépouillements et recolements qui ont été portés tant au tableau des lettres majuscules ci-dessus dressé qu'à celui des lettres minuscules annexé au présent rapport, rendent inutiles toutes observations sur leurs graphismes spéciaux qui résultent suffisamment des rapprochements déjà faits et d'où il appert notamment que le même écrivain se retrouve toujours identique à lui-même dans toutes les pièces, abstraction faite de la physionomie plus ou moins nerveuse, dérivant de l'impression du moment.

Les graphismes contenus dans les documents datés de 1890 et 1893 ont peut-être cependant une importance spéciale qui résulte de cette considération que si, comme les annales des expertises en écriture en ont conservé la mémoire dans un ou deux cas, les pièces de question ou de comparaison étaient de la même main, et que l'écriture normale de l'écrivain des pièces de comparaison eût été modifiée et contrefaite par leur écrivain, soit dans la pièce de question, soit même dans le document du 21 janvier 1895, il serait inadmissible qu'une pareille falsification se fût produite également dans les documents de 1890 et 1893, en sorte que ces derniers documents qui ne diffèrent d'ailleurs pas sensiblement dans leur graphisme de celui de 1895 contiennent dans tous les cas des éléments de comparaison sérieux et normaux de l'écriture naturelle de l'écrivain auquel on attribue le graphisme de la pièce de question.

Si donc on estime que ces deux écritures contiennent dans une plus forte proportion les éléments graphiques diosyncrasiques de l'écrivain hypothétique de toutes les pièces versées à l'expertise et au sujet de la conformité ou de la non conformité desquelles avec l'original non produit, il est utile de faire les réserves les plus étendues, on peut comparer spécialement les éléments graphiques de la pièce de question avec ceux des documents de 1890 et 1893, et il suffira d'un simple coup d'œil pour s'assurer que les analogies sont encore moins nombreuses que dans la comparaison faite spécialement avec la lettre du 21 janvier 1895.

Dans cette pièce, d'ailleurs, un seul élément graphique, malgré des différenciations que pourraient peut-être mettre en relief des mensurations strictement mathématiques, peut prêter à discussion, c'est la lettre C; la lettre M, par son moulage calligraphique extraordinaire et sa liaison, ne pouvant être comparée à aucune autre de même nature, et il n'en existe pas au surplus du même type pouvant servir de point de repère.

Or, sur cent écritures prises au hasard, il y en a toujours un certain nombre relativement très élevé qui présentent communément deux ou trois formes graphiques analogues quoique émanant d'écrivains différents; il serait donc illogique absolument d'établir la conjecture d'un seul écrivain pour toutes les pièces de question et de comparaison, sur cette base unique d'analogie, alors même qu'elle serait renforcée de quelques autres similitudes générales et de détail; de là, la nécessité de pousser plus avant encore le développement de la présente expertise (1).

(1) A la suite de cette sixième opération, M. G. Bridier avait intercalé deux silhouettes graphologiques démontrant que la personnalité de l'écrivain anonyme et celle du capitaine Dreyfus étaient absolument dissemblables. Ces silhouettes seront publiées ultérieurement.

SEPTIÈME OPÉRATION

CONTRÔLE PAR D'AUTRES PROCÉDÉS D'EXPERTISE

Avant de passer à la récapitulation finale des probabilités pour ou contre consignées au cours de la présente expertise, quelques-unes d'entre elles ont été contrôlées et vérifiées au moyen d'une autre expertise dont les résultats seront consignés aux tableaux ci-après, et commentés s'il y a lieu.

I. — Tout d'abord il va être appliqué aux documents versés à la présente expertise l'un des procédés dont se sert M. Bertillon et qu'il a appliqué notamment dans une affaire Couchot ou Guibert, en prenant les mêmes bases d'examen et de comparaison, c'est-à-dire les lettres A, P, S, T, V, et les syllabes « da, dé, di, do, du ».

Et pour éviter l'embarras du choix parmi toutes les différentes morphologies affectées à ces éléments graphiques dans les différentes pièces qui servent de base à l'expertise, ce seront les premières lettres et syllabes qui se présenteront les premières dans chacun des documents et dans l'ordre où elles se présenteront qui seront retenues et consignées au tableau, tout en ayant soin de n'opposer que des initiales aux initiales, des médiales aux médiales, et des finales aux finales ; sauf à reprendre l'expérimentation en sens inverse et à

Lettres				Syllabes				
Pièce de Question	Pièces de Comparaison			Pièce de Question		Pièces de Comparaison		
tres	1890	1893	1895	Syllabes		1890	1893	1895
a	A	a	a	Da	Da	néant	néant	néant
p	p	p	p	De	de	de	de	de
s	s	~	s	Di	di	di	di	di
t	t	t	t	Do	Do.	néant	do	néant
v	v	v	v	Du	néant	néant	du	du

prendre ces mêmes éléments en partant de la dernière ligne de chacun des documents, ou de la ligne médiane des contextes, soit en remontant, soit en descendant.

Il suffit d'un coup d'œil jeté sur ce double tableau pour constater que les caractères différentiels l'emportent au moins de beaucoup sur les analogies.

La lettre A informe et pâteuse de la pièce de question ne ressemble en rien aux lettres ouvertes et plus ou moins claires des pièces de comparaison. La lettre P de la pièce de question, également empâtée et informe, ne contient même pas l'intention des mêmes lettres bien détaillées et bien mouvementées des pièces de comparaison; il en est de même de la lettre T lourde et assortie d'une barre spatulée, alors que celles des pièces de comparaison sont caractérisées par des barres plus ou moins ascendantes ou légères, placées plus hautes sur la hampe ou en regard.

La lettre S par contre semble présenter une certaine analogie tout au moins avec la même lettre de 1890 et de 1895, tout en différant morphologiquement de la forme de 1893 et une pareille analogie morphologique se montre par exemple dans toutes les lettres V.

Quoi qu'il en soit de ces deux analogies constatées par le procédé d'expérimentation, et en raison des caractères différentiels révélés par le même procédé et qui leur sont opposables, la formule d'identification proposée par M. Bertillon sous cette forme arithmétique :
$$\frac{92}{1000} \quad \frac{164}{000} \quad \frac{199}{000} \quad \frac{500}{000}$$ n'est pas applicable dans l'espèce, et si la probabilité qu'il se rencontre un écrivain présentant les cinq formes graphiques A, P, S, T, V, est représentée arithmétiquement par une probabilité contre dix mille environ, ce qui équivaudrait à une conclusion d'identité à peu près sans restriction, il y aurait presque à en inverser les termes dans l'espèce en se restreignant au petit tableau des lettres.

En tenant compte de la comparaison et de l'examen des éléments du tableau des syllabes, le nombre des probabilités d'identité diminuerait encore au fur et à mesure que celui des caractères différentiels augmenterait et il ne paraîtrait pour ainsi dire pas douteux que la pièce de question et les pièces de comparaison n'ont pas été écrites par la même main.

Si, en effet, la syllabe « da » ne peut être l'objet d'aucune comparaison ni résultat ni pour ni contre, puisqu'elle est absente des pièces de comparaison, la syllabe « de » de la pièce de question ne présente aucune analogie avec celle des pièces de comparaison, la syllabe « di » ne trouve qu'une seule analogie en 1893, contre deux différences de monogrammes en 1890 et 1895; la syllabe « do » est

différente du monogramme unique qui figure en 1893 ; et la syllabe
« du » ne peut être l'objet d'aucune comparaison puisqu'elle n'existe
pas dans la pièce de question et qu'on ne la rencontre qu'une seule
fois en 1893.

Mais il y a lieu pourtant de ne pas tirer avantage, en faveur de
l'hypothèse de deux écrivains, de l'inapplicabilité dans l'espèce de la
formule de M. Bertillon ; attendu que, comme celle généralement de
toutes les formules mathématiques, sa valeur est peut-être plus sub-
jective qu'objective ; que, d'autre part, toutes expertises demandent
l'emploi de procédés spéciaux, et que l'un de ces procédés excellent
autant que rapide comme celui de M. Bertillon dans le cas où un
écrivain possède un alphabet stéréotypé en quelque sorte et dont il ne
s'écarte jamais, est bien moins indiqué lorsqu'on a affaire à un écrivain qui emploie simultanément cinq à six alphabets comme il arrive
souvent et comme c'est notamment le cas.

C'est pourquoi tout en rendant hommage à la bonté du procédé
sus-indiqué de M. Bertillon toutes les fois qu'on se trouve en face
d'un écrivain simpliste, les résultats de la présente vérification ne
seront pas pris pour bases spéciales des conclusions ci-après dé-
veloppées et seront simplement retenues à titre de présomption de
caractère différentiel.

Observation faite ici pour ordre que les mêmes comparaisons et
vérifications ont été faites sur les mêmes pièces en commençant par
les dernières lignes des documents et par celles intermédiaires des
pages du milieu, en ne donnant pas de résultats sensiblement différents de ceux ci-dessus constatés, sinon que la lettre S se trouve
plus différenciée et par suite que l'analogie plus haut signalée
diminue de valeur.

II. — Une contre-vérification par le même procédé, mais en
employant, cette fois, non plus de simples formes alphabétiques, mais
de véritables idiotismes scripturaux, pourrait être utile pour bien
déterminer la valeur de l'expérimentation ci-dessus, mais comme elle
ferait double emploi, pour ainsi dire, avec les comparaisons établies
dans le tableau synoptique des lettres minuscules annexé aux
présentes, cette contre-vérification, qui donnerait à coup sûr une
hétérogénéité très accentuée, a été abandonnée et remplacée par
une autre dont le but est d'élucider s'il est possible, du moins sous
un aspect, la question des analogies constatées entre les diverses
formes alphabétiques et notamment entre la plupart des lettres
voyelles des deux séries de document.

Ce sont donc ces éléments analogues ainsi qu'il résulte des
constatations établies sous la sixième opération qui seront présentés

comme faisant partie d'une syllabe et comparés s'il y a moyen dans le tableau ci-après.

tres	Pièce de Question	Pièces de Comparaison.		
		1890	*'1893*	*1895*
	Ce	*ce*	*Ce*	*ec*
	in	*in*	*ni*	*i n*
	mo	*mo*	*mo*	*mo*
	cu	*cu*	*cu*	*cu*
	yé	*yé*	*néant*	*néant*

Conformément à la méthode déjà suivie, ce seront les premières syllabes en « e, i, o, u, y, » qui se présenteront dans la lecture des documents, qui seront consignées au tableau ci-après, en ayant soin toutefois de n'opposer que d es lettres initiales, médiales ou finales.

Il résulte de la comparaison des éléments graphiques compris en ce tableau que quelques-unes des lettres voyelles qui constituaient des analogies lorsqu'elles ont été examinées à l'état de caractères simples dans le tableau syn optique des minuscules annexé aux présentes, changent un peu de physionomie regardées comme parties constituantes d'une syllabe :

1º La syllabe « ce » de la pièce de question n'est comparable avec aucune de celles semblables des pièces de comparaison dont toutes sont constituées par des lettres excessivement simplifiées ; la seconde étant invariablement en forme d'accent circonflexe.

2º La syllabe « in » de la pièce de question, par suite de la jonction du point avec la lettre « n » diffère des autres syllabes semblables des pièces de comparaison.

3º La syllabe « mo », très fermée dans la pièce de question diffère également de celle des pièces de comparaison pour la forme de ses deux éléments graphiques.

4º La syllabe « cu » par la courbe bien formée de la lettre « u » n'est guère comparable qu'avec la même syllabe de 1890; les deux autres constituant une véritable lettre « m ».

5° La syllabe « ye » enfin, qui ne trouve une analogie qu'en 1890, en diffère par la tête de la lettre « y » plus calligraphique, moins épatée et par son jambage absolument atrophié.

Par suite, la valeur des analogies constatées plus haut au point de vue de chaque lettre se trouve encore diminuée et doit plutôt être interprétée dans le sens de caractère différentiel.

Bien que dans certaines circonstances, lorsqu'on se trouve en présence d'écrivains dont le graphisme varie nécessairement sous l'influence de la moindre émotion au point de se caractériser différemment d'une date à une autre et dont l'un des signes généraux de l'écriture est l'inégalité, les analogies et les similitudes puissent acquérir une importance sérieuse et réelle en matière d'expertises d'écritures, il n'en reste pas moins avéré que, généralement, elles n'ont qu'une importance tout à fait subsidiaire, deux lettres, deux syllabes, deux mots qui s'appliqueraient exactement l'un sur l'autre étant au contraire presque une preuve péremptoire de faux, comme il en a déjà été fait la remarque.

Elles ont encore moins d'importance dans le cas présent, puisque soit que la pièce de question et les pièces de comparaison aient été écrites par la même main, soit qu'elles aient été écrites par la main d'écrivains différents, elles doivent de toute nécessité contenir des analogies et similitudes en plus ou moins grand nombre, résidus inconscients de l'activité musculaire du même écrivain dans le premier cas, et résultats d'une imitation plus ou moins habile dans le second cas.

S'il arrivait que les analogies et les caractères différentiels fussent pourtant en quantité à peu près égale, il serait logique, en tenant compte de la sensibilité révélée par l'inégalité surtout de l'écriture de l'écrivain des pièces de question, d'accorder une valeur prépondérante à ces analogies, et dans l'unique but de départager les probabilités; mais jusqu'à ce moment, et sans qu'il soit besoin de recourir à la récapitulation générale qui sera ci-après établie, le nombre des caractères différentiels l'emporte *a priori* certainement sur celui des analogies.

Malgré la valeur prépondérante qui pourrait leur être attribuée, peut-être et probablement existerait-il au surplus un moyen de la faire s'évanouir en mettant en relief d'une manière générale et pour ainsi dire incontestable les caractères différentiels de l'ensemble des deux séries d'écritures et de chacun de leur détail, au moyen d'une expérimentation relativement facile quoique coûteuse.

Ce serait de faire photographier les originaux des pièces soumises à la présente expertise, sur un même papier avec le plus fort grossissement possible qu'on puisse obtenir, et de les découper ensuite, soit par lignes, soit par mots, soit par syllabes, soit même par lettres.

Et il paraît presque certain qu'alors tous les produits parallèles des découpages étant mêlés, une personne quelconque ayant tant soit peu l'habitude de la manipulation et de la connaissance de l'écriture arriverait à mettre d'un côté et presque sans grand écart, tous les éléments graphiques correspondant à ceux des pièces de comparaison, et d'un autre côté, les mêmes éléments correspondants de la pièce de question, tant la physionomie générale et de détail des deux écritures est en réalité différenciée.

C'est pourquoi et pour clore la présente opération, les résultats du tableau ci-dessus dressé peuvent incontestablement être portés ici au titre de. . . . . *caractères différentiels.*

HUITIÈME OPÉRATION

RÉCAPITULATION

Il ne reste plus avant de clore le présent rapport qu'à faire la somme des analogies et des caractères différentiels portant sur des caractéristiques générales ou de détail des écritures soumises à l'expertise et qui ont été tirées hors ligne pour la facilité de la récapitulation.

Le préambule et les première, deuxième et troisième opérations relatives à la constatation des documents à l'objet de l'expertise et à l'analyse graphique de la pièce de question ne contiennent aucune observation ou remarque d'une importance saillante d'où résultent soit des analogies, soit des caractères différentiels nettement précisés et ne doivent figurer en conséquence qu'à titre d'ordre.

	ANALOGIES	CARACTÈRES DIFFÉRENTIELS
La quatrième opération constate quatre analogies portant sur la clarté, la sinuosité, l'inégalité et les gladiolements........................	4	
Et neuf caractères différentiels affectant les autres caractéristiques générales de l'écriture............		9
La cinquième opération révèle deux analogies relatives à un mot à lettres disjointes et aux traits spatulés.....	2	
Et neuf caractères différentiels sur les autres idiotismes scripturaux, ci.		9
La sixième opération constate sept analogies affectant les majuscules C et J, et basées sur les voyelles minuscules, ci....................	7	
Et vingt-quatre caractères différentiels s'appliquant aux majuscules et aux minuscules, ci............		24
La septième opération constate un caractère différentiel basé sur des différences de caractères et résultant des contre-vérifications, sans analogies saillantes dont il doive être tenu compte, ci.....................		1
Le total des analogies mentionnées au cours du présent rapport s'élève à treize, ci.....................	13	
Et la somme totale des caractères différentiels se monte à quarante-trois, ci.....................	....	43
Mais il est à remarquer que la valeur des analogies existantes se trouve atténuée par la contre-vérification de la septième opération (1).		

(1) En tenant compte des résultats du travail graphologique, qui concluait à la différence de personnalité du scripteur anonyme du bordereau et du capitaine Dreyfus, le nombre des caractères différentiels se trouvait porté à 44.

En sorte qu'en résumé, la présente expertise se trouve constater qu'il existe treize probabilités que les pièces de question et de comparaison ont été exécutées par la même main ; et que les probabilités qu'elles sont l'œuvre de deux écrivains différents sont environ quatre fois plus nombreuses si l'on tient compte, encore bien que logiquement leur valeur soit insignifiante, de l'atténuation des analogies.

NEUVIÈME OPÉRATION

CONCLUSIONS

I. — De l'expertise en écritures dont les opérations précèdent résultent les conclusions suivantes déduites simplement de la calligraphie de la pièce unique de question, d'une part, et des pièces de comparaison, d'autre part, telles que l'état en est constaté sous la première opération, abstraction faite de toutes considérations morales ou autres, et sous la réserve expresse de la conformité absolument exacte de l'original de la pièce de question avec le fac-simile versé à l'expertise ; la non conformité ou même la simple différence qui existerait entre cet original et ce fac-simile, comme il en existe quelques-unes entre les originaux des pièces de comparaison et leurs fac-simile, pouvant à la rigueur vicier l'expertise dans quelque mesure.

Ces conclusions dériveront purement et simplement de la récapitulation des probabilités pour ou contre la confection de la pièce de question par le même écrivain ou un écrivain autre que celui des pièces de comparaison ; telles que ces probabilités ont été récapitulées dans l'opération qui précède et s'élevant environ à plus de 75 0/0, contre 25, en faveur de l'hypothèse de deux écrivains.

Et à ce sujet une observation s'impose, c'est que la question qui a fait l'objet de l'expertise telle qu'elle a été formulée sous la deuxième opération se dédouble et donne lieu à deux hypothèses qui doivent être examinées successivement puisque toutes les deux expliquent l'existence de la pièce de question.

D'où il suit qu'en réalité il n'y a pas seulement à conclure sur le fait unique de la confection par une même main des différentes pièces dont l'examen a fait l'objet de la présente expertise, mais il y a en outre à envisager le cas où ces différents documents auraient été écrits par une même main dans des conditions absolument différentes qui auraient dénaturé le graphisme au point de lui donner une autre physionomie.

En un mot, la pièce de question a été écrite par un écrivain différent de celui des pièces de comparaison, ou bien cette pièce de question et les pièces de comparaison ont été écrites par une main unique, et, dans ce dernier cas, cette main a donné un produit soit dénaturé, soit contrefait; c'est ce qui va être examiné sous les paragraphes suivants.

II. — Pour donner une solution à la première de ces deux hypothèses et se prononcer sur le fait de la pièce de question écrite par la main d'un écrivain inconnu et les pièces de comparaison écrites par la main d'un autre écrivain, il se présente deux ordres de considérations à examiner.

Premièrement, si l'on se reporte à la récapitulation des probabilités faites sous l'opération qui précède, la certitude absolue n'existant pas plus en matière d'expertise qu'en tout autre ordre de connaissances ou même de sciences, il est permis et il est logique d'affirmer que dans tous les cas toutes les diverses opérations de la présente expertise tendent à démontrer que la pièce de question n'a pas été écrite par la main qui a écrit les pièces de comparaison, les probabilités qui militent en ce sens étant plus nombreuses que celles qui tendent à identifier les écrivains des deux séries de documents.

Mais il se trouve que ces probabilités de caractères différentiels sont renforcées par un autre ordre de considérations tirées également de la calligraphie des pièces.

Et d'abord, toute pièce non datée, ni signée est légitimement suspecte : c'est le cas de la pièce de question; mais elle contient dans son texte d'autres motifs également légitimes de suspicion.

Parmi ceux qui ont déjà été mentionnés sans y insister aucunement au cours de la troisième opération, il y en a quelques-uns qui peuvent avoir une réelle importance et qui peuvent s'énumérer ainsi :

1º Les lettres écolières et graphiques qui font ordinairement partie de l'alphabet des copistes et simples employés de bureau, telles que la lettre S initiale et M de Madagascar;

2º Les points d'hésitation, éraillures des traits, retouches, recharges d'encre, qui généralement témoignent d'un graphisme laborieusement conçu et confectionné sinon copié;

3º Les multiples trains d'écriture qu'on ne saurait ramener incontestablement à moins de deux, l'un pour la première moitié, et l'autre pour la seconde moitié du document et qui sont ordinairement l'indice d'une écriture confectionnée à plusieurs reprises, sans unité de physionomie scripturale ni unité de l'état psychique et de l'excitation sous laquelle est placé l'écrivain ;

4° Les lignes tassées dans la seconde moitié du document comme il arrive presque toutes les fois qu'on a mal calculé les dimensions d'un blanc à remplir et que l'on se trouve contraint à serrer l'écriture au fur et à mesure que l'on arrive à la fin de la page ;

5° L'élargissement proportionnel de la dernière ligne qui semble témoigner d'un effort pour revenir au train primitif de l'écriture ;

6° La diversité au moins apparente de l'encre employée pour la confection du document et qui ne présente pas le même aspect au commencement et à la fin, dans la reproduction photographique ;

7° L'absence de tout trait mouvementé de départ et de jambage aisément développé ;

8° La physionomie morte de l'écriture, et l'exagération qui se manifeste dans les traits dont la morphologie est commune avec ceux du graphisme des pièces de comparaison ; exagération qui fait que le graphisme de la pièce de question semble être en partie la caricature de celui des pièces de comparaison ; là où l'écrivain de ces dernières pièces trempe la pointe du bec de sa plume dans l'encrier, l'écrivain de la pièce de question semblant y plonger non seulement son porte-plume tout entier, mais encore ses deux mains et ses deux pieds ;

9° Et enfin la présence de l'idiotisme scriptural et alphabétique dont il a été fait mention sous le paragraphe deuxième de la troisième opération et qui, avec quelques autres signes, serait probablement un des critères pouvant servir à retrouver le véritable écrivain de la pièce de question.

Si les fac-simile soumis à l'expertise sont bien les reproductions d'un document authentique soumis déjà à des vérifications juridiques, il semble en outre étrange que l'opération photographique n'ait pas reproduit de mention *ne varietur* et ne fournisse aussi aucun renseignement sur la nature du papier qui a reçu l'écriture de la pièce de question.

Dans tous les cas, quelque valeur qu'aient ces raisons de suspicion par rapport au document dont s'agit, comme aussi toutes celles déjà présentées ou mentionnées au cours du présent rapport, elles ne tendent pas moins indirectement à renforcer la valeur des arguments qui militent en faveur de l'hypothèse de deux écrivains.

III. — A l'égard de l'hypothèse d'une modification et d'une falsification de l'écriture de l'écrivain des pièces de comparaison dans la circonstance où a été écrite la pièce de question, il y a lieu d'examiner :

1° S'il est possible que l'écrivain des pièces de comparaison ait pu écrire la pièce de question ;

2° Si subsidiairement l'écriture inégale de cet écrivain n'a pas pu devenir celle de la pièce de question sous l'influence d'une cause obscure.

Un fait d'expérience courante répond au premier de ces deux aléas ; il est impossible (et l'expérience est facile à renouveler pour n'importe qui et autant de fois qu'on le désire), il est impossible à un écrivain, même en s'efforçant d'y mettre toute son attention, de contrefaire et de falsifier son graphisme naturel et normal sans laisser échapper quelques-unes des impulsions de son activité musculaire inconsciente, suivant les formes et directions qu'elles prennent habituellement, comme il est impossible à un homme quelconque de rester une demi-heure immobile sans extérioriser un tressaillement ou un geste involontaire.

Or, dans l'espèce, on ne rencontre pas un seul trait de départ rapide aux lettres initiales, aucune projection exagérée des hampes de lettres vers les lignes supérieures, aucune liaison anormale et vive de traits ou accents avec les lettres initiales des mots suivants, ni aucun des idiotismes les plus accentués et les plus invétérés de l'écrivain des pièces de comparaison ; ce qui serait infailliblement arrivé au moins une fois, si l'écrivain était le même pour les pièces de comparaison et la pièce de question, et dans le cas même où cet écrivain aurait falsifié sa propre écriture.

Une seule question reste à examiner, c'est celle de la transformation possible du graphisme des pièces de comparaison en celui de la pièce de question.

Le cas de la falsification volontaire vient d'être examiné et jugé irréalisable par qui que ce soit et en employant n'importe quel procédé ; tout écrivain laissant forcément quelques traces de sa propre originalité dans un espace de trente lignes, ce qui inciterait fort à penser que ce ne serait pas l'écrivain des pièces de comparaison, mais bien plutôt celui de la pièce de question qui aurait falsifié son écriture.

En dehors de la falsification volontaire, il reste le cas d'une transformation inconsciente qui serait à la rigueur possible mais seulement partiellement, et sous le coup d'une violente émotion dépressive surtout.

Dans le cas d'une émotion violente, il est impossible que le désarroi dans lequel se trouve l'écrivain ne facilite pas, au contraire, la production de traits rapides et accessoires, analogues à ceux dont il a été parlé ci-dessus.

Enfin, dans ce même désarroi préjugé de l'émotivité de l'écrivain, où l'irradiation de l'ébranlement nerveux et musculaire donne lieu à des contre-balancements excessivement compliqués d'impulsions de directions diverses et même contradictoires, il ne serait pas possible à un écrivain d'avoir tracé avec autant de netteté et de relief qu'elles en ont dans la pièce de question les formes calligraphiques des lettres S et M déjà mentionnées plus haut; d'ailleurs le fait est démenti par le graphisme mort et appliqué sinon à main posée de la pièce de question.

En définitive, il résulte tant des constatations dont le compte rendu précède que de celles généralement quelconques dont la récapitulation a été faite sous la neuvième opération, qu'il y a autant de différences scripturales entre la pièce de question et les pièces de comparaison, qu'il y en aurait, pour prendre une comparaison parfaitement exacte, entre un homme mort et ce même homme vivant.

En conséquence cette conclusion générale s'impose que toutes les pièces versées à l'expertise n'ont pas été écrites par la même main; que la pièce de question est l'œuvre d'un écrivain inconnu qui a laissé des traces de sa facture personnelle, et que les pièces de comparaison sont l'œuvre d'un autre écrivain.

Et les quelques analogies qui se rencontrent dans les deux séries des documents ne sauraient en rien infirmer cette conclusion générale. Il est même extraordinaire qu'elles ne soient pas plus nombreuses, soit qu'il y ait un seul écrivain, soit qu'il y en ait deux, des écritures quelconques n'étant d'ailleurs pas rares, dans lesquelles on pourrait retrouver autant d'analogies avec la pièce de question qu'il en existe entre cette dernière et les pièces de comparaison.

Si enfin, contre toutes les apparences et en dépit des déductions et constatations consignées au présent rapport, il n'existait effectivement qu'un seul écrivain, ce serait le cas de répéter la parole célèbre : « Il y a des faussetés déguisées qui représentent si bien la vérité, que ce serait mal juger que de ne pas s'y laisser tromper. »

Ni l'histoire des expertises en écritures, ni la pratique de vingt ou trente années de n'importe quel graphologue ou expert en écritures, n'est au surplus, capable de fournir un seul exemple d'un tel faussaire et d'une telle fausseté; cette conjecture est donc infiniment peu probable dans l'espèce.

De tout ce que dessus a été dressé pour servir et valoir ce que de droit, le présent rapport rédigé sur papier libre et non enregistré,

attendu sa nature de renseignements amiables et auquel il a été
vaqué depuis le lundi 10 mai jusqu'au vendredi 18 juin 1897.

Et comme la mission de l'expert se trouve ainsi remplie après
que le tableau synoptique des lettres minuscules, énoncé sous le
paragraphe II de la sixième opération, y a été joint et annexé, le
présent rapport est demeuré clos et arrêté après avoir été certifié
véritable et signé par l'expert soussigné.

Issoudun, ce 18 juin 1897.

Certifié et signé : G. BRIDIER.

INDEX DES DIVISIONS

TABLEAU SYNOPTIQUE

DES

FORMES ALPHABÉTIQUES MINUSCULES

ET SIGNES ACCESSOIRES

Annexé au Rapport qui précède

Dressé par GUSTAVE BRIDIER.

Pièce de Question	Pièces de Comparaison			

Pièce de Question

Lettre A

Forme initiale.

Forme médiale

Forme finale

Forme isolée

Idiotisme alphabétique: lettre pateuse, fermée, forme

Pièces de Comparaison

Lettre A.	1890	1893	1895
I Forme initiale	a a	a a	a a
II d° médiale	a a	a a	a a
III d° finale	u a	u	u a
IV d° isolée	a a	u	s a

Idiotisme alphabétique: lettre très généralement claire bouclée, plus ou moins ouverte, ayant forme de lettre: forme pâteuse en trop petit nombre pour constituer une analogie donc, *Différenciation*

Lettre B.

Forme unique

Idiotisme alphabétique: Confusion avec la lettre

Lettre B

	1890	1893	1895
I Forme initiale	néant	b	b
II d° médiale	b b	b b	b b

Idiotisme alphabétique: forme non bouclée comme celle de la pièce de question mais bien différenciée d'avec la lettre b

Lettre C			
I Forme initiale *C*			
II dᵒ médiale *C*			
III dᵒ finale			

: Idiotisme alphabétique: lettre bien détaillée généralement, et presque calligraphique contrastant avec les autres lettres informes.

Lettre C	1890	1893	1895
I Forme initiale	*c*	*c c*	*c c*
II dᵒ médiale	*c c*	*c c*	*c c*
III dᵒ isolée	néant	néant	*c*
IV double lettre	*cc*	*cc*	*cc*

Idiotisme alphabétique: forme généralement moins calligraphique dont le point de départ est plus vague moins massif, donc malgré quelque chose de commun qui appartient aux mêmes lettres de tous les écrivains. *Différenciation*

Lettre D			
I Forme initiale *d*			
II dᵒ médiale *d*			
III dᵒ finale néant			
IV autre forme *d d*			

Idiotisme alphabétique: la forme calligraphique est unique dans le document; les autres formes présentent dans le trait de retour des rondeurs significatives

Lettre D	1890	1893	1895
I Forme initiale	*d d d*	*d*	*d d*
II dᵒ médiale	*d d*	*d d d*	*d d*
III dᵒ finale		néant	*ɔ ɔ*
IV dᵒ isolée	*d*	néant	néant

Idiotisme alphabétique: forme calligraphique infiniment plus employée et jamais unique dans 30 lignes, les autres formes ont généralement le trait de retour atrophie_ donc _Différenciation._

Pièce de Question		Pièces de Comparaison			

Pièce de Question

Lettre E

I	Forme initiale	
II	Forme médiale	
III	Forme finale	
IV	Double lettre	

Idiotisme alphabétique : confusion avec la lettre E et de structure informe sauf un cas unique.

Pièces de Comparaison

Lettre E	1890	1893	1895
I Forme initiale			
II Forme médiale			
III Forme finale			
IV Double lettre	néant		

Idiotisme alphabétique : Confusion avec la lettre C, presque uniformément, et informe, donc malgré le défaut de correspondance existant entre les lettres initiales, médiales, finales et doubles lettres et prépondérance des e bouclées et claires dans les pièces de comparaison quoiqu'aussi dans le graphisme le plus rapproché de la date de la pièce de question aucune forme ne soit bouclée.
Analogie

Lettre F (Pièce de Question)

I	Forme initiale	
II	Forme médiale	
III	Double lettre	

Idiotisme alphabétique : lettre pateuse, informe, sans jambages, sans traits de retour.

Lettre F (Pièces de Comparaison)

Lettre F	1890	1893	1895
I Forme initiale			
II Forme médiale		néant	
III Forme finale	néant		néant
IV Double lettre			

Idiotisme alphabétique : lettre détaillée, formée, pourvue presque toujours d'un jambage dextrogyre, souvent d'une hampe supérieure avec trait de départ et parfois barrée en retour, même durement, donc opposition complète sauf un cas unique et par suite
Différenciation

Lettre G

I	Forme initiale	*ẏ*
II	Forme médiale	*y*
III	Forme finale	*néant*

Idiotisme alphabétique : forme unique en y
sans tête plus ou moins bouclée, avec jambage lourd et mal tiré

Lettre G	1890	1893	1895
Forme initiale	*g g*	*g*	*g g*
Forme médiale	*g g*	*g*	*y y g*
Forme finale	néant	néant	néant

Idiotisme alphabétique : lettre calligraphique avec tête jambage sinistrogyre aisé et saillant ou signe de culture d'esprit, donc malgré une forme unique en y **Différenciation**

Lettre H

I	Forme initiale et unique	*h*

Idiotisme alphabétique : hampe faite d'un bâton non bouclé et de forme lourde et inégale.

Lettre H	1890	1893	1895
Forme initiale	*h h h*	*h h*	*h*
Forme médiale	*h*	*h*	*h h*
Forme finale	néant	néant	*h*

Idiotisme alphabétique : hampe bouclée avec trait de départ donc **Différenciation**

Pièces de Question	Pièce de Comparaison			

Lettre I

			1890	1893	1895
I	Forme initiale	*i*			
II	Forme médiale	*r*			
III	Forme finale	*?*			

Lettre I

		1890	1893	1895
I	Forme initiale			
II	d°. médiale			
III	d°. finale			

Idiotisme alphabétique: formes diversement [...]ées, mais toujours lourdement.

Idiotisme alphabétique: Formes diverses très fréquentes, le plus généralement pointées, mais délicatement, et sans qu'il puisse être noté de caractéristique importante. Donc, en se basant surtout sur ce manque de caractère, que présentent d'ailleurs la plupart des caractères : Analogie.

Lettre J

Forme initiale	
Forme médiale	

Lettre J

		1890	1893	1895
I	Forme initiale			
II	d°. médiale			
III	d°. isolée			

[...]diotisme alphabétique: forme bâton et tous [poi]ntés sans exception

Idiotisme alphabétique: lettre jamais pointée presque toujours avec jambage bien détaillé et aisé et trait de départ et projection ascendante donc, Différenciation.

Lettre L

I	Forme initiale
II	Forme médiale
III	d.° Finale
IV	double lettre

Idiotisme alphabétique : forme pâteuse, informe, sans hampe bouclée et sans trait de départ.

Lettre L

		1890	1893	1895
I	Forme initiale			
II	d.° médiale			
III	d.° finale			
IV	Lettre double			
V	d.° isolée	néant		

Idiotisme alphabétique : lettres avec hampes bouclées sensibles même quand la boucle est empatée et trait de départ sans exception. <u>Différenciation</u>

Lettre M

I	Forme initiale
II	d.° médiale
III	d.° isolée

Idiotisme alphabétique : forme presque calligraphique mais lourde avec jambages égaux aigus sans trait de départ.

Lettre M

		1890	1893	1895
I	Forme initiale			
II	d.° médiale			
III	d.° finale	néant	néant	
IV	Double lettre		néant	
V	Isolée	néant	néant	

Idiotisme alphabétique : forme tourmentée bien plus que calligraphique, dégagée et délicate, avec jambages inégaux généralement un trait de départ sec et quelques substitutions de traits centrifuges aux traits centripètes, donc, <u>Différenciation</u>

Pièces de Question		

Lettre N

Forme initiale	𝓃	𝓃	𝓍
d° médiale	𝓍	𝓍	
d° finale	𝓃	𝓃	𝓃

Idiotisme alphabétique : lettre dégénérant facilement lettre 𝓍 et devenant la forme typique d'un idiotisme riptural de l'écrivain, peu caractérisé autrement en rapprochant de la forme calligraphique

Pièces de Comparaison.		

	Lettre N	1890	1893	1895
I	Forme initiale	𝓃 𝓀 𝓃	𝓃 𝓃	𝓃 𝓀
II	d° médiale	𝓊 𝓊	𝓊 𝓊	𝓃 𝓃
III	d° finale	𝓊 𝓃	𝓃 𝓃	𝓃 𝓀
IV	double lettre	𝓃𝓃	𝓃𝓃	𝓃𝓃
V	Lettre isolée	𝓃	𝓃	𝓀

Idiotisme alphabétique : forme des mêmes éléments que la lettre 𝓂, premier jambage surelevé, trait de départ léger et rapide, jamais la forme de la lettre 𝓍, donc Différenciation

Lettre O

Forme initiale	néant
d° médiale	𝓋
d° finale	𝑜

Idiotisme alphabétique : forme se confondant avec la lettre 𝓋, ou, bien formée, et légèrement ouverte à sa partie supérieure.

	Lettre O	1890	1893	1895
I	Forme initiale	𝑜 𝑜	𝑜 𝓋	𝑜 𝑜
II	d° médiale	𝑜 𝓋	𝓋 𝓋	𝓋 𝑜
III	d° finale	néant	néant	néant

Idiotisme alphabétique : Confusion facile avec les lettres c et 𝓋, somme toute, ouverte en forme de 𝓋 donc, malgré la distinction qui pourrait être basée sur la première de ces deux confusions Analogies.

Lettre P

I   Forme initiale

II   d° médiale

III Double lettre

Idiotisme alphabétique : forme dextrogyre sans trait de départ, hampe de la même hauteur que le jambage pâteux.

Lettre P	1890	1893	1895
I Forme initiale			
II d° médiale			
III Double lettre	néant		
IV Forme finale	néant		

Idiotisme alphabétique : forme légère et dégagée, dextrogyre, traits de départ légers, hampes projetées en l'air, donc   <u>Différenciation.</u>

Lettre Q

I   Forme initiale

II   d° médiale

Idiotisme alphabétique : forme dextrogyre a angle plus ou moins arrondi, pas une tête bouclée, pas une forme pure de signe de culture.

Lettre Q	1890	1893	1895
I Forme initiale			
II d° médiale			
III d° isolée	néant	néant	

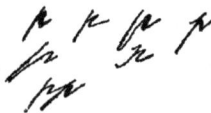

Idiotisme alphabétique : tête bouclée, forme dextrogyre jamais arrondie dans l'angle, transformée souvent en signe de culture, donc <u>Différenciation</u>

Pièce de Question	Pièces de Comparaison.

Lettre R

	Lettre R	1890	1893	1895

Forme initiale

d°. médiale

d° finale

I	Forme initiale
II	d°. médiale
III	d°. finale
IV	Double lettre

Idiotisme alphabétique. lettre informe sans exception dirait que le scripteur n'a jamais su faire ce caractère, une forme détaillée.

Idiotisme alphabétique : lettre souvent calligraphique devenue un idiotisme scriptural dans le graphisme des pièces de Comparaison singulièrement fréquent, et qui se retrouverait dans la pièce de Question s'il y avait probabilité qu'il eut été écrit par la même main. _Différenciation_

Lettre S

	Lettre S	1890	1893	1895

Forme initiale

d°. médiale

d° finale

Double lettre

I	Forme initiale
II	d°. médiale
III	d°. finale
IV	Double lettre

diotisme alphabétique. lettre jamais nettement strogyre, jamais projetée en l'air de façon exagérée, ble lettre; petite forme suivie d'un jambage.

Idiotisme alphabétique : lettre le plus souvent sinistrogyre, avec trait de départ projection anguleuse en haut, double lettre : la grande forme précède la petite, donc _Différenciation._

Lettre T			Lettre T	1890	1893	1895
I Forme initiale			I Forme initiale			
II d° médiale			II d° médiale			
III d° finale			III d° finale			
IV Double lettre			IV Double lettre	néant		néant

Idiotisme alphabétique: Barre massive, pas une fine et ascendante, pas une barre rattachée au mot suivant, traits rudement spatulés.

Idiotisme alphabétique: barres fines souvent ascendantes parfois constituant un idiotisme scriptural, traits spatulés peu fréquents et peu accentués, donc
Différenciation

Lettre U			Lettre U	1890	1893	1895
I Forme initiale			I Forme initiale			
II d° médiale			II d° médiale			
III d° finale			III d° finale			

Idiotisme alphabétique: absent, sinon que la lettre est d'une calligraphie plus pure et plus nette que les autres éléments du graphisme

Idiotisme alphabétique: Peu important, forme pure généralement, malgré que les formes soient moins calligraphiques peut-être que celles de la pièce de question, et malgré le trait de départ très-fréquent il peut y avoir
Analogie

Pièce de Question	Pièce de Comparaison	1890	1893	1895
Lettre V	**Lettre V**			
I Forme initiale _v_	I Forme initiale	v v v	2 v	V v v
II d° médiale _r v_	II d° médiale	v v v	v v v	v v

Idiotisme alphabétique forme arrondie à angle ascendent, jamais net et dégagé, sans trait de départ, peu calligraphique.

Idiotisme alphabétique. lettre souvent calligraphique presque toujours anguleuse, dégagée et bien détaillée avec traits de départ fréquents donc _Différenciation_

Double V néant	Double V néant			

Pièce de Question	Pièce de Comparaison	1890	1893	1895
Lettre X	**Lettre X**			
I Forme médiale _x x_	I Forme médiale	x		
	II d° finale		x η	x x x

Idiotisme alphabétique: Confusion avec la lettre _n_

Idiotisme alphabétique. Confusion avec la lettre _n_ pour ainsi dire exceptionnelle; une forme typique _η_ ne se retrouve pas dans la pièce de question donc malgré quelques analogies de forme, _Différenciation_

Lettre Y			
'1 Forme médiale $\quad y \; y \; y$			

Idiotisme alphabétique: lettre sinistrogyre avec trait de retour onduleux et accentué, forme typique dextro-gyre sans élément sinistrogyre.

Lettre Y	1890	1893	1895
1 Forme médiale	y		$y \; y$
11 d°. isolée	y	*néant*	$y \; y$

Idiotisme alphabétique: forme nettement sinistrogyre à trait de retour bien dégagé généralement, à long jamba ge et bien que la forme purement dextrogyre ne se retrouve qu' une seule fois dans les cinq à six mille lettres des pièces de comparaison il est possible de conclure à la rigueur pour <u>Analogie</u>.

Lettre Z		
1 Forme finale unique $\quad z \; z \; z$		

Idiotisme alphabétique: forme dextrogyre sans exception pas un jambage sinistrogyre.

Lettre Z	1890	1893	1895
1 Forme finale	*néant*	*néant*	$3 \; 3$
			3

Idiotisme alphabétique: forme en chiffre 3 nettement sinistrogyre pas une dextrogyre donc <u>Différenciation</u>

Chiffres		Chiffres
$1\;2\;3\;4\;5\;0 \qquad 1894$		$1\;5\quad 1250$
$(\;)$ **Parenthèses**		**Guillemets** $\quad$ « «

Idiotisme alphabétique: à l'exception du chiffre 2 analogue, pas un des autres chiffres et autres accessoires orthographiques de la pièce de question ne se retrouve dans la pièce de comparaison et pas un de ceux des pièces de comparaison ne se retrouve dans la pièce de question, donc <u>Différenciation</u>

RAPPORT

SUR L'AFFAIRE DU CAPITAINE DREYFUS

EXPERTISE GRAPHOLOGIQUE

Par M. A. DE ROUGEMONT

La question posée est de savoir si l'écriture du document incriminé est, oui ou non, celle du capitaine Dreyfus.

Cette question ne peut se trancher du coup. Elle demande une étude sérieuse, car on ne peut nier qu'à première vue, l'écriture du bordereau ne frappe par un certain air de ressemblance avec celle des lettres authentiques du capitaine Dreyfus.

Aussi, prévenu comme on l'est contre le « traître » Dreyfus, est-on tenté de s'écrier tout aussitôt : « Cela saute aux yeux, c'est bien lui le coupable. »

Si, cependant, l'on jette un regard moins superficiel sur les documents en question, des doutes naissent, de nombreux points d'interrogation surgissent. On est comme forcé de se rendre compte que l'impression qui se dégage de l'ensemble de ces deux écritures n'est pas la même et qu'une même main ne peut les avoir tracées.

Puis, à mesure aussi que l'on examine de plus près les détails, on est amené à constater que si ces écritures ont entre elles de certains points de ressemblance, les dissemblances ne laissent pas que de s'y faire voir en nombre bien autrement considérable encore.

Il y a donc là un véritable problème, et des plus intéressants, pour ne pas dire des plus poignants, à résoudre.

*
* *

Feu l'abbé Michon, une autorité de premier ordre en pareille matière, disait que, dans les cas du genre de celui qui nous occupe, il ne fallait pas s'arrêter aux ressemblances que l'on constate dans les écritures, mais bien plutôt porter toute son attention sur les dissemblances qui s'y font jour.

Et, certes, il avait bien raison! Parce que deux personnes ont, par exemple, des yeux bruns et un nez aquilin, sont-elles pour cela une seule et même personne?

Il en est de même pour les écritures. Plusieurs peuvent avoir entre elles des traits de ressemblance frappants, et cependant provenir de personnes différentes.

Ainsi se fera que tel ou tel mot ou fraction de mot de l'écriture du capitaine Dreyfus pourra fort bien avoir une ressemblance marquée avec le même mot ou fraction de mot de l'écriture incriminée, sans que cela tire à conséquence. Cette constatation n'a rien encore de concluant, car, je le répète, quantité d'écritures se ressemblent, et il sera toujours possible de leur trouver tel ou tel trait commun.

Non, avec cette manière-là de procéder, on ne peut que patauger. On en est réduit à de simples conjectures ou présomptions, et, fait grave, on court grand risque, en influençant les juges, de faire condamner les innocents en laissant échapper les vrais coupables. A ma connaissance, plus d'une fois déjà, ce cas s'est présenté.

Mais, depuis la découverte de la graphologie, il existe fort heureusement un moyen bien autrement sûr d'arriver au but que l'on se propose, soit de pouvoir constater l'identité de la personne incriminée... ou son innocence.

Il se trouve, en effet, qu'à notre insu, tous, du plus au moins, nous avons dans notre écriture certaines lettres, certains traits particuliers, originaux, parfois même bizarres, appelés en termes techniques « idiotismes », que nous n'avons appris sur les bancs d'aucune école, mais que, sans nous en rendre compte, nous nous sommes fabriqués nous-mêmes. Or, ces particularités-là de nos écritures, bien entendu lorsqu'elles sont constantes, se répètent fréquemment, nous trahissent et aident à faire établir notre identité, tout aussi sûrement que le feraient, par exemple, pour nos personnes, de certaines marques particulières sur notre visage.

L'essentiel est donc de savoir découvrir ces « idiotismes ». Il en existe dans toutes les écritures, mais parfois ils sont fort peu visibles. Dans le document incriminé, il s'en trouve heureusement de nombreux et fort bien caractérisés.

Mais auparavant, un point à éclaircir est de savoir si peut-être ce dit document serait l'œuvre d'un faussaire, s'il est d'une écriture contrefaite, déguisée.

Et ici, deux suppositions se présentent. Ou bien le capitaine Dreyfus aura cherché à donner le change en contrefaisant son écriture, ou bien au contraire, pour le perdre, des tiers, des ennemis à lui, se seraient efforcés d'imiter de leur mieux son écriture.

Voyons si l'une ou l'autre de ces suppositions peut se soutenir.

**

Tout esprit non prévenu, tout individu qui a des yeux pour voir, toute personne surtout qui a fait de la graphologie une étude quelque peu approfondie, se rendra bientôt compte que le bordereau incriminé est d'une écriture naturelle, non contrefaite, et rendant bien la personnalité vraie de celui qui a tenu la plume.

Toutefois, si l'écriture n'est ni redressée, ni renversée, ni contrefaite, elle manque, il est vrai, au départ surtout, d'abandon et de spontanéité. Elle a ce quelque chose de contraint et de gêné, que l'on observe dans nos écritures, alors que nous nous trouvons dans un état d'âme ou dans des circonstances anormales, exceptionnelles. Ainsi, dans le cas qui nous occupe, le « traître », dirait-on, ne se sentait guère à l'aise.

Mais plus bas, la physionomie de l'écriture change, et le dernier paragraphe, commençant par ces mots : « A moins que vous ne vouliez », a même ce cachet de laisser aller négligent qui souvent caractérise la fin de nos lettres, et qui est la négation même de toute pensée de déguisement.

Le traître s'y livre donc à nous à face découverte! Or — fait sur lequel je désire attirer tout particulièrement l'attention, — c'est précisément ici que la dissemblance entre l'écriture du bordereau et celle des lettres authentiques du capitaine Dreyfus frappe le plus les yeux et s'impose à notre esprit, alors qu'il est cependant de toute évidence que, si le capitaine Dreyfus était l'auteur du bordereau, nous devrions logiquement arriver à la constatation inverse.

D'ailleurs, sans entrer même dans tous ces détails, ne saute-t-il pas aux yeux que celui qui cherche à contrefaire son écriture a grand soin de s'en fabriquer une autre, aussi dissemblable que possible de la première? Et pour cela, son premier soin ne sera-t-il pas de la renverser, cette écriture, ou du moins de ne pas lui laisser son inclinaison habituelle?

Or ici, ce qui contribue beaucoup à donner à ces écritures ce faux air de ressemblance, c'est précisément cette similitude de leur inclinaison et ce fait, à lui seul déjà, ne suffirait-il pas pour innocenter le capitaine Dreyfus?

Par contre, ce même fait, cette similitude d'inclinaison des écritures, rendrait déjà bien plus plausible la supposition qu'on aurait cherché à imiter son écriture.

Toutefois, il faudrait admettre chez celui qui aurait tenté la chose une perversion morale si odieuse, une haine personnelle si féroce que j'ai peine à croire à pareille noirceur. En tout cas, ledit s'y serait pris de manière bien maladroite et n'aurait guère dû avoir connaissance de la graphologie, puisqu'il n'aurait su ni imiter les « idiotismes » de Dreyfus, ni se garer des siens propres. Aussi, sans pouvoir rejeter absolument cette hypothèse, tout me porte cependant à croire que nous avons dans le document incriminé l'écriture naturelle du vrai coupable.

*_**

Cela dit, procédons, sans plus de retard, à un examen comparatif approfondi des pièces.

A première vue, le document incriminé a, nous venons de le dire, un certain air de ressemblance avec les lettres du capitaine Dreyfus.

En effet, l'écriture de ces divers documents est petite, noire, assez tassée, inclinée à droite, la lumière y circule, les lignes n'y sont point enchevêtrées. Puis, bordereau comme lettres du capitaine nous parlent d'individus à volonté prononcée, ayant un esprit cultivé, le sens du beau esthétique, point poseurs et ayant cette simplicité d'allure, cette précision et cette concision qui d'ordinaire caractérisent les militaires.

Enfin, plusieurs lettres ou fractions de mots du bordereau — ainsi, les lettres « près » du mot « après » (lignes 22 et 25) — ont une analogie frappante avec les mêmes mots dans les lettres de Dreyfus.

Aussi conçoit-on jusqu'à un certain point que ceci ait pu donner le change, et que l'on ait cru pouvoir en inférer la culpabilité du capitaine.

Et cependant, ce n'en est pas moins une erreur profonde !

Pour s'en convaincre, il faut chercher à bien se pénétrer de chacune de ces deux écritures et à leur donner vie en soi, si je puis m'exprimer ainsi.

Bien vite on se rend compte alors de combien petite valeur sont ces divers points de ressemblance, neutralisés qu'ils sont par des dissemblances bien autrement nombreuses et caractéristiques. Puis surtout, on se trouve peu à peu amené à constater que de l'ensemble de l'écriture du bordereau, il se dégage une physionomie toute différente, je dirais même, à bien des égards, inverse de celle qui ressort des lettres du capitaine Dreyfus, physionomie sournoise, plus lourde, plus sensuelle, et d'autre part bien moins vive, bien moins anguleuse.

En effet, si le côté volontaire de l'être est fortement représenté chez le capitaine, tout comme chez l'auteur du bordereau incriminé — que, pour simplifier, j'appellerai dorénavant X... — il y a cependant entre eux, même sur ce point, une grande différence.

Si, chez Dreyfus, cette volonté est surtout vive, aiguë, facilement irritée, elle est, par contre, avant tout réfléchie chez X...

Puis, s'il est des courbes dans l'écriture de ce dernier, on n'en rencontre guère dans les lettres du capitaine Dreyfus, où l'angle bien plutôt règne en souverain maître.

Ses « o » minuscules en particulier — à l'inverse de ceux de X... — ont tous à leur base une forme triangulaire qui nous en dit long sur sa spontanéité, son irréflexion, son absence de douceur et de moelleux. Le sentimentalisme et le capitaine Dreyfus n'entrent certainement pas par la même porte.

Ceci, du reste, n'est que la forme, le dehors, et n'empêche point que, de nature, Dreyfus ne soit aimable, fortement aimant, capable même de grands dévouements.

Mais, je le répète, la forme est souvent sèche et cassante. Il a pu se faire des ennemis.

Plus jeune que X..., Dreyfus a un besoin intense de vie et d'action. Il semble être constamment plus ou moins sous pression. Il a le sang chaud et parfois part comme un bouchon de champagne.

Il n'y va pas par deux chemins. Les compliments et la flatterie ne sont pas son fait.

Par vivacité de sentiments, il pousse parfois les choses à l'extrême et se complaît en de certains superlatifs. Son jugement n'est guère calme et froid comme celui de X...

Il est fier, conscient de sa force et, comme les gens à qui la vie sourit, il s'admire quelque peu : encore un point où il diffère de X..., ce qu'entre autres trahit à l'œil la forme si différente de leurs L majuscules.

Avec cela, le capitaine Dreyfus s'efforce de se dominer. Etant très intelligent, capable, positif, pratique, l'expérience de la vie lui a fait sentir le danger d'un naturel de premier mouvement comme le sien. L'instinct de conservation personnelle s'est chez lui fortement réveillé. Il cherchera à ne pas prêter le flanc.

X..., lui, est bien plutôt un fourbe qui se cache. Et cependant, il n'est point un être vulgaire, loin de là. Il a conservé des dehors absolument corrects et donne ainsi le change. Il est d'ailleurs éminemment doué.

Le sens esthétique, la simplicité de bon aloi qui se dégagent de ses belles majuscules et de plusieurs de ses minuscules nous en font foi et nous disent un esprit fort cultivé.

Il agit avec calme, prudence extrême et préméditation, et possède un empire sur soi, une souplesse, une habileté de dissimulation rares.

Par contre, fait étrange, il n'est ni un avide, ni un cupide, bien plutôt un dévoyé.

En effet, son écriture laisse l'impression d'une intelligence de premier ordre, mais d'un caractère moral en bon train de faire naufrage complet.

Cependant, il surnage encore comme des vestiges d'une grande loyauté et bonté d'âme natives.

C'est là ce que nous révèle cet étrange contraste entre ses lettres, les unes — en petit nombre — belles, ouvertes et harmoniques; les autres, qui foisonnent, comprimées, étriquées, sales et contournées.

Du reste, il n'est point heureux, le traître! Son écriture nous parle de malaise, de mécontentement, de tristesses secrètes, de déchéance.

Quel contraste avec l'écriture du capitaine Dreyfus, où tout est ardeur, sève de jeunesse, espoir et bonheur!

Toutefois, l'écriture du capitaine nous dit qu'il a dû se passer, jadis, un fait qui l'a des plus vivement et péniblement impressionné et qui a marqué dans sa vie.

Il en est guéri, mais le souvenir lui en reste vivant.

Ce qu'il a dû souffrir, alors et depuis son arrestation, lui, un loyal soldat, un sensitif numéro un, Dieu seul le sait!

Il aura eu des moments d'indignation, d'irritation extrême, de désespoir sans doute, mais il ne se sera pas abandonné, car sa signature nous dit que la dernière note de son être est une ténacité, une énergie quasi-indomptables.

Et voilà l'homme dont on voudrait faire un lâche et un traître!

L'analyse de ces deux caractères nous fait voir leur dissemblance extrême.

L'un, le capitaine Dreyfus, spontané, plein de vie et d'action, est tout d'une pièce, tout d'un jet.

L'autre, le traître X..., est un être double; tout chez lui est réflexion, calcul, incohérence, contrastes surprenants!...

Et l'on voudrait faire de ces deux contraires une seule et même personne!

*
* *

Et maintenant examinons de plus près quelques-unes des principales dissemblances qui se font jour entre l'écriture du document incriminé et celle des lettres du capitaine Dreyfus.

1° J'ai déjà parlé des « o » minuscules bizarres qu'on remarque dans ces dernières.

En effet, ils ont tous sans exception une forme aiguë, triangulaire, qui contraste absolument avec les « o » allongés, sinon même arrondis du bordereau. (Voir en particulier les « o » des lignes 15, 28 et 29 du bordereau.)

2° A peu d'exceptions près, tous les « d » minuscules dudit bordereau ont une forme inverse de celle des « d » du capitaine Dreyfus. Les « d » de ce dernier sont tous, du moins au commencement des mots, à hampes droites.

Ceux de X..., par contre, sont tous, à part deux (lignes 2 et 21), des « d » dits « de la liaison des idées » — en suite de leur hampe plus ou moins recourbée et se liant à la lettre qui suit.

Ces « d » dénotent toujours une grande maturité de l'esprit et une forte dose de réflexion et de logique.

3° Dans les lettres du capitaine Dreyfus, quantité de lettres minuscules qui commencent les mots, ainsi les « p, c, s, v, r », etc., ont une tendance plus ou moins prononcée à s'élever anormalement au-dessus des autres lettres.

On ne remarque rien de semblable dans le bordereau.

4° Par contre, plusieurs « f » de ce bordereau présentent une particularité étrange au bas de la hampe. (Voir : , ligne 4 ; , ligne 11.)

Je n'en ai pas trouvé trace dans les lettres de Dreyfus.

5° Le seul L majuscule du bordereau me frappe par son contraste absolu avec ceux du capitaine Dreyfus, qui tous sont des L dits « d'admiration de soi ». (Bordereau : ; Dreyfus : .)

6° J'observe aussi que le seul J majuscule de X... (dernière ligne) descend sous la ligne, ce que ne font jamais les J du capitaine Dreyfus.

Je pourrais allonger indéfiniment cette liste, attirer l'attention sur quantité d'autres dissemblances entre ces écritures, mais je crois en avoir dit assez pour donner sérieusement à réfléchir à tout esprit impartial et lui inspirer les doutes les mieux motivés sur la prétendue culpabilité du capitaine Dreyfus.

Toutefois, pour faire jaillir si possible la lumière plus complètement encore, je tiens à mettre au grand jour deux idiotismes du bordereau, si caractéristiques qu'ils nous autorisent à dénoncer avec certitude absolue, comme étant le vrai traître, celui dans l'écriture duquel, en sus des signes indiqués tout à l'heure, ils se retrouveraient l'un et l'autre. Les voici :

1º La forme bizarre des « s » doubles ;

2º La forme non moins bizarre du mot « je » minuscule.

a) Depuis vingt ans et plus que je m'occupe de graphologie, je n'ai que fort rarement encore rencontré cette forme spéciale des « ss » de la pièce incriminée (voir « adresse », lignes 2 et 28 ; « intéresse », ligne 24, etc.) et jamais identique à celle-ci. Si donc j'en eusse retrouvé la moindre trace dans quelqu'une des nombreuses lettres du capitaine Dreyfus que j'ai eues sous les yeux, je n'aurais pu m'empêcher d'y voir une présomption écrasante de sa culpabilité.

Mais il n'en est rien. Au contraire, tous les « ss » de Dreyfus ont la structure inverse : au lieu d'un petit « s » suivi d'une barre épaisse : ⟋ (double « ss » du bordereau) nous avons un « s » allongé suivi d'un petit « s » : ⟋ , ou aussi deux « ss » normaux, d'égale hauteur.

Impossible de supposer dissemblance plus patente !

Or, nous avons vu précédemment qu'avec pleine sécurité nous pouvions écarter toute idée de falsification d'écriture.

b) Le petit mot « je », si insignifiant en apparence, ne va pas moins nous permettre de couronner notre édifice de la manière la plus imprévue.

Il nous offre en effet un phénomène des plus rares : la coïncidence d'un double idiotisme, soit le fait que, et le capitaine Dreyfus et X..., ont chacun une manière originale et bizarre, mais diamétralement opposée l'une à l'autre, d'écrire le mot « je ». Les quatre fois — lignes 2, 16, 25 et 26 — que ce mot se rencontre dans le bordereau, il est composé d'un « j » en forme de barre épaisse et fortement inclinée à droite, suivi à une distance plus ou moins considérable d'un « e » s'en allant en sens inverse : ⟋ ⟋ ⟋ ⟋

Chez le capitaine Dreyfus, le « j », au lieu d'une barre épaisse, nous offre au contraire un long trait effilé, suivi d'un petit quelque chose qui doit signifier l'« e » : ⟋ ⟋ ⟋ ⟋

Peut-on imaginer un contraste plus absolu !

Or, ce « j » du capitaine Dreyfus, qui ainsi se soude à l'« e » qui le suit, ne nous dit-il pas ce caractère tout d'un jet, tout d'une pièce, dont je parlais tout à l'heure ; et ce « j » du bordereau incriminé, qui en quelque sorte divorce d'avec son « e », ne pourrait-il pas servir d'emblème à ce dualisme dont nous avons constaté l'existence dans l'écriture du vrai traître ?

Et l'on oserait soutenir encore que le capitaine Dreyfus est l'auteur du document incriminé !

*
* *

Résumant en quelques mots tout ce qui précède, je conclus et je dis :

1° L'écriture du capitaine Dreyfus, jugée graphologiquement, le met absolument à couvert de la supposition de pouvoir être un lâche et un traître.

2° Les dissemblances si nombreuses et si profondes qui existent entre l'écriture du bordereau et celle des lettres authentiques du capitaine Dreyfus prouvent jusqu'à l'évidence qu'une seule et même main ne peut les avoir tracés.

Je tiens encore à dire en terminant que l'examen des pièces que l'on soumet à l'analyse graphologique ne permet pas toujours d'aboutir à une certitude aussi absolue.

Mais dans ce cas-ci, le doute n'est pas possible.

Pour moi, j'affirme, sans crainte aucune de me tromper, que jamais le capitaine Dreyfus n'a été l'auteur du document incriminé ; tôt ou tard les faits le prouveront.

Cela étant, comment ne pas reconnaître que la revision du procès condamnant le capitaine Dreyfus à la déportation, s'impose comme un acte de justice élémentaire !

*
* *

Encore un mot !

Au moment de poser la plume, je jette un dernier regard sur le fatal bordereau, et, une fois de plus, les contrastes surprenants qui s'y font jour se dressent devant mes yeux. Oui, comment, par quel funeste concours de circonstances, cette intelligence de premier ordre, cette nature d'élite qu'était jadis, à ce que nous révèle son écriture, l'auteur du bordereau, l'X... inconnu, en a-t-il pu venir, non seulement à trahir son pays, mais lâcheté si possible plus insigne encore, comment a-t-il pu voir condamner en son lieu et place, à une peine terrible et infamante, un innocent ?

Eh bien, je ne crains pas de le dire, ce lâche, ce traître-là, je le plains du fond de mon âme, car, quelque bas tombé qu'il soit, il n'aura pu étouffer en lui ce reste de loyauté, oui, je le répète, de grande loyauté dont son écriture fait foi.

Il doit donc horriblement souffrir, éprouver une intolérable douleur. Qui nous dira le drame terrible qui, à l'insu de tous, se passe en son for intérieur?

Aussi, quelque absurde que cela puisse sembler, quelque étrange qu'il me paraisse à moi-même d'avoir à écrire la chose, je suis comme forcé de le dire ici : Il ne me semble point impossible, j'ose même l'espérer, que, bourrelé de remords, poussé par les cris de sa conscience et craignant d'ailleurs de se voir un jour ou l'autre trahi par son écriture, le vrai coupable ne se décide à se dénoncer lui-même (ce fait s'est déjà vu), et à mettre ainsi, sans plus tarder, un terme aux tortures atroces autant qu'imméritées que, par son crime sans nom, il inflige depuis passé deux ans et demi au capitaine Dreyfus, à sa femme, à ses enfants.

A. DE ROUGEMONT.

(De Neuchâtel, Suisse.)

N. B. — J'ai omis de dire que mon travail a été fait, d'une part, sur le fac-simile du bordereau du journal *le Matin* du 10 novembre 1896; d'autre part, sur des fac-simile ou reproductions photographiques de documents authentiques du capitaine Dreyfus. En outre, j'ai eu sous les yeux un certain nombre de lettres originales de lui, écrites peu avant et tôt après son arrestation.

Contrairement à celui de la brochure Bernard Lazare, le fac-simile du *Matin* est si net et si distinct qu'il fait l'effet de reproduire bien fidèlement les traits du bordereau incriminé. Partant, j'en conclus qu'un travail fait sur ce document doit avoir la même valeur que s'il l'eût été sur l'original.

RAPPORT D'EXPERTISE EN ÉCRITURES

Par M. Paul Moriaud

Docteur en droit, professeur à l'Université de Genève.

A monsieur Bernard Lazare, à Paris.

Genève, 24 septembre 1897.

Monsieur,

Vous m'avez demandé mon opinion d'expert en écritures dans l'affaire du capitaine Dreyfus et je puis aujourd'hui vous donner ma réponse. Je vous la donne avec d'autant plus de plaisir que vous me l'avez demandée de la seule façon qui convînt, sans rien dire qui pût aucunement gêner ma liberté d'appréciation, alors que j'ignorais, et vous l'excuserez chez un étranger, vos écrits et vos efforts. Ainsi, c'est d'un examen purement scientifique, examen calme et minutieux, que je vous apporte le résultat, que voici, en un mot : Dreyfus n'est pas l'auteur du fameux « bordereau ».

Mais c'est un avis motivé qu'il vous faut. Je dirai donc, sans en omettre aucun, tous les motifs qui ont fait naître ou fortifié ma conviction.

Je rappelle quels autographes d'Alfred Dreyfus m'ont servi de

PIÈCES DE COMPARAISON.

1° Une lettre originale de trois pages, commençant par ces mots : « Mon cher Paul, quand tu te plaignais à moi... » Elle porte au crayon, d'une main étrangère, la date du 14 juillet 1890 et la nature de son graphisme confirme cette indication, en témoignant de sa relative ancienneté (1) ;

2° Le fac-simile d'une lettre de quatre pages, commençant par ces mots : « Mon cher Paul, te donner un conseil, surtout un bon

(1) Voir page 288.

conseil. » Le même crayon l'a datée du 21 août 1890, date confirmée par son contenu (1) ;

3° Une lettre originale de deux pages, commençant par ces mots : « Mon cher Paul, nous serons très heureux de te recevoir. » Elle est de même datée, au crayon, d'août 1893 (2) ;

4° Le fac-simile d'une lettre de trois pages, commençant par ces mots : « Mon cher Paul, je joins mes félicitations à celles de Lucie. » Le sujet de cette lettre indique une date voisine de celle de la lettre précédente (3) ;

5° Le fac-simile d'une lettre d'une page, commençant par ces mots : « Jeudi matin. Ma chère Lucie, j'attends avec impatience. » Elle a été écrite à la fin de 1894 ; Dreyfus est alors accusé (4) ;

6° Une lettre originale de quatre pages, écrite sur le papier officiel du dépôt de Saint-Martin-de-Ré et datée par Alfred Dreyfus lui-même : « Le 21 janvier 1895, mardi, 9 h. matin » (5) ;

7° Une lettre originale de trois pages, visée par le chef du bureau de l'administration pénitentiaire et commençant par ces mots : « Iles du Salut, 5 mars 1897. Ma chère et bonne Lucie » (6) ;

8° Le fac-simile d'une lettre de quatre pages, visée de même et commençant par ces mots : « Iles du Salut, 28 mars 1897. Chère Lucie » (7).

Ce sont là des pièces de comparaison excellentes. S'étendant sur un intervalle de sept années, écrites dans l'abandon de l'intimité et dans des états d'esprits divers, ici posément, là avec hâte, elles permettent de dégager sûrement le fondamental de l'accidentel et de juger de tout ce dont est capable la main de l'écrivain. Les fac-simile sont si nets qu'ils valent presque des originaux.

Je ne puis témoigner une aussi complète satisfaction de ce que vous appelez la PIÈCE DE QUESTION et qui sera pour moi, si vous le voulez bien, tout simplement

(1) Voir page 270.
(2) Voir page 286.
(3) Voir page 281.
(4) Voir page 278.
(5) Voir page 282.
(6) Voir page 291.
(7) Voir page 274.

LE BORDEREAU,

puisque telle est, depuis le procès, son appellation commune.

Je n'en ai sous les yeux qu'une reproduction, dans deux numéros du *Matin* du 10 novembre 1896, et en deux exemplaires d'un tirage spécial. Bien que l'écrit ne porte pas de signature et que, chose curieuse, aucune marque, aucun paraphe officiels n'en attestent l'authenticité, cette authenticité m'est assez prouvée par la provenance du document : il me vient à la fois de l'accusation, par *le Matin*, qui l'a publié, et de la défense, par vous, qui me le communiquez. C'est donc pour moi le bordereau tout court. S'il ne l'est pas, il suffira, pour ma sauvegarde, qu'on sache ce que j'entends désigner sous ce nom.

Bien que le fac-simile du *Matin* montre des taches imputables à l'usure, peut-être même à l'imperfection du cliché, les traits en sont assez fins et précis, on les voit s'épaissir ou s'amincir assez nettement pour qu'on puisse le considérer comme une reproduction fidèle. Mais une anomalie m'a aussitôt frappé.

Les lignes 11, 12, 13, 14, 15, 17 et 18 présentent aux mots : « artillerie, relative, manuel, campagne, document, disposition, ministère », une interruption du tracé, et ces interruptions, qui se correspondent d'une ligne à l'autre, coupent chaque ligne en deux parties légèrement distantes et de hauteur inégale. La rupture est surtout évidente au mot « document » (ligne 15), où le délié précédant le « t » présente une séparation qui supposerait, dans l'écriture, une levée de plume incompréhensible (1). A la seule ligne où il n'y ait pas de rupture, la ligne 16, on retrouve l'inégalité de hauteur. Les lignes 11 à 18 sont ainsi coupées toutes selon une même ligne verticale, de forme sinueuse. En outre, l' « a » de « campagne » est incomplet et l' « m » de « manuel » offre quatre jambages, comme si le premier avait été coupé en deux et que les deux fragments eussent été juxtaposés.

Ces constatations m'ont naturellement conduit à l'idée d'une déchirure de la pièce originale. Informations prises, le bordereau était effectivement déchiré lors de sa découverte.

La déchirure n'affecte qu'une partie du document. Elle suit cependant une ligne qui, prolongée en haut et en bas, coupe le ma-

---

(1) Voir figure 14, page 179, comment j'ai pu restaurer les lignes 15 à 18 simplement en coupant le fac-simile selon le tracé de la déchirure et en le recollant de manière que le délié du « t » suive une ligne droite.

nuscrit tout entier. Or, si le bordereau avait été déchiré, ou lacéré, dans son milieu, étant encore d'une seule pièce, les lambeaux auraient été soutenus et leur place fixée par les parties voisines restées intactes, et la jonction des lèvres de la plaie serait exacte. Il faut donc admettre qu'au moment de la déchirure du bordereau la partie comprenant les lignes 11 à 18 était séparée des autres.

Cette séparation est-elle aussi l'effet d'une déchirure du bordereau postérieure à sa confection, et alors la lettre eût été écrite sur une page seulement, ou bien la lettre elle-même fut-elle écrite sur plus d'une page? Cette dernière hypothèse est la plus probable. On constate qu'à partir de la ligne 19, dès le commencement du troisième morceau, les lignes sont plus serrées, et c'est un phénomène fréquent que le resserrement des lignes au début d'une page nouvelle quand l'écrivain craint de manquer de place. En outre, comme l'espace est minime entre les jambages extrêmes des lignes 18 et 19, il serait surprenant qu'une déchirure horizontale passant entre elles eût été assez rectiligne pour ne pas même les effleurer. Il en est autrement entre les lignes 10 et 11 : ici l'espace est assez grand pour que la déchirure ait pu s'y produire sans toucher à l'écriture. Ou bien, donc, le bordereau a été écrit sur trois pages, les lignes 11 à 18 formant la page 2, ou bien il a été écrit sur deux pages, les lignes 19 à 30 formant la page 2 et les lignes 1 à 18 la page 1, qui aurait été déchirée dans sa largeur d'abord, entre les lignes 10 et 11, puis dans la longueur du second fragment, lignes 11 à 18.

Autre observation. Les quatre fac-simile dont je dispose présentent de légères différences dans l'écartement des lignes et des lettres, je m'en suis assuré par un calque soigneux; ces différences peuvent provenir de la différence des papiers, de leur plus ou moins d'humidité lors du tirage, d'un rétrécissement divers de clichés refroidis. Mais il est à remarquer que le fac-simile le plus mauvais dans son ensemble est le meilleur sur un point : c'est le seul qui, à la ligne 15, donne un tracé net du « t » de « document », du mot « est » et du premier « t » d' « extrêmement ». Serait-ce là le résultat d'une retouche du cliché net, ailleurs le plus usé, ou, tout au contraire, d'une usure du cliché mauvais sur ce point, pourtant le plus net ailleurs, ou encore y aurait-il eu plusieurs photographies du bordereau, réparé dans l'intervalle en cette partie plus malmenée que d'autres dans l'original, à en juger par l'état du premier « m » d' « extrêmement », qui, dans tous les fac-simile, présente une rupture révélatrice d'une déchirure ou d'un froissement du papier? — il serait téméraire de se prononcer, mais, quoi qu'il en soit, nous sommes mis en garde contre la fidélité de nos fac-simile dans cette seconde partie de la ligne 15.

J'ajoute que, dans nos quatre exemplaires, il y a des lacunes difficilement imputables à l'état des clichés : à la fin de la ligne 25, au mot « partir », ligne 30, au mot « quelques », ligne 3, dont les deux trous correspondent à une lacune du fac-simile du *Matin* au mot « note », ligne 4, et au mot suivant : « renseignements », dans lequel la chute de l' « i » pourrait bien être causée par un froissement et par un déplacement des lettres « es rensei », isolées du reste de la ligne par une déchirure et mal recollées. J'observe que, si les lignes 19 à 30 forment une seconde page écrite au dos de la première, la déchirure des mots « je le », ligne 25, pourrait être la même que celle des mots « quelques renseignements » et « note », lignes 3 et 4. Je rappelle qu'il est avéré que le bordereau est écrit sur un papier-calque, probablement délicat et d'un froissement facile. Et je conclus :

Que le bordereau a été écrit sur deux pages au moins, dont la dernière comprend les lignes 19 à 30 ;

Que la partie comprenant les lignes 11 à 18, — qu'elle ait constitué dès le début une page distincte ou qu'elle ait été séparée par une première déchirure des lignes 1 à 10, — a été déchirée dans toute sa longueur et que de l'imperfection du recollage résulte, dans nos fac-simile, une altération des lettres voisines de la déchirure et un changement dans la position relative des deux parties de la ligne ;

Que cette même partie de la pièce a peut-être été déchirée dans toute sa largeur entre les lignes 14 et 15 et qu'en tout cas le « t » de « document », le mot « est », le premier « t » et le premier « m » d' « extrêmement » sont sujets à caution ;

Que le bordereau a peut-être été déchiré sur d'autres points, en particulier aux lignes 3, 25 et 30, où les mots « quelques renseignements », « je le » et « partir » ont subi des altérations, qui modifient probablement, à la ligne 3, non seulement le détail de plusieurs lettres, mais la direction générale de la ligne.

J'entreprends maintenant la comparaison des écritures.

I

COMPARAISON DES ÉCRITURES

L'écriture est tout entière une forme et un assemblage de formes, mais, pour que le travail de comparaison des formes ait une valeur scientifique et permette d'affirmer ou de nier que deux écritures proviennent de la même personne, il faut remonter des formes graphiques à leur cause, qui est le mouvement de la main, et étudier ce mouvement lui-même sous ses faces diverses.

On peut considérer les mouvements de la main dans leur amplitude, leur direction, leur force (ou intensité), leur continuité, leur adaptation, leur liberté, leur beauté. Je laisserai de côté ce dernier caractère, dont la détermination fait naître trop de difficultés (1).

A. — AMPLITUDE DES MOUVEMENTS.

I. L'amplitude des mouvements correspond surtout aux dimensions de l'écriture.

II. Ce qu'on perçoit au premier regard, c'est une ressemblance. Telle, entre deux hommes vus de loin, immobiles, la ressemblance de carrure et de taille. Si l'on excepte la plus ancienne des lettres de Dreyfus, celle du 14 juillet 1890, on trouve des deux côtés sen-

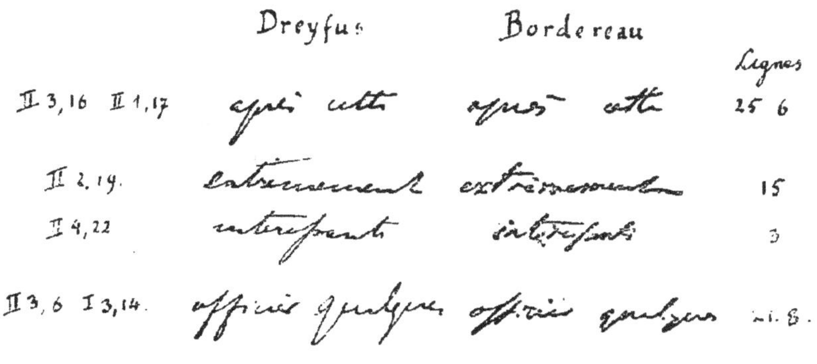

Fig. 1. — La ressemblance d'amplitude (2).

(1) Cette classification est inspirée par celle que propose, dans l'*Ecriture* du 15 mars 1896, M. Crépieux-Jamin, le savant auteur de *l'Ecriture et le Caractère*. Les classes de M. Crépieux-Jamin sont les suivantes : intensité, forme, dimension, direction, continuité, ordonnance.

(2) Dans mes citations des pièces dont sont tirés les exemples, le chiffre romain indique le numéro de la pièce, le premier chiffre arabe la page, le second la ligne.

Il va sans dire que les figures ne donnent que des exemples et que celui qui voudrait se convaincre de la complète justesse de mes observations devrait se reporter aux lettres elles-mêmes.

J'ai choisi de préférence les exemples dans les mots semblables ou analogues, bien que souvent d'autres mots eussent été plus favorables à mes démonstrations.

siblement la même hauteur moyenne des petites minuscules :
« m, n, o, r, u », etc., qui forme ce qu'on appelle le corps de l'é-
criture. Cette hauteur oscille entre 1 et 2 millimètres. L'espacement
des lettres est plus ressemblant encore ; prenons au hasard quelques
mots semblables : « après, cette, extrêmement, intéressants, officier, quelques », leur longueur est presque identique (*fig.* 1).

Mais, si visible qu'elle soit, cette ressemblance est de faible
signification. Elle est loin d'avoir l'importance de la similitude de
taille et de carrure entre deux hommes. Le corps de l'écriture est
ce qui varie le plus aisément. Chacun peut s'en convaincre en tra-
çant quelques mots à la craie sur une planche noire ; sans effort,
instinctivement entraîné par les dimensions du cadre et de l'outil
scripteur, il fera des lettres qui seraient ridicules sur le papier.
Presque tous, selon les circonstances, selon notre état d'esprit,
selon la plume et le format, selon que nous avons plus ou moins à
écrire, nous augmentons ou nous diminuons l'amplitude des mouvements de notre main. Dans le bordereau lui-même, la grandeur
moyenne des minuscules est bien différente suivant qu'on considère
les quatorze premières lignes, ou les seize dernières, qui semblent
avoir été écrites à un autre moment : elle est de 1 millimètre au
mot « renseignements », ligne 3, de 2 millimètres au mot « dernier »,
ligne 15.

III. Ce qui est significatif, ce n'est pas la moyenne, ce sont les inégalités d'amplitude, les variations de grandeur, et leurs rapports, en
un mot les proportions.

Deux choses frappent l'œil exercé dans l'écriture de Dreyfus, et
plus longuement l'œil observe, plus il en est frappé.

C'est d'abord la disproportion entre les petites et les grandes minuscules : les « f », les « g », les « j », les « p », atteignent couramment 10, 12 et 14 millimètres, et l'on trouve même un « j »
dépassant 2 centimètres.

Bien plus, cette tendance aux grands mouvements, contrastant
avec la petitesse du corps de l'écriture, conduit Dreyfus à déformer
les petites minuscules elles-mêmes : en 1890 comme en 1897, on
trouve dans son écriture des « c » surmontant la ligne de 4 à 5,
des « s » la surmontant de 6 à 7 millimètres, — et je ne parle pas
de l' « s » en forme d' « f » que Dreyfus emploie quand la lettre est
redoublée, mais des « s » ordinaires. — Au début des mots, presque
tous les « m » et les « n » sont haussés dans leur premier jambage,
au point de prendre parfois une allure de majuscules, et il n'est pas
de lettres qui ne soient alors fréquemment agrandies. Depuis janvier

1895, dans nos autographes, on voit jusqu'aux « v » s'allonger pour revêtir la forme de « b » (*fig.* 2).

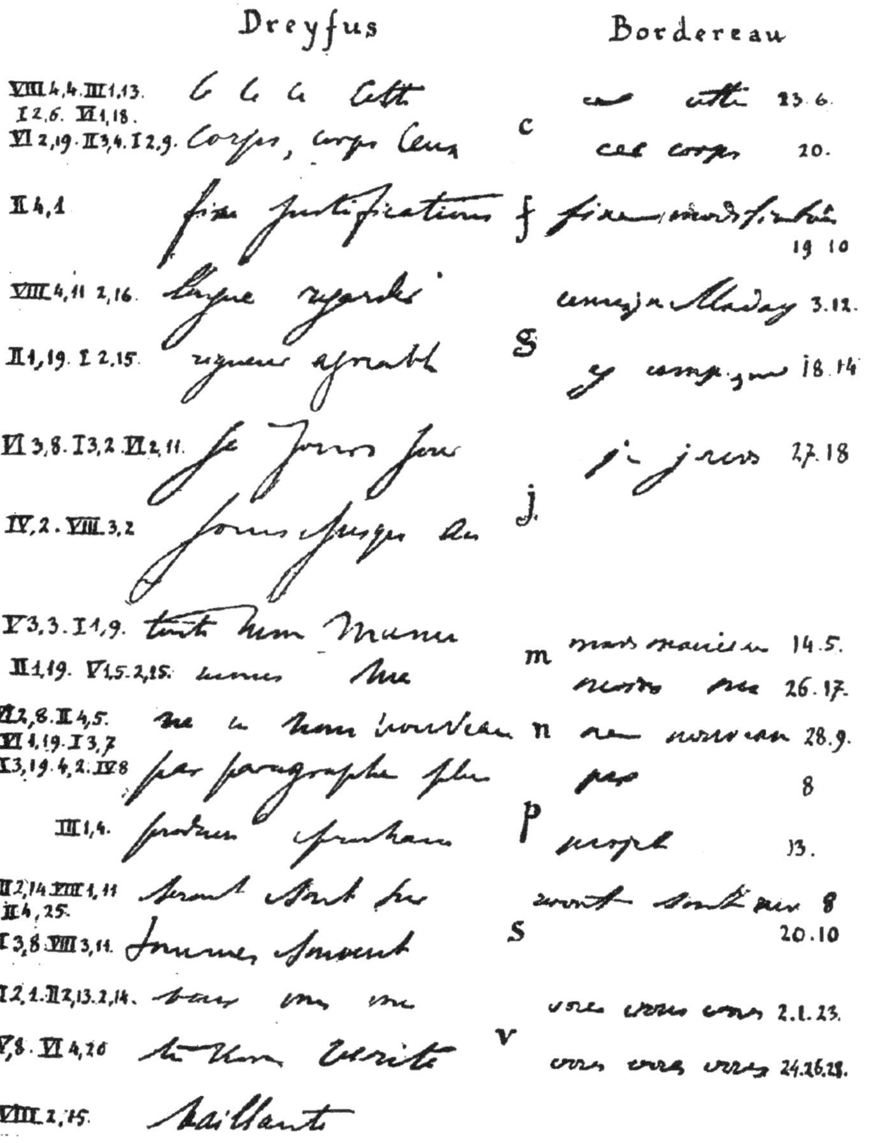

Fig. 2. — Les disproportions dans l'amplitude.

L'autre disproportion frappante est, en quelque mesure, la conséquence de cette déformation des minuscules que je viens de signaler.

Quand l'ampleur du mouvement a conduit la main des deux côtés de la ligne, comme dans les « f », les « j » ou les « p » de Dreyfus, le retour à la ligne est pour la main une tâche suffisante et elle n'est point portée à hausser les traits suivants ; aussi le plus long des « j » ou des « p » est suivi d'une lettre minime. Il en est autrement quand le trait agrandi surmonte tout entier la ligne ; il est naturel alors que le passage aux petits traits normaux ne se fasse pas brusquement et que l'amplitude du tracé subisse une diminution graduelle. C'est ce qui arrive souvent. Alors apparaît chez Dreyfus ce que les graphologues appellent le *gladiolement* : une série de lettres, des mots entiers même affectant la forme d'un glaive ou d'un coin.

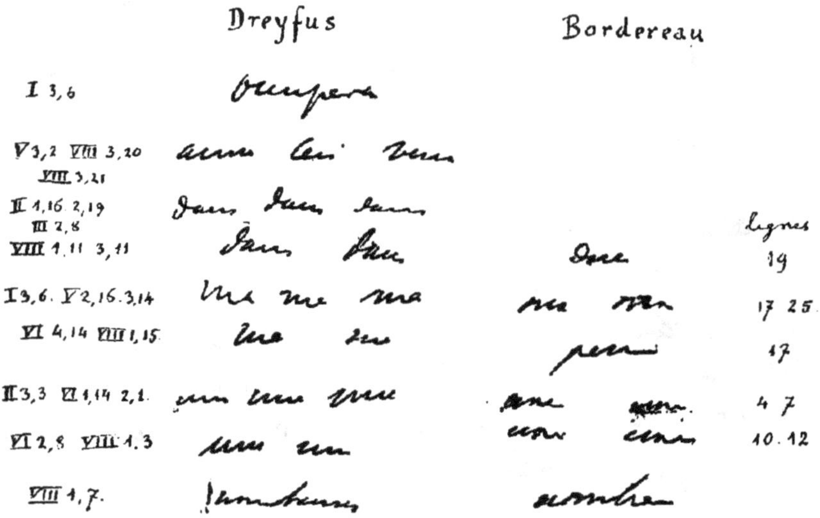

Fig. 3. — Le gladiolement dans l'écriture de Dreyfus.

Le gladiolement est un des signes distinctifs de l'écriture de Dreyfus ; il y a surtout pour cause la tendance aux grands élans de la plume, mais aussi, comme dans la plupart des écritures gladiolées, la tendance à la réduction progressive de l'amplitude des mouvements. J'en donne quelques exemples saillants pour en faire comprendre la nature : le mot « occupera », dont les quatre premières lettres ont 4, 3, 2, 1 millimètre de hauteur, et les mot « aime, ceci, veux, dans, ma, une », ces trois derniers rapprochés de mots semblables extraits du bordereau. Ce ne sont là que des exemples ; l'observateur le plus inexpérimenté en découvrira par centaines dans les autographes de Dreyfus. Il n'est presque pas d' « m » ini-

tiaux qui ne soient gladiolés; les « x » doivent à ce gladiolement
une forme spéciale.

L'exagération d'amplitude de certains traits a d'autres conséquences encore. Il arrive qu'après un trait dépassant de beaucoup
la ligne, la main, remontant plus haut que ne l'exige la hauteur
normale de la minuscule suivante, laisse cette minuscule tout entière
juchée au-dessus de la ligne et qu'elle redescende, comme par
étages, à la hauteur normale, donnant à la ligne une direction descendante, ou qu'elle laisse surélevée toute la suite de la ligne. C'est
la cause principale, chez Dreyfus, de la sinuosité des lignes que
j'étudierai sous une autre face en parlant de la direction. On peut voir
à la figure 4 des exemples de ces formations, qui se rencontrent

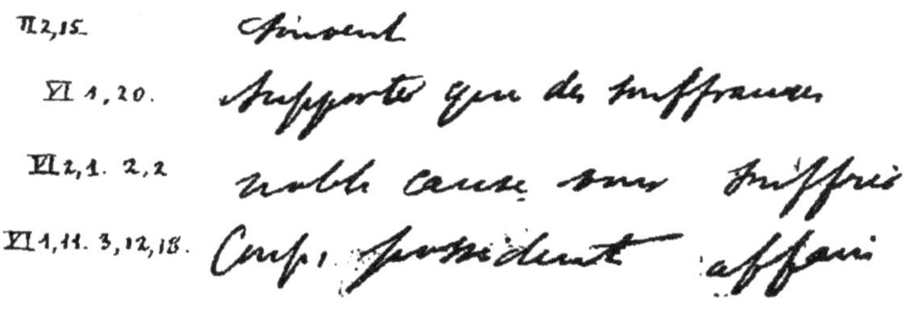

Fig. 4. — La diminution progressive des déliés dans l'écriture de Dreyfus.

aussi après les lettres naturellement grandes, telles que le « p » et
l' « f », la main, instinctivement entraînée par la répétition du premier mouvement ascensionnel qui l'a conduite à la ligne, dépassant,
ici aussi, la hauteur normale des minuscules. Les graphologues
n'ont pas donné de nom spécial à cette formation, qui est un gladiolement à rebours, produit par la diminution progressive des
déliés seuls, et non pas des déliés et des pleins, comme dans le gladiolement ordinaire.

L'amplitude des mouvements de la main ne correspond pas qu'aux
dimensions de l'écriture. Une autre manifestation de la tendance de
Dreyfus à l'ampleur du mouvement au départ des mots est la forme
caractéristique de ses « q », et souvent aussi de ses « g ». Quand la
panse de la lettre n'a pas subi un fort agrandissement, elle plane
nettement au-dessus de la ligne d'écriture. Qu'on examine les « qui »
et les « que » foisonnant dans nos autographes et dont je donne
quelques spécimens à la figure 5, on n'en trouvera pas un qui repose sur la ligne, à moins qu'il ne soit agrandi. Toujours, donc, au
début des mots, l'amplitude du mouvement est plus grande, bien que

souvent l'excès d'amplitude n'ait pas son corrélatif dans un signe agrandi.

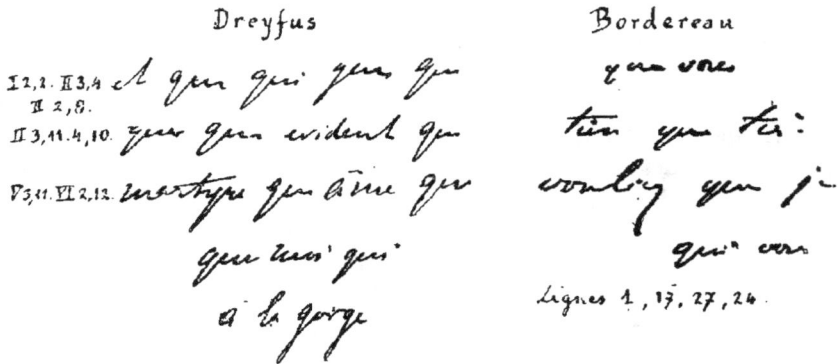

Fig. 5. — Les « q » au-dessus de la ligne dans l'écriture de Dreyfus.

Citons enfin, comme remarquables par leur dimension, les déliés si curieux qui commencent beaucoup de mots. On en trouve des spécimens à la figure 9 (page 175).

IV. Rien d'analogue à tout cela dans le bordereau. Le maximum d'amplitude verticale, 9 millimètres, est atteint par l' « f » de « frein », ligne 4 ; les « j » et les « g » ne dépassent pas 7 millimètres ; le plus grand « p », celui de « prendrai », ligne 26, n'a que 7 millimètres aussi, et aux lignes 13 et 27 on trouve des « p » rabougris de 3 millimètres de hauteur ! Le mot « projet » a de même un « t » de 2 millimètres à peine. Les rapprochements de la figure 2 rendent sensibles ces différences avec l'écriture de Dreyfus.

Jamais non plus de coups de plume arrondis ou droits agrandissant le début des mots. (Voir les comparaisons des figures 2 et 9.)

De gladiolement, presque point, et d'une autre nature, dans les rares cas où il se présente. Il ne provient pas d'un excès d'amplitude, ni d'une tendance ascensionnelle, ni d'une tendance à la réduction progressive de l'amplitude des mouvements ; il provient de l'union fortuite de lettres de hauteurs diverses.

Il est dans le bordereau des lettres qui jamais ne restreignent l'ampleur du tracé ; ainsi les « r » médiaux, les « c », les « u ». Les « u » tendent même au grossissement, comme on le voit, lignes 16 et 17, aux mots « procurer » et « peu », ligne 19 au mot « dans », où l' « n » a exceptionnellement la forme d'un « u », ligne 21 au mot « détenteur », et lignes 22 et 30 au mot « manœuvres ». Les

mots « dans » et « peu » sont comparés, dans les figures 3 et 18
(pages 169 et 183), à ces mêmes mots écrits par Dreyfus.

D'autres lettres, les voyelles « a, e, i, o » et l' « r » final sont quelquefois l'objet d'un rapetissement brusque, qui les rend microscopiques (*fig.* 6).

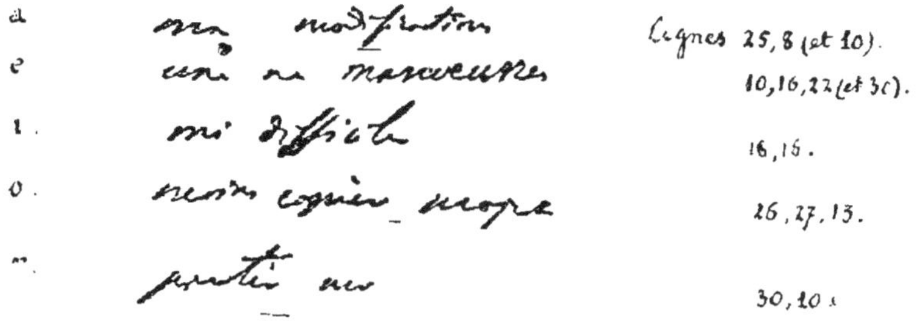

Fig. 6. — Les rapetissements brusques dans le bordereau.

Cette exiguïté est caractéristique de la forme des « r » terminaux,
dans lesquels elle est constante. Ce sont de gracieux petits « v »,
atteignant à peine une demi-hauteur. Je les ai rassemblés dans la
figure 10, page 175 ; la différence avec ceux de Dreyfus est frappante.

Fait plus rare, enfin, les « m » et les « n » tendent à se rapetisser,
quand l'écrivain s'efforce, apparemment dans un désir de lisibilité,
de leur conserver la forme classique, que son arrondissement au
sommet rend souvent incommode et peu favorable à la rapidité ;
l'incommodité du tracé nuit à son ampleur.

On comprendra facilement et l'on constatera (*fig.* 7) qu'il peut se

Fig. 7. — Les quelques *gladiolements* du bordereau.

produire un gladiolement, — un amincissement progressif du mot,
— lorsque par hasard un « m » ou un « n » avoisine une des
voyelles sujettes au rapetissement. Mais ce gladiolement, qui est ex-
ceptionnel, et dont je ne parle que pour être complet, par amour de
la vérité, n'a rien d'analogue, encore une fois, avec le gladiolement
constant chez Dreyfus.

De lettres planant au-dessus des autres, pas davantage. Les
« que » et « qui » sont sagement assis sur la ligne (*fig.* 5).

V. Sur un seul point, dans le bordereau, l'amplitude des mouvements est proportionnellemment plus grande. L'allongement des
finales y est presque constant, quand les mots se terminent par un
« e » ou un « t ». Les « e » terminaux, en particulier, ne sont
jamais brusquement arrêtés, ils se prolongent en un trait horizontal
légèrement infléchi, atteignant parfois 5 millimètres; cela tient

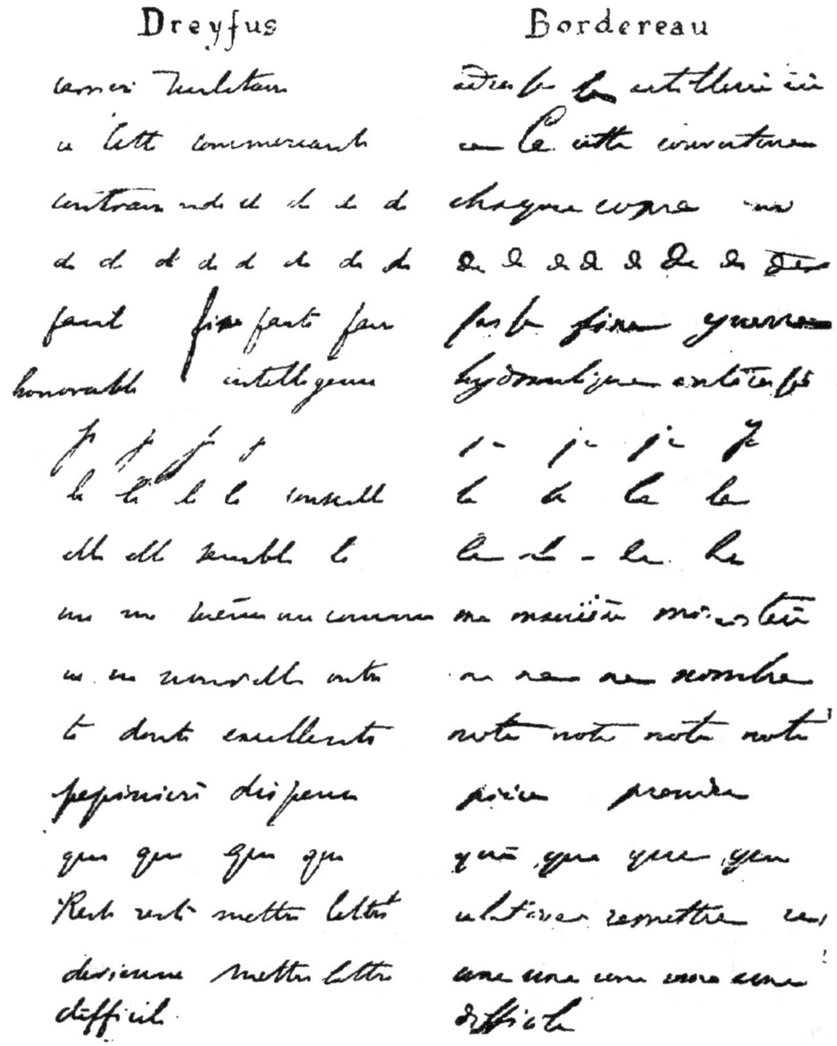

Fig. 8. — Les soixante-deux finales en « e » du bordereau, comparées à un
nombre égal de finales en « e » extraites d'un même autographe de Dreyfus
(pièce II).

en partie à leur forme, bien différente de celle des « e » de Dreyfus
et dont je reparlerai en étudiant l'intensité des mouvements et leur
adaptation (pages 183 et 191).

Sur les soixante-deux « e » finaux que contient le bordereau, il
n'en est pas un seul qui se termine par le plein, comme presque tous
ceux de Dreyfus, chez lequel la forme normale est une rareté :
presque toujours, il arrête l' « e » au trait descendant et, s'il conserve
le délié de l'école, il le fait très court, à part quelques exceptions très
rares des autographes de 1890, dans des passages écrits avec une
lenteur relative, tandis que dans le bordereau la finale est d'autant
plus régulièrement longue que la rapidité s'accroît, comme on peut
le constater en comparant les lignes 19 à 29, beaucoup plus rapides,
au reste du bordereau.

Dans la figure 8, j'ai rapproché des soixante-deux finales en « e »
du bordereau un nombre égal de finales en « e » extraites d'une
même lettre de Dreyfus. Je les ai prises dans un autographe unique
pour mieux montrer la constance de la forme propre à Dreyfus. Ce
rapprochement est concluant.

VI. En résumé, à part la ressemblance grossière et sans signification qu'offre la dimension moyenne du corps des deux écritures, on
ne découvre, en étudiant l'amplitude des mouvements, qu'oppositions
et différences. Et ces différences sont capitales, parce qu'il n'y a
guère là de signes qui frappent l'œil du profane et qu'il songe à
dissimuler s'il se cache.

B. — DIRECTION DES MOUVEMENTS.

I. La *direction des traits* n'est point autant qu'on pourrait le
croire imposée par les conventions qui assignent un certain sens à
certaines formes.

La forme des lettres n'est pas si étroitement arrêtée que la main
soit jamais privée de la liberté de choisir entre plusieurs directions :
ici, elle peut, dans sa marche, s'élever ou s'abaisser à son gré, ou
demeurer au même niveau ; ailleurs, il lui est loisible de tourner à
droite ou à gauche, ou de revenir sur elle-même.

Les recherches de la science ont établi que tout homme a, dans ses
gestes, des directions préférées. L'un est nettement *dextrogyre*, il
aime à se diriger vers la droite, l'autre est *sinistrogyre*, il préfère
la gauche. Celui-ci est *centrifuge*, ses gestes *fuient le centre*, ils
s'écartent du corps, celui-là est *centripète*, ses mouvements se
ramènent à lui.

II. L'écriture de Dreyfus est remarquablement centrifuge : il affectionne les traits ascendants, qui éloignent la main du corps.

Il est de ses autographes, ainsi la pièce III, qui doivent une

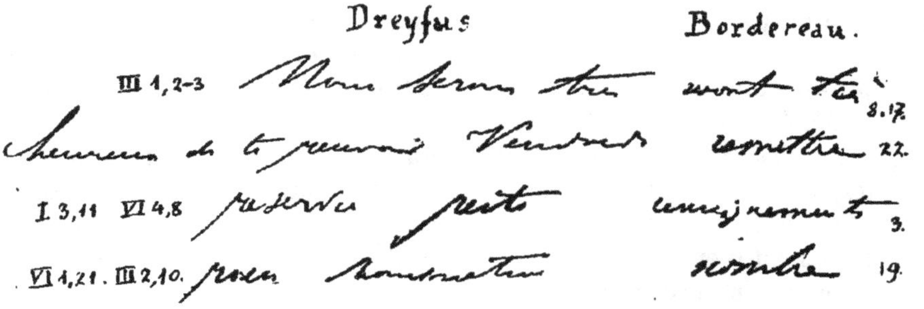

Fig. 9. — Départs ascendants des mots chez Dreyfus.

physionomie spéciale à l'exagération des déliés au départ des mots (*fig.* 9). La plupart de ses barres de « t » se dirigent vers le haut,

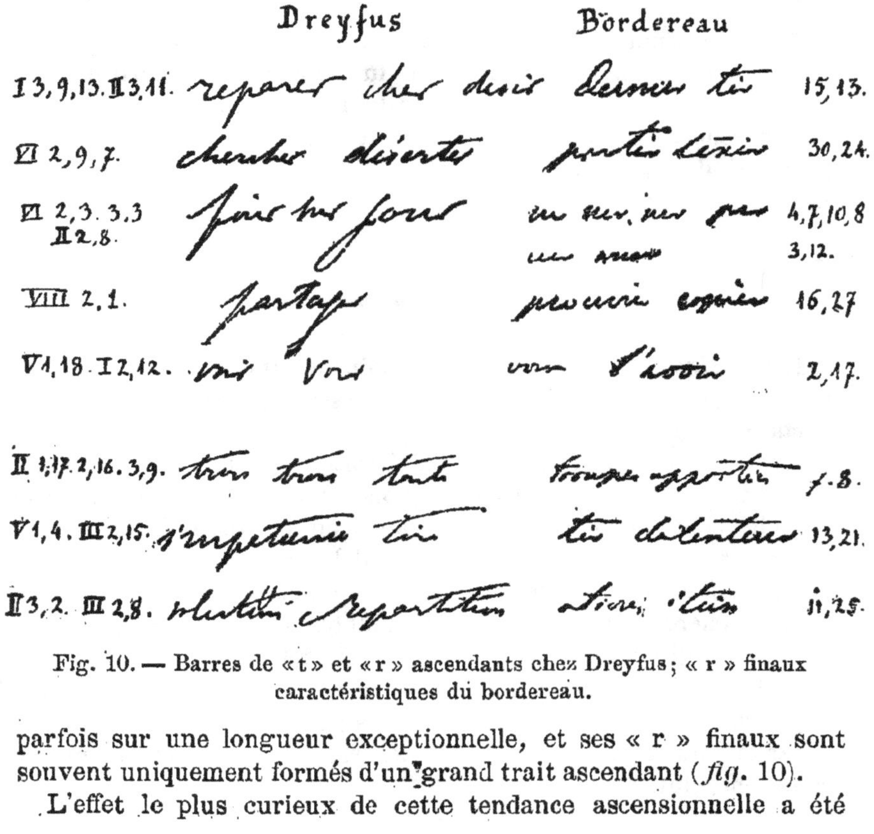

Fig. 10. — Barres de « t » et « r » ascendants chez Dreyfus ; « r » finaux caractéristiques du bordereau.

parfois sur une longueur exceptionnelle, et ses « r » finaux sont souvent uniquement formés d'un grand trait ascendant (*fig.* 10).

L'effet le plus curieux de cette tendance ascensionnelle a été signalé en traitant de l'amplitude. A chaque instant le délié, qui monte, est plus long que le plein suivant, qui descend, alors que les règles de l'écriture ordonneraient le retour à la ligne. Puis, volontairement ou par un mouvement instinctif, guidée par l'œil qui réclame la ligne, la main redescend, pour ne pas se jeter dans la ligne supérieure. De nouveau elle repart, et redescend encore, conservant entre les lignes une distance moyenne. Ainsi se forment des lignes sinueuses, dont je donne quelques exemples dans la figure 11 ; c'est un phénomène général chez Dreyfus.

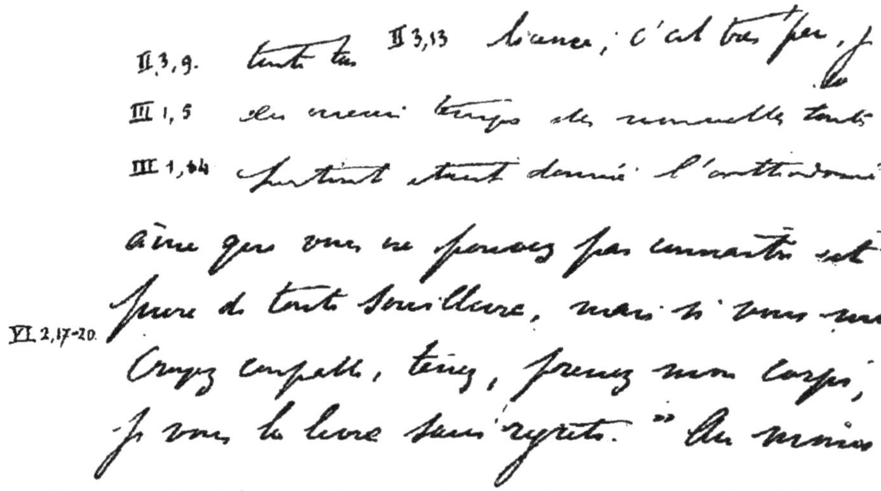

Fig. 11. — Tendance *centrifuge* produisant des lignes sinueuses, dans l'écriture de Dreyfus.

L'écriture du bordereau n'est nullement centrifuge. Le mouvement ascensionnel ne s'affirme nulle part.

Au contraire, les courbes *centripètes* sont plus fréquentes que chez Dreyfus : les « n », les « m » sont fréquemment arrondis au sommet, les « z » le sont toujours, quelquefois les finales, formation qu'on rencontre en bien peu d'écritures. L'on trouve même, au mot « sont » (ligne 20), un délié de courbure centripète. Dans l'écriture de Dreyfus, les courbes dextrogyres centripètes sont absentes, à part quelques majuscules, quelques M et le P et l'R, qu'il est difficile de former sans une courbure supérieure dirigée vers la droite.

Mais il faut ajouter que, dans le bordereau, les courbes centripètes n'ont jamais d'aisance ; elles semblent l'effet d'une contrainte que l'écrivain s'impose et ne nous révèlent donc pas les tendances naturelles de sa main.

Ce qui est plus significatif, c'est le caractère *dextrogyre*, — dirigé vers la droite, — de l'écriture anonyme. Elle est beaucoup plus dextrogyre que celle de Dreyfus. Les courbes tournant à gauche sont rares et très rabougries. Ordinairement, des traits droits les remplacent, ou même des courbes de sens contraire : la hampe des « j » et des « z » est une simple barre pourvue d'un crochet plus ou moins marqué regardant la lettre suivante, les « f », dépourvus de tout retour à gauche, sont légèrement arqués, et les grandes « s » tournent à droite, de même que quelques petites « s ». La parenthèse en forme de « c » s'arrondit avec aisance, la parenthèse opposée est deux fois plus exiguë (lignes 8 et 9).

Dreyfus, lui, ne redoute par les courbes de gauche. Les boucles de ses « g » et de ses « j » sont remarquables par leur aisance et leur ampleur. Les « q » et les « g » commencent souvent par une boucle semblable à un « e », les « a » eux-mêmes revêtent une forme spéciale que l'écrivain du bordereau ignore complètement (*fig.* 12).

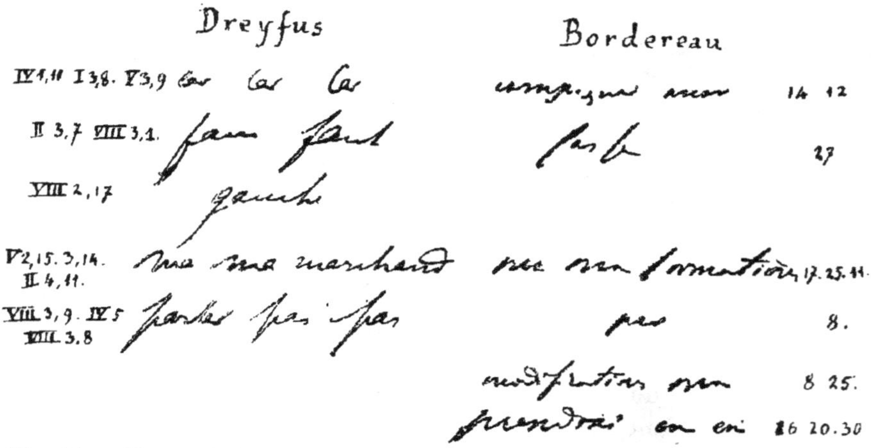

Fig. 12. — Forme différente et caractéristique des « a » dans les deux écritures.

J'ai fait un dépouillement soigneux des innombrables « a » des pièces de comparaison et j'ai trouvé qu'après les lettres « c, f, g, h, m, n, p », pour ne citer que les principales, la panse de l' « a » est toujours, absolument toujours, dirigée vers la gauche, de manière à surmonter le délié précédent, qui coupe l' « a » comme en deux parties. C'est aussi là, peut-être, un effet de la tendance ascensionnelle des mouvements de Dreyfus.

Cette forme est étrangère au bordereau, dont les « a » sont curieux aussi, mais à un tout autre titre. Lorsqu'ils sont précédés d'une autre lettre, la panse en est extraordinairement rabougrie et la courbe qui suit la panse tend à s'infléchir en sens contraire ; l' « a »

prend l'apparence d'un « n » aux jambages divergents et cette formation s'accentue avec la vitesse. Qu'on compare, dans la figure 12,
les « a » de « ma » et « prendrai » aux « n » du mot « en », tels
qu'on les voit aux lignes 30 et 20 du bordereau.

Il est intéressant aussi de comparer le petit mot « de », si fréquent.

Dans le bordereau, c'est toujours, sans exception, sur huit fois
que le mot « de » paraît, le « d » perfectionné de l'écriture courante,
dont la direction est déterminée par un début franchement dextrogyre.

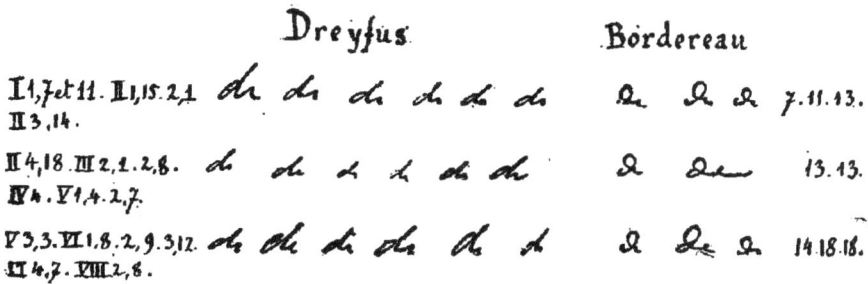

Fig. 13. — Comparaison des « de ».

Dreyfus écrit très rarement ainsi ; le dépouillement des pièces de
comparaison ne m'a donné que huit fois cette forme, contre cin-
quante-neuf « de » présentant le « d » typographique, qui, généralement, commence par une courbe sinistrogyre.

Ainsi, nous avons d'un côté un graphisme très centrifuge et
moyennement dextrogyre, de l'autre un graphisme peu centrifuge
et très dextrogyre.

III. *Direction des lignes.* — On chercherait en vain dans le bordereau cette sinuosité caractéristique dont j'ai décrit la cause chez
Dreyfus.

La sinuosité des lignes 12 à 18 dans nos fac-simile n'est qu'une
apparence trompeuse née de la déchirure et du recollage imparfait
que l'on sait. Je n'ai pas réussi à retrouver la disposition primitive
des lignes 11 à 14, trop malmenées, et dont le début par deux fois
ascendant dans nos fac-simile pourrait bien être l'effet du recollage,
car il est en contradiction avec le mouvement des autres lignes du
manuscrit. Mais je n'ai pas eu de peine à restaurer les lignes 15 à

18; il a suffi de recoller autrement les deux fragments, après les avoir séparés. Or, j'ai trouvé une direction rectiligne (*fig.* 14).

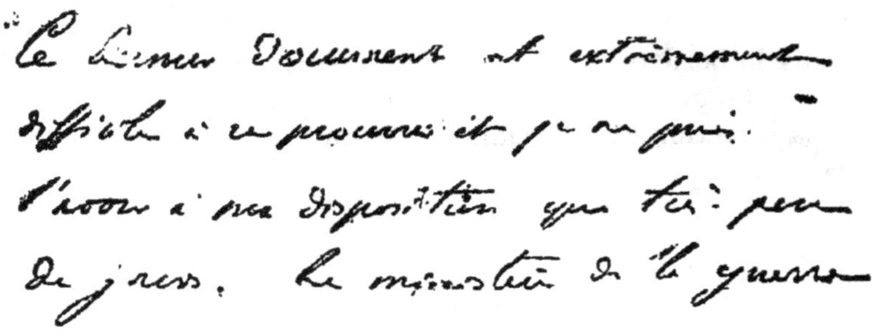

Fig. 14. — Direction des lignes 15 à 18, restaurées.

Si l'on rencontre dans le bordereau quelques rares sinuosités, comme peut-être aux mots « renseignements » et « campagne », dont l'état primitif est douteux, et comme, en tout cas, au mot « vous », elles proviennent d'une descente de la main, ou bien elles

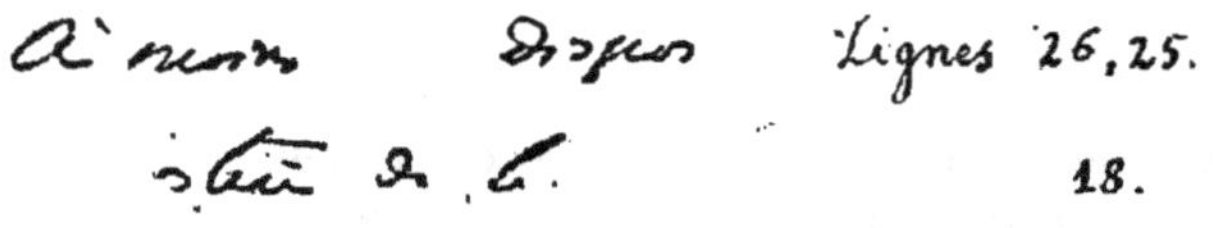

Fig. 15. — Les quelques sinuosités du bordereau (comp. *fig.* 11).

résultent de ce qu'un point, un accent où une barre de « t » a forcé la main de s'élever, comme on le voit clairement à la figure 15.

Quant à la *direction générale des lignes*, si l'on fait abstraction des lignes 11 à 18, dont la déchirure est certaine, et des lettres « es rensei » de la ligne 3, dont la déchirure est probable, on constate que douze lignes sur dix-huit sont creusées; le centre est plus bas que les bords et cet infléchissement atteint ou dépasse la hauteur d'une petite minuscule. Des six autres lignes complètes, il en est trois, les lignes 25, 26 et 28, qui présentent une ébauche de creusure : les premières lettres descendent, les dernières remontent. La tendance dominante de l'auteur du bordereau est donc bien l'infléchissement des lignes.

J'ai cherché sans succès, dans tous les autographes de Dreyfus, une ligne creusée. On en trouve, au contraire, qui sont nettement bombées (*fig.* 16).

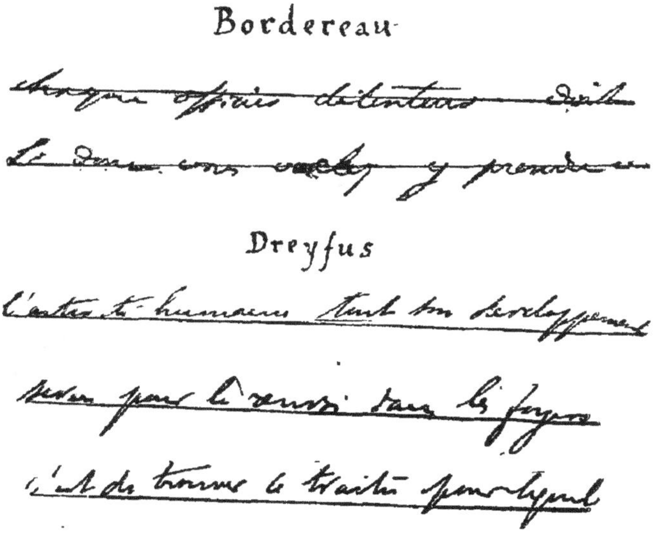

Bordereau

Dreyfus

Fig. 16. — Lignes creusées du bordereau et lignes bombées de Dreyfus.

IV. De la *pente de l'écriture*, il n'y a rien à tirer. C'est un élément accessoire dans la comparaison des écritures ; il est rare qu'elle soit assez constante et qu'elle s'écarte assez de la normale pour qu'elle permette de distinguer sûrement deux personnalités. Ici, des deux côtés, nous ne trouvons rien que de normal, avec trop de variations chez Dreyfus, selon les autographes, pour qu'il soit utile d'établir une moyenne.

C. — Intensité des mouvements.

I. La force, l'énergie, l'intensité du mouvement se révèle, dans l'écriture, à la vitesse, à l'angulosité, à la fermeté, à l'épaisseur du tracé.

Son étude est capitale, car le faible ne peut pas se donner une force qu'il n'a pas et le fort a beau cacher la sienne, elle se trahit toujours en quelque endroit.

II. La *vitesse* me paraît bien supérieure chez Dreyfus, même en éliminant de la comparaison le commencement du bordereau, écrit avec une lenteur relative, et en ne considérant que ses dernières lignes, les plus rapides. Mais rien n'est plus difficile à apprécier que la vitesse d'une main qu'on n'a pas vue écrire et il faudrait trop de développements délicats pour établir ici l'infériorité de l'écrivain anonyme. Il se peut aussi que la nature du papier du bordereau ait nui à la vitesse. Ce qui est indubitable, c'est qu'à rapidité égale de deux mains dans le balancement des pleins et des déliés, la vitesse dans le tracé, par conséquent la puissance déployée, est en raison directe de son amplitude, et l'on sait combien souvent la plume de Dreyfus s'échappe en de longs traits.

III. L'*angulosité* du tracé est un signe de force. L'angle exige un arrêt brusque du mouvement, il suppose la lutte et l'immédiat triomphe. La courbe, elle, est le fruit de l'union des forces opposées.

Il est des angles sans importance parce qu'ils sont faciles et que presque personne n'en est incapable. Ainsi la plupart des angles aigus au sommet des lettres, ceux de l' « u », par exemple; ainsi les angles aigus à la base des lettres, quand ils suivent ou précèdent une courbe en arcade, comme dans l' « n » ou l' « m » corrects. Il serait trop long d'expliquer pourquoi ces angles sont faciles. Tous les autres sont significatifs, et ils le sont d'autant plus que l'écriture est plus rapide et qu'ils sont plus ouverts, parce qu'ils exigent alors plus d'énergie.

Il n'y a guère, dans le bordereau, d'angles à la base des lettres qu'unis aux arcades de l' « m », de l' « n », de l' « r » terminal (*fig.* 10, page 175) et de quelques finales en « t ». Ce sont des angles insignifiants. Entouré de traits droits, l'angle inférieur se trouve si rarement qu'on pourrait le dire absent.

Au contraire, presque partout, et surtout dans la seconde partie de la pièce, écrite avec plus de rapidité, les courbes frappent l'œil. Aux lignes 20 à 29, les « d », les « c », les « e », les « v » s'arrondissent jusqu'à la mollesse, et la liaison des mots « le tenir » jusqu'à l'affaissement. L'arrondissement donne à certaines lettres une allure insolite : dans « guerre » et « Madagascar » (lignes 18 et 12), au mot « y » (ligne 23), les « g » et les « y » en sont tout aplatis ; les « g » commencent par un « u ». La rondeur aplatit aussi quelquefois les « d » et l' « m » (« Monsieur, document » et « dont », lignes 3, 15 et 5). C'est encore la courbe qui, jointe au rapetissement, caractérise ces petites « r » que Dreyfus ignore (*fig.* 10, page 175). Elle atteint jusqu'aux « z », qui revêtent une forme spéciale (lignes 2, 32 et 27), et produit quelques « o » presque absolument ronds. (Voir *fig.* 17.)

Si, d'un examen prolongé du bordereau, l'œil encore imprégné de son arrondissement, on passe aux autographes de Dreyfus, on sera

frappé de la constante énergie de leur mouvement. Les « m » et les
« n » ne sont ni des « m » et des « n » calligraphiques, ni des « u ».
Dans les lettres à la base naturellement arrondie, la courbe est souvent remplacée par un angle, ainsi dans les « i », les « t » et même
les « o », et quand elle est conservée, comme dans les « c » et les
« u », son amplitude est minime, elle est presque de l'angle, et, dans

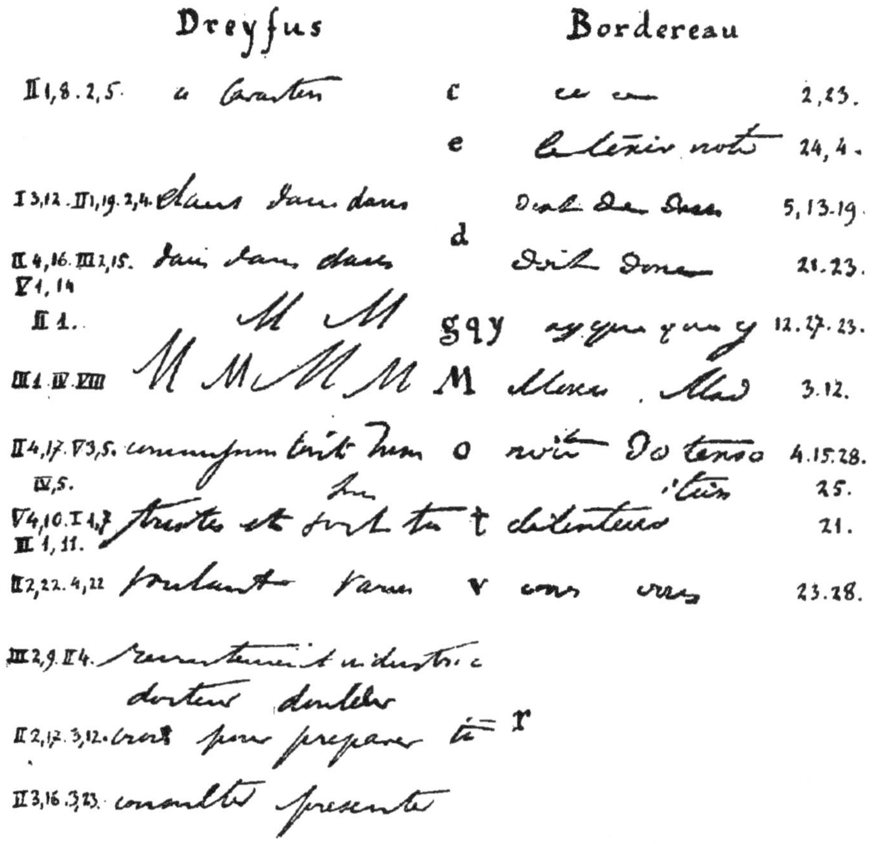

Fig. 17. — Arrondissements et mollesse du bordereau, angulosité de Dreyfus.

les cas les plus favorables au rapprochement, elle reste loin de la
mollesse du bordereau (*fig.* 17).

L'écriture de Dreyfus contient même des angles droits et obtus,
les plus malaisés de tous. Les « r » finaux sont souvent formés d'un
simple trait ascendant se détachant directement d'une liaison horizontale. Quand ils ne sont pas trop microscopiques pour comporter
une formation compliquée, les « r » médiaux ont au moins un angle

obtus ou droit, parfois deux, offrant alors une tête carrée peu commune. Jamais ils ne sont, comme dans le bordereau, formés au sommet d'un simple angle aigu facile ou d'un arrondissement (*fig.* 17).

Les M majuscules de forme typographique sont nettement anguleux au centre (*fig.* 17 et pièce VII, lignes 2 et 15).

Les « e » finaux ne s'arrondissent jamais à leur base, tandis que dans le bordereau ils s'arrondissent presque toujours. Quelquefois même, le délié se prolonge par un mouvement circulaire qui l'entraîne jusqu'au-dessus de la lettre. Ainsi aux mots « note » et « campagne », lignes 7 et 14. Ailleurs, on trouve l'ébauche du même mouvement circulaire, en particulier aux trois mots « note » et au mot « relative », lignes 4, 10 et 12, où l' « e » forme un demi-cercle presque parfait. Dreyfus ignore complètement ces formations, qu'on peut voir à la figure 9, page 175, rapprochées de finales de Dreyfus. C'est un de ces rapprochements qui suffirait, comme tant et tant d'autres, à prouver que Dreyfus n'est pas l'auteur du bordereau.

IV. L'énergie se manifeste aussi dans la *fermeté* et la *netteté* du tracé. Sur ce point encore, incontestable supériorité de Dreyfus. Le plus ferme de ses autographes est la seconde de nos pièces, d'août 1890, mais le moins ferme et le moins net est plus net et surtout plus ferme que le bordereau, dont il faut presque uniquement considérer la seconde partie, la lenteur du début enlevant à sa fermeté relative la plus grande partie de sa signification.

V. A vitesse égale, un tracé exige d'autant plus de force qu'il est plus appuyé. Dans les deux écritures, autant qu'on en peut juger

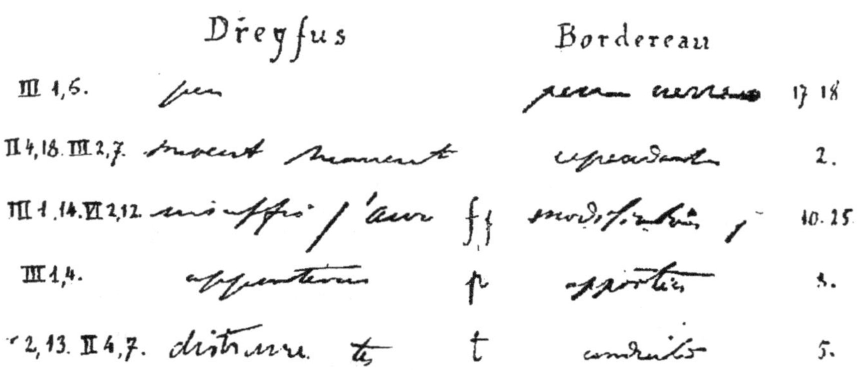

Fig. 18. — Massues du bordereau.

par des fac-simile, l'appuiement est moyen et peu digne d'attention. Sauf sur un point, cependant.

Le bordereau contient de nombreux traits graduellement épaissis jusqu'à leur extrémité, comme des massues : plusieurs finales, la barre du « t » de conduite et même quelques traits descendants (les « p » d'apporter, l' « f » de modifications), que j'ai rassemblés dans la figure 18.

Pas une seule massue chez Dreyfus. Les finales se prolongent rarement dans la direction de la ligne et, quand elles le font, elles se terminent par une pointe. Les barres de « t » vont de même en s'amincissant et les barres descendantes, souvent remarquables de fermeté, conservent d'un bout à l'autre la même épaisseur.

VI. En somme, la force du mouvement est incomparablement plus intense chez Dreyfus.

Sur un seul point, l'anonyme montre une énergie supérieure. Il n'y a point là contradiction. L'énergie a ses manières d'être; c'est une autre force qui se révèle dans la course d'Achille « aux pieds légers » et dans le geste d'Hercule assénant un coup de sa massue. L'écriture de Dreyfus est toujours courageuse; l'autre est celle d'un lâche, et un lâche peut être brutal.

D. — CONTINUITÉ DU MOUVEMENT GRAPHIQUE.

I. L'étude de la continuité du mouvement graphique, en d'autres termes, de la fréquence et de la position des levées de plume, est l'une des plus probantes dans la comparaison des écritures.

Rien n'est plus difficile que d'éviter, en faisant courir la plume, les associations de lettres auxquelles elle est accoutumée, ou d'adopter des associations qu'elle ignore, surtout quand elles obligent aux formations spéciales dont on verra des exemples.

II. L'écriture du bordereau est plus discontinue que l'autre, on s'en convaincra par l'inspection de la figure 19, les levées de plume y sont plus fréquentes, et l'on chercherait en vain, sous la main de Dreyfus, des mots coupés en quatre ou cinq morceaux, comme « difficile » et « modifications ». D'autre part, le bordereau contient de longs mots tracés d'un seul jet; ainsi « responsables » et « manœuvres ». Y a-t-il là contradiction?

Nullement. L'anonyme ne lève la main qu'en des circonstances déterminées, qui ne se rencontrent ni dans « responsables », ni dans « manœuvres ».

Enumérons ces circonstances et voyons si elles s'accompagnent chez Dreyfus du même effet interrupteur. J'ai rassemblé de nombreux exemples à la figure 19, en choisissant de préférence des mots identiques.

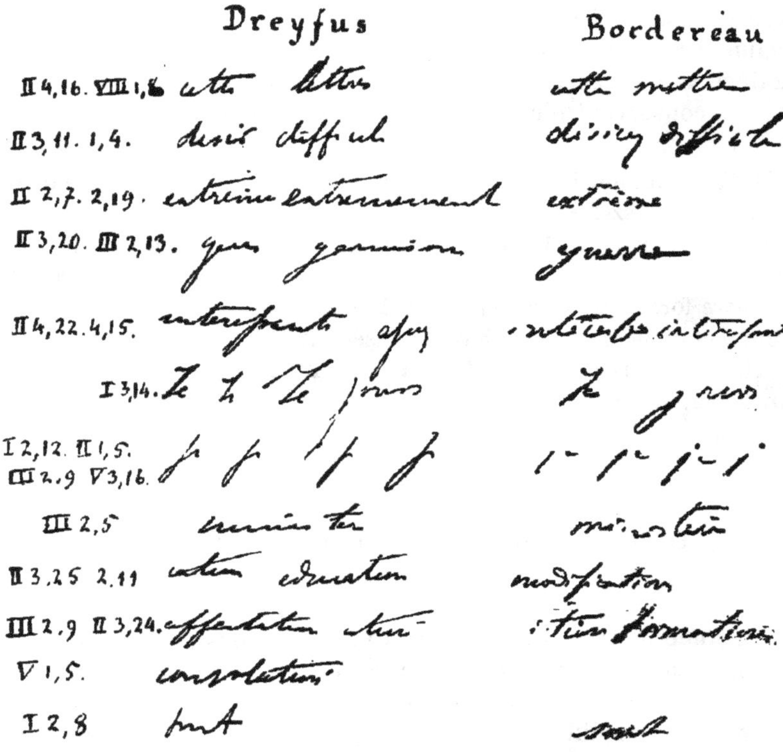

Fig. 19. — Les levées de plumes.

L'anonyme lève la plume après les « i » et les « e » pour le tracé du point ou de l'accent, à moins que ces lettres ne soient très proches de la fin du mot, qui elle-même impose la levée. (Voir *fig.* 19 aux mots « désirez, difficile, extrême(ment), intéresse, intéressants, ministère, modifications, formations ».)

Il la lève presque toujours après les « t » pour le tracé de la barre, même dans les « t » doubles, qui ne sont pas liés. (Voir les mots

« cette, extrême(ment), modifications, formations, (re)mettre, très ».)

Il la lève encore après les « s » tournant à gauche, sans doute parce qu'alors il faudrait, pour la liaison, une boucle de gauche qui répugne à sa main. (Voir « sont », *fig.* 19, et « disposition », lignes 17 et 25.)

Il la lève de même après les grandes boucles à gauche des « j » et des « g », qu'il ne trace pas avec assez d'aisance pour en continuer le mouvement (*fig.* 19, aux mots : « guerre, jours »). Il y a un « y » lié, au mot « envoyé », ligne 19, mais la boucle n'est pas formée.

Il la lève enfin après les « j » formés d'une barre pourvue d'un crochet à droite, parce qu'alors la liaison enlèverait à l'écriture sa lisibilité, en faisant de l' « y » une sorte de « p ». (*Fig.* 19, aux mots : « je ».)

III. Dans tous ces cas, Dreyfus, dont l'écriture est exceptionnellement continue, ne lève jamais ou lève rarement la plume.

J'ai soigneusement dépouillé les pièces II et III et j'ai trouvé 38 levées de plume seulement après les « i », contre 155 « i » liés à la lettre suivante. Exemples figure 19, aux mots : « désir, difficile, intéressante », et aux mots : « ministère » et suivants.

Dreyfus ne lève quasiment jamais la plume après une lettre marquée d'un accent, qu'il le supprime, comme il le fait d'ordinaire, ou qu'il le conserve. (Voir, outre la figure 20, aux mots : « désir, extrême, extrêmement, intéressante », la pièce II, page 3, lignes 5, 10, 11, 12, 13, 16, 17, 21, 22, 24, la pièce V, page 1, lignes 2, 8, 10, 11, 14, 16, 17, 18, et la pièce VI, page 4, lignes 4, 6, 8, 9, 10, 13, 14, 15, 16, 17, 19, 22, 23.)

De même après les « t ». J'ai compté, pièce II, 120 « t » liés à la lettre suivante contre 3 seulement non liés. (Voir, figure 19, les mots : « cette, lettres, extrême, extrêmement, intéressante, très » et les finales en « tion ».)

De même après les « s », qu'il ne craint pas, grands ou petits, de boucler vivement à gauche. (Voir : « sont, intéressantes. »)

Il n'y a pas un « g » sur cent qui s'interrompt. En vingt-quatre pages, j'en ai découvert trois, à grand'peine. (Voir : « gens, garnisons. »)

Les « j » sont toujours absolument liés. On voit, à la figure 19, des exemples du mot « je » dans les deux écritures. Ceux de gauche sont quatre des cinquante-deux « je » de nos autographes de Dreyfus, ceux de droite sont les quatre « je » du bordereau.

Le J majuscule présente la même différence dans le « Je » du bordereau (*fig.* 19) et des pièces de comparaison, — en y comprenant le mot « Jeudi », pièce V.

Les doubles « s » ne sont pas moins significatives. Le plus souvent, Dreyfus préfère à la forme ordinaire la forme ancienne, une des « s » s'allonge à l'instar d'un « f ». Jamais alors, la grande « s » n'est isolée; toujours, sans aucune exception, elle est unie à ses voisines. J'en ai relevé vingt-deux exemplaires et l'on en trouve deux à la figure 19, aux mots : « intéressante, assez ».

Dans le bordereau, c'est tout le contraire : la petite « s » précède la grande, qui n'est jamais liée à la lettre précédente et ne l'est point toujours à la suivante. (Voir, figure 19, les mots : « intéresse, intéressants », et au bordereau les mots : « adresse, fasse, adresse », lignes 2, 27 et 28.)

IV. L'écriture de Dreyfus étant exceptionnellement continue, on comprend que beaucoup de tracés interrompus dans le bordereau ne le soient pas sous la main de Dreyfus, ainsi qu'on vient de le voir; mais le phénomène inverse semble impossible. Il se présente pourtant, et son importance est d'autant plus grande.

Dans le bordereau, quand l' « i » n'est pas très voisin de la fin du mot, son point, immédiatement tracé, nous l'avons vu, est ordinairement lié à la lettre suivante, avec laquelle il ne fait qu'un seul corps, de forme quelquefois curieuse, comme aux mots « pièce » et « disposition », où l'on dirait un signe sténographique (*fig.* 20). Cette liaison du point est un fait général. Quand elle semble absente,

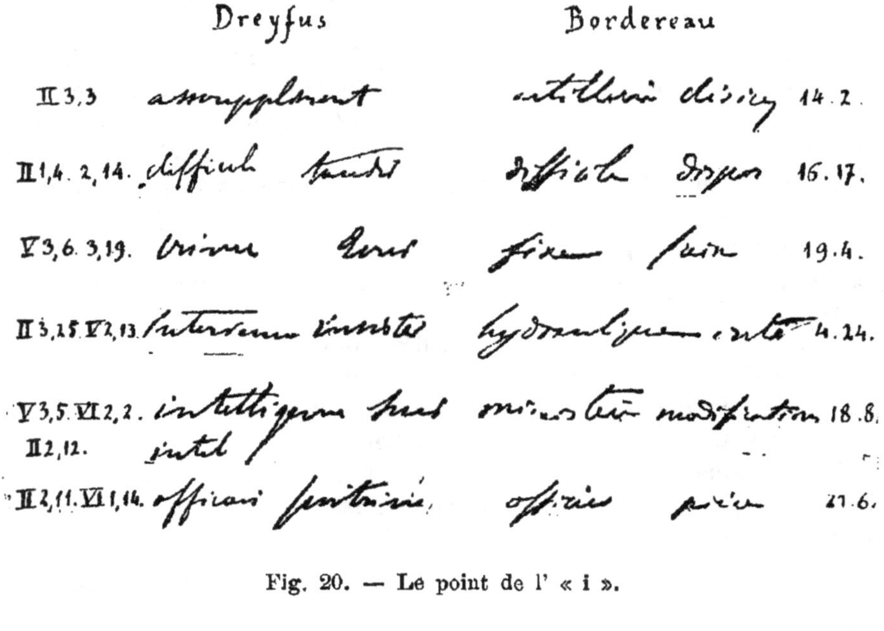

Fig. 20. — Le point de l' « i ».

dans nos reproductions, on constate que le commencement de la
lettre suivante est tout voisin du point, parfois même que le point
est presque une ligne dirigée vers cette lettre, ce qui fait supposer
dans l'original une liaison trop fine pour que la reproduction l'ait
saisie, et ce qui permettrait d'affirmer, dans les cas où l'original lui-
même offrirait un tracé interrompu, que, si la plume et le papier
eussent été meilleurs, ou plus grande la rapidité de l'écriture, la
liaison se fût réalisée (*fig.* 20, aux mots « désirez, fixe, hydraulique ».)

Dreyfus, lui, lève la plume après le point; la liaison est très rare,
on n'en trouve que dix dans les vingt-quatre pages de nos pièces de
comparaison, et, comme la lettre suivante ne commence pas dans
le voisinage du point, on ne peut pas parler d'une tendance à la
liaison (*fig.* 21, aux mots : « crime, intelligence, poitrine. »)

Ce que Dreyfus fait plus volontiers, et ce que le bordereau ne
montre jamais, c'est la liaison du point avec le corps de l' « i » lui-
même ou avec la fin de la lettre qui suit l' « i » (*fig.* 21, aux mots :
« intervenu, insister, écris, suis, tandis. »)

La dissemblance est profonde.

E. — ADAPTATION DES MOUVEMENTS.

I. Il est des gestes sans but, uniquement expressifs du sentiment
ou de la sensation qu'ils accompagnent : frapper du pied, grincer
des dents, hausser les épaules, froncer les sourcils. D'autres gestes
ont un but, ce sont des actes : indiquer de la main, frapper du poing,
se couvrir de son bras. Tels, tous les gestes professionnels : ceux du
forgeron battant l'enclume, du mitron pétrissant la pâte, de la
repasseuse approchant le fer de sa joue. Tels, les gestes de l'écriture.

Ces gestes sont des moyens plus ou moins bien adaptés à leur
but. Plus ils sont compliqués, plus l'adaptation en est difficile. Et il
n'est guère de gestes plus compliqués que les mouvements graphiques.

Ils sont d'autant mieux adaptés qu'ils sont plus rapides et que
l'écriture qu'ils laissent sur le papier est plus lisible et traduit mieux,
par son ordonnance, la pensée qu'elle exprime.

Les exigences de la rapidité et celles de la lisibilité se contredisent.
L'adaptation parfaite est pour l'homme imparfait un rêve irréalisable.

II. Le bordereau présente, à cet égard, des mouvements dignes
d'admiration. Il est difficile de concilier mieux les exigences
contraires (*fig.* 21).

Les mots commencent sans déliés retardateurs (*fig.* 9, page 175) et les lettres en sont remarquablement simplifiées.

Qu'on étudie l' « r » par exemple. Au commencement des mots, ce n'est qu'une moitié d' « u » légèrement recourbé à gauche. Dans le milieu des mots, presque toujours, la tête en est supprimée ou marquée par un simple arrondissement, de manière à ne causer aucun retard; ou bien, comme au mot « manœuvres », l'angle de la tête est le complément nécessaire de la lettre précédente, sans lequel on lirait « u » ou « n ». A la fin des mots, on ne trouve qu'une liaison arrondie précédant un bref trait ascendant, qu'elle joint à l'angle aigu, — le seul angle qui ne retarde pas la plume (*fig.* 21).

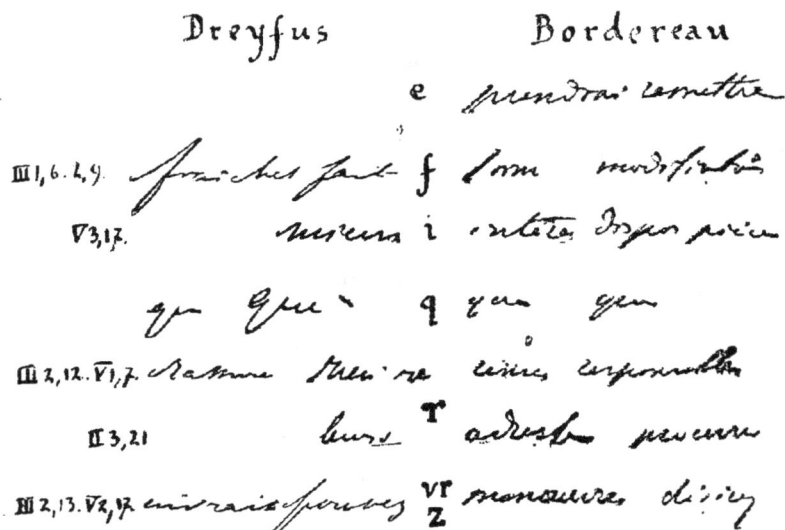

Fig. 21. — Adaptation des formes à la rapidité dans le bordereau, défaut d'adaptation chez Dreyfus.

Les « f » sont réduits à la plus simple expression, il ne leur manque que d'être toujours privés, au commencement des mots, du délié qui précède la hampe, comme au mot « formations ». (*fig.* 21).

Les « g » sont dépourvus de leur panse, qui devient une moitié d' « u » (« guerre, Madagascar », lignes 12 et 18), ou une simple courbure (« renseignements, campagne », lignes 3 et 14). De même les « q », sauf au début des mots où la panse, favorisée par la direction de la queue, est d'un tracé facile (*fig.* 21).

Les « d » se lient aux lettres voisines de la façon la plus commode.

Le « b », dans « nombre » (ligne 19), est aussi bref qu'un « l ».

Le point des « i » est presque toujours lié à la lettre suivante non seulement épargnant une levée de plume préjudiciable à la rapidité, mais encore, nous l'avons vu (page 187), n'exigeant lui-même aucun trait, parce que la liaison n'est que le commencement de la lettre suivante, habilement transformée (*fig.* 21).

Les « z » ne coûtent qu'un trait descendant : l'arrondissement unit, sans perte de temps, la hampe à la lettre antérieure, et le crochet terminal se dirige vers le mot suivant (*fig.* 21).

L' « e » n'est parfois qu'un petit rond, de la grosseur d'un point, tracé à mi-chemin et mi-hauteur d'un délié qui semble unique et que ce point sépare en deux parties. C'est un signe remarquable par sa rapidité et sa clarté, que l'écriture ordinaire ignore et qu'emploient certaines sténographies (*fig.* 21).

Et pourtant l'écriture reste claire et lisible. C'est que les distances entre les lettres sont soigneusement observées et qu'il n'y a jamais fusion de deux lettres en un seul corps, sauf à la fin des mots, dont on peut sans inconvénient mettre l'une sur l'autre certaines lettres insignifiantes. (Voir les finales en « ts, ns, es », aux lignes 3, 8, 11, 17, 22, 25 et 26.) C'est aussi que, si brèves qu'elles soient, les formes ne sont jamais de ces formes trop originales que l'habitude de la rapidité engendre fréquemment et qui déroutent le lecteur étranger. C'est enfin que la main ne se laisse pas aller à toutes ses tendances naturelles : cela frappe surtout dans les « n » et les « m », quand ce sont de vrais « n » et de vrais « m », lisibles en eux-mêmes, c'est-à-dire lorsqu'ils se distinguent des « u » par un arrondissement au sommet. Cette forme déplaît à la main de l'anonyme, comme d'ailleurs à tant de mains ; on le reconnaît à cette diminution de l'ampleur du tracé que j'ai signalée en traitant de l'amplitude et du *gladiolement* (*fig.* 7), ainsi qu'à la disparition de la courbe supérieure quand la vitesse augmente (voir les lignes 24 et 28). Les « s » recourbées sur la gauche, dans le corps des mots, semblent le fruit de ce même désir de lisibilité ; elles contrarient les besoins d'une main *dextrogyre*.

L'accentuation est soigneuse. Pas un point sur l' « i » ne manque, et pas un accent ; j'ai dit que, même, la plume est ordinairement aussitôt levée pour les tracer. Les « j », de même, ont leur point, sauf ceux de deux des quatre « j » des mots « je », dont le point a pu disparaître au clichage. La préposition « à » est toujours pourvue de son accent, même quand l' « a » est majuscule (*fig.* 22).

Le resserrement des lignes 19 à 29 est également un signe d'adaptation. On se rappelle que, d'après mon essai de reconstitution du bordereau original, ces lignes forment une page distincte du manuscrit.

III. Si maintenant, connaissant bien ce qui caractérise l'adaptation des mouvements chez l'anonyme, on se met en face des autographes de Dreyfus, on constate sur chaque point une opposition, ou tout au moins une différence.

La vitesse est considérable, mais en elle-même cette écriture est moins rapide que l'autre. Les rapprochements de la figure 21 aideront à le comprendre.

Au début des mots, les déliés et les crochets font perdre un temps ou deux. Les « r » à tête anguleuse et les « z » sont deux fois plus longs à tracer que ceux de l'anonyme. La main retourne toujours à la hampe de l' « f », après l'avoir tracée. L'ampleur excessive des boucles des « j » et des « g » nuit à la rapidité. La plupart des « d » médiaux ont la forme typographique. Les « i » sont rarement liés à la lettre suivante et, quand ils le sont, ce n'est pas à l'aide d'une formation nouvelle, c'est simplement que la plume traîne sur le pa-

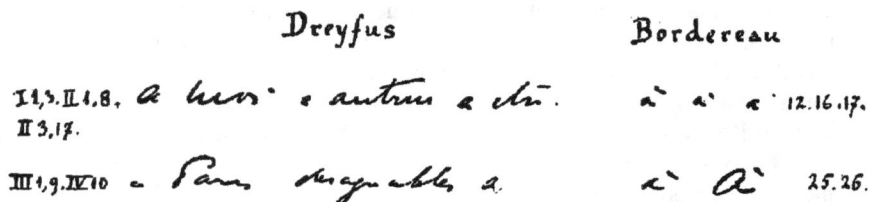

Fig. 22. — Accentuation de la préposition « à ».

pier au lieu de se lever (*fig.* 21). La seule supériorité de Dreyfus est dans ses finales en « e », formées d'un unique trait descendant (*fig.* 8, page 175).

Chose curieuse, bien que la rapidité soit moindre, la lisibilité l'est aussi. La diminution progressive dans la grandeur des minuscules amène souvent un resserrement nuisible à la clarté, les « m » et les « n » n'ont jamais la forme classique, les « r » finaux surprennent par leur originalité, les « o » directement liés à leur suite perdent, dans ce graphique anguleux, la suffisante clarté qu'ils conservent dans une écriture arrondie comme celle de l'anonyme; on voit des « ou » et des « on » qui sont des « m » (quatre exemples aux lignes 9 et 10 de la pièce V, page 2; voir *fig.* 17, page 182, à la lettre « o »). Enfin, la sinuosité des lignes et la constante inégalité qui la produit gênent la course de l'œil et nuisent à la clarté.

L'accentuation est très négligée. Dans les six premières pièces de comparaison, la préposition « à » est toujours dépourvue d'accent (*fig.* 22); ce n'est qu'en 1897 qu'on la trouve accentuée quelquefois (pièces VII et VIII). Les « é », les « è », les « ê » ne sont guère plus favorisés et les points manquent toujours aux « j », souvent aux « i ».

Les pièces de comparaison n'offrent pas un seul exemple du brusque rapprochement des lignes constaté dans le bordereau. Les occasions pourtant ne manquent pas.

D'autre part, Dreyfus marque nettement les alinéas par un retrait de la ligne. L'anonyme ne les marque pas.

IV. Dissemblance complète, donc, ici comme ailleurs. Comme celle de l'amplitude, de la direction, de l'intensité, de la continuité, l'étude de l'adaptation des mouvements suffirait, à elle seule, à prouver que le bordereau n'est pas l'œuvre de Dreyfus.

F. — Liberté des mouvements.

I. Le mouvement est libre quand il s'effectue sans contrainte et nombreuses sont les contraintes de l'écriture.

Le plan selon lequel la main doit se mouvoir est déterminé par le papier. Les formes sont imposées, il faut les respecter pour que l'écriture conserve son utilité, en ne devenant pas indéchiffrable aux autres hommes. Les mouvements laissent sur le papier une trace et la main ne peut repasser par où elle a passé déjà. Les instruments graphiques sont parfois mauvais.

A ces contraintes naturelles, l'écrivain en ajoute quelquefois d'autres. Celui-ci veut qu'on admire sa *belle main*. Un autre a le goût des formes artistiques; il les choisit avec amour et se les impose. Un troisième contrefait autrui.

Les formes de l'écriture ont été inventées et perfectionnées par des hommes, conformément à leurs aptitudes motrices d'hommes. Rien de surprenant que pour la plupart, à un certain âge, nous arrivions à nous mouvoir selon ces formes avec autant d'aisance que si personne ne nous les avait imposées et que nous ne les eussions point apprises. La diversité des tracés que l'usage autorise facilite notre travail d'assimilation et l'habitude graphique devient une seconde nature. Nous écrivons comme nous marchons. Du plus au moins, cependant : l'œil exercé distingue bien des degrés dans l'aisance.

II. Dreyfus, qui est un fort, a triomphé de toutes les contraintes. Son écriture est remarquablement aisée, elle est libre et naturelle, absolument. Rien n'y décèle la gêne, la maladresse ou l'effort. Sa petitesse ne vient pas d'une gêne, preuve en soient ces élans hardis dont la main semble chercher les occasions. La vivacité du tracé, sa netteté jusqu'à ses extrêmes limites, montrent l'absence de l'effort. De maladresse, il n'y en a jamais ; les mouvements les plus inattendus semblent toujours, comme par un heureux hasard, ceux qui conviennent le mieux à l'écrivain ; il semble s'y livrer plutôt que les vouloir.

III. On n'en saurait dire autant du bordereau. L'impression qu'il produit est complexe.

Il est manifestement écrit en deux fois, peut-être même en trois.

La première partie, à peu près la moitié du document, s'étend jusqu'à la fin de la ligne 14, qui termine l'énumération des pièces de l'envoi. L'écriture y forme un tout à peu près homogène par ses dimensions et son inclinaison, et par la régularité de sa tenue.

Toute cette première partie du document sent l'application. Elle est écrite avec une lenteur relative, une fermeté relative aussi, qui disparaîtra complètement dans la vitesse de la fin du bordereau. Certains tracés sont si fins, si précis qu'on dirait un dessin, ou l'œuvre d'un homme uniquement préoccupé de bien écrire. Le mignon « ts » d'intéressant, ligne 3, les lettres « rez » du mot « désirez », ligne 2, aux courbes harmonieuses et pleines de grâce, l' « n » de « frein », ligne 4, plus gracieux encore dans son union avec l' « i », l' « r » de « sur », ligne 10, les lettres « ns de », ligne 11, l'M de « Madagascar », ligne 12, les deux premiers « de » de la ligne 13, sont de la calligraphie, bien que les formes ne soient pas celles que les maîtres calligraphes enseignent, mais les formes habituelles à l'écrivain. L'écriture semble une tâche et, si la tâche est accomplie sans effort apparent, à coup sûr c'est une aisance tout autre que celle de Dreyfus. Ce n'est ni du naturel, ni de la liberté.

La seconde partie du bordereau commence à l'explication sur le manuel de tir et débute par les mots : « Ce dernier document », dont l'écriture, jusqu'à l' « u », est deux fois plus grande que celle des lignes précédentes. Elle comprend les lignes 15 à 29 et l'impression qu'elle produit est tout autre.

Sauf en quelques mots épars des premières lignes : « Ce dernier... difficile à... et... l'avoir à... », on ne sent plus l'application et l'attention d'une volonté maîtresse d'elle-même et d'un organisme qui se possède. A la fin des lignes 17 et 18, avec leurs mots grossissants aux finales massuées, c'est un déploiement soudain d'énergie inutile et inexplicable. Deux lignes plus loin, dans le mot « responsables », dont la fin est informe, la main semble en proie à des contractions nerveuses qui la rendent incapable d'un mouvement réglé et telles qu'il s'en empare d'une main surmenée. Pourtant, une minute à peine auparavant, l'écrivain traçait encore, avec la même aisance habile

7

qu'au début de la lettre, les mots que je viens d'énumérer. Après « responsables », peu à peu l'écriture se relâche ; aux lignes 26, 27 et 28, toute tenue a disparu, c'est une débandade de forces vaincues.

En vérité, cela est étrange. L'anonyme est un homme cultivé et ayant une grande habitude d'écrire, les formes simples et rapides de son graphisme, souvent si ingénieusement adapté, en sont le témoignage irrécusable. Comment se fait-il qu'un homme cultivé, qui a une grande habitude d'écrire, reste si loin de ce naturel et de cette liberté des mouvements qu'atteignent plus ou moins tous les familiers de la plume ?

Ce point d'interrogation en suggère un autre ; c'est une question que vous ne m'avez pas posée en me demandant mon avis d'expert, mais, que je le veuille ou non, elle s'impose à moi : « Le bordereau est-il l'œuvre d'un faussaire ? » Tout s'expliquerait alors : l'application, les échappements brusques, les contractions nerveuses, les incertitudes dans la dimension.

A priori, deux faux tout différents sont ici possibles : ou bien le faussaire est Dreyfus lui-même, dissimulant son écriture, ou c'est un autre individu. Dans le premier cas, il y a unité, dans le second dualité d'écrivains.

II. — HYPOTHÈSE D'UNE DISSIMULATION PAR DREYFUS DE SON ÉCRITURE HABITUELLE.

I. Ce n'est qu'a priori que cette hypothèse est possible. Je n'aurais jamais songé à émettre la supposition que les écritures comparées émanent de la même personne et qu'ainsi Dreyfus, auteur certain des pièces de comparaison, est l'anonyme qui se cache dans le bordereau, si je ne savais que cet écrit lui a été attribué par la justice, qui, pour tenir encore le glaive et la balance, n'a plus, dit-on, les yeux bandés.

En effet, Monsieur, si vous avez eu la patience de suivre par le menu mon long exposé, si vous avez peut-être eu l'idée de compter les innombrables différences que j'ai signalées entre les deux écritures, vous comprendrez que cette hypothèse est absurde. Rien, absolument rien n'y pousse, dans l'étude approfondie à laquelle je me suis livré. Examinons-la cependant, comme si elle était vraisemblable.

II. Il est des moyens instinctifs de dissimulation. L'homme qui ne veut pas qu'on le reconnaisse change d'habit, rase sa barbe ou la laisse pousser, et met des lunettes noires.

Pour l'écriture, les moyens instinctifs sont tout aussi simples et leur succès est fréquent. C'est surtout le changement de la pente de l'écriture : son redressement, son renversement même. C'est aussi le changement de la grosseur de l'écriture : son grossissement si elle est petite, sa diminution si elle est grosse, l'un ou l'autre si elle est moyenne, et de préférence, en ce dernier cas, son grossissement, qui est plus facile et qui aide à la lenteur. Le profane, ignorant les analyses subtiles de la science, s'y laisse tromper.

Au surplus, l'emploi de ces moyens n'exclut pas le recours à d'autres, plus perfectionnés. Au contraire, ils peuvent faciliter la tâche du faussaire. Le redressement, en particulier, donne du calme à la main et permet de la maîtriser mieux.

Ici, que voyons-nous? Ce qui est ressemblant dans les deux écritures, c'est justement la grosseur et la pente! Dreyfus aurait intentionnellement renoncé à ces moyens faciles. Ils avaient pourtant leur utilité ; quand on cherche l'auteur d'une lettre anonyme, dans une administration où l'on dispose d'autographes par centaines, ce sont les ressemblances frappantes qui, attirant l'attention, empêchent de passer d'une pièce à la suivante. Ce désintéressement d'un faussaire est invraisemblable.

Il est un autre moyen, pour ne pas être reconnu, — le meilleur, aurait dit M. de La Palice, — c'est de ne pas se montrer. C'est difficile quand il faut agir, ce n'est pas impossible. Au lieu de montrer sa démarche, on peut sauter à cloche-pied. Au lieu d'écrire, on peut dessiner : dessiner vraiment, à la manière des architectes sur leurs plans, ou tracer les lettres à la règle, ou calligraphier lentement, selon de bons principes et dans les formes banales de l'école, ou suivre en les calquant les traits d'une autre écriture.

Rien de semblable ici. Pour calquer une lettre comme le bordereau, il faudrait commencer par la dicter à quelqu'un d'autre, et alors, pourquoi la récrire en la calquant, au lieu d'user de l'original? Le bordereau n'est pas non plus de la calligraphie banale, c'est une écriture courante et personnelle.

On peut aussi écrire à la machine, ou rassembler des mots et des lettres découpés dans un journal ou dans un dictionnaire.

Autre procédé, qui viendra naturellement à l'esprit, pourvu qu'on ait une teinture de graphologie : imprimer à la main un mouvement uniforme et régulier, en adoptant un système d'écriture : écrire tout rond, ou tout anguleux, par exemple.

Rien encore d'analogue ici.

A défaut de tous ces moyens, que fait l'homme qui veut se cacher? Il récolte par-ci par-là, il invente au besoin quelques tracés bien différents des siens, auxquels il s'exerce et qu'il glisse dans son écriture.

Mais alors, changeât-il même en outre la pente et la grosseur de ses lettres, il reste de son écriture habituelle tout ce qu'il n'en a pas changé. Il reste au moins *quelque chose*. Ici, il n'y a rien, j'entends rien qui soit significatif, car il est clair qu'un « u » est toujours un « u ». Que trouve-t-on de ressemblant? La dimension du corps des minuscules et la pente de l'écriture, facteurs insignifiants, on le sait; la liaison directe de l' « o » à l' « n » et l'abaissement de l' « s » finale rapetissée, abréviations communes à la plupart des écritures rapides; quelques formes, enfin, qu'en toute sincérité je n'ai pas pu trouver l'occasion de signaler, quoique je les eusse remarquées, parce qu'elles sont dépourvues de tout caractère et qu'une classification scientifique des mouvements de la main élimine naturellement les faits négatifs : la forme d'un S et d'un C majuscules, qui n'ont de remarquable que leur banalité (lignes 4 et 15 du bordereau et pièces VII et VIII) et la forme d' « x » qui sont ceux que tout le monde apprend à l'école (« extrèmement » et « fixe », lignes 15 et 19 du bordereau, rapprochés de « fixe », pièce II, page ·, ligne 1). Et voilà tout. Encore une fois, ce n'est rien.

Ce n'est donc pas non plus à cette feinte que Dreyfus aurait recouru.

III. Il aurait recouru au plus extraordinaire des moyens, à un procédé inouï dans les annales du faux : bien qu'il ne cherchât point à faire retomber les soupçons sur un autre, il se serait composé de toutes pièces une écriture différente de la sienne et il se serait si bien assimilé cette écriture, que personne ne connaît pourtant, qu'il pourrait s'en servir couramment sans qu'aucun trait lui échappe qui trahisse son écriture ordinaire, celle que chacun connaît; bien plus! cette seconde écriture serait d'autant plus différente de son écriture connue qu'il l'écrit plus vite, la difficulté serait d'autant mieux vaincue qu'elle est plus grande : car on a vu que les lignes 23 à 29 du bordereau, les plus rapides, sont aussi les plus différentes des autographes de Dreyfus, par l'arrondissement excessif de leurs lettres, par la faiblesse et la mollesse de leur tracé, par l'espacement des jambages, qui viennent s'ajouter à la diversité des formes.

A ce compte, la justice pourrait attribuer le bordereau, dans sa matérialité, à l'un quelconque des quarante millions de Français. De celui-là même qui n'écrit jamais, on est bien plus en droit de supposer qu'il dissimule une écriture ignorée; fût-il charron ou charpentier, il a suivi l'école, il sait écrire. Il est des millions de Français, même, qu'on pourrait accuser plus vraisemblablement que Dreyfus de posséder en secret l'écriture du bordereau, puisque, encore une fois, ce qu'un faussaire cache le plus volontiers, c'est ce qui attire l'attention : la pente et la grosseur de l'écriture, semblables dans la plus grande partie du bordereau et chez Dreyfus.

La supposition que Dreyfus s'est composé une seconde écriture, est donc une pure absurdité.

Prenons pourtant l'hypothèse au sérieux. Examinons-la.

Il faudrait que Dreyfus, non seulement eût appris la graphologie dans ses loisirs, mais fût un graphologue habile, un spécialiste en écritures. Quelque intelligent qu'on soit, eût-on même appris la graphologie, il est des choses qu'on n'aperçoit pas. Peut-être verra-t-on qu'on a la tendance de tracer les « r » finaux en remontant (*fig.* 10, page 175), qu'on fait grande la première de deux « s » qui se suivent (*fig.* 19, page 185, aux mots « intéressante, assez »), qu'on a des « x » pointus, des mots en pointe (*fig.* 3, page 169), qu'on met de grandes boucles aux « j » et aux « g » (*fig.* 2, page 168), qu'on oublie les points sur les « i » et l'accent sur la préposition « à » (*fig.* 22, page 191). Mais on ne verra pas qu'en certains cas on a des « a » qui, même microscopiques, tournent régulièrement à gauche (*fig.* 12, page 177), des « q » qui ne reposent pas sur la ligne (*fig.* 5, page 171), des « r » formant à leur base un angle obtus (*fig.* 10 et 17), etc., etc. On ne songera pas à modifier des choses tout à fait insignifiantes, qu'on sait n'avoir jamais trahi personne, comme de banals points sur les « i », pour adopter une forme exceptionnelle, le point de l' « i » uni à la lettre suivante ; on inventera peut-être quelque forme bizarre, on sera incapable d'inventer ces formations ingénieuses que j'ai montrées dans le bordereau, fruit d'une longue habitude et non d'une recherche consciente, et qui sont curieuses sans être choquantes ni bizarres (*fig.* 21, page 189).

On peut supposer un procédé plus simple que l'invention d'une écriture : que Dreyfus a pris pour modèle l'écriture d'autrui. Mais, même alors, eût-il été capable d'analyser ce graphisme étranger jusqu'en ses finesses ? eût-il remarqué que les « q » sont à la hauteur de la ligne (*fig.* 5, page 171) ? que la plume se lève après le « t » (*fig.* 19, page 185) ? que l' « e » n'est souvent qu'un point entre deux déliés et que les « r » médiaux sont des moitiés d' « u », moins inclinés que le reste de l'écriture (*fig.* 21, page 189) ?

IV. Passons outre, une fois encore. Reste l'exécution : il faut écrire de cette écriture inventée, empruntée. Ce n'est pas de copier avec lenteur quelques lignes écrites par un autre qu'il s'agit, il faut écrire de soi-même un texte nouveau. Et ici, tous les hommes de science, tous les hommes sensés même qui ont observé les écritures et réfléchi, à ce que c'est qu'écrire, diront sans hésiter : cela est impossible.

Ecrire n'est pas suivre une route tracée en passant à droite ou à gauche, selon son plaisir, c'est mettre en action et laisser agir ses nerfs et ses muscles. Or, dans chaque individu, le système musculaire et nerveux a son individualité et tout ce qui est agit selon sa nature. C'est pour cela que nous avons tous une écriture différente, ayant tous appris la même.

Aussi, il est hors de notre pouvoir d'écrire vite, lâchant ainsi la bride à nos nerfs et à nos muscles, sans qu'ils trahissent leur individualité, quelque effort que nous fassions pour les diriger ; qu'on songe qu'en une seconde la plume trace aisément dix à douze traits et que chacun de ces traits, souvent même chacune des parties de ces traits a son individualité. Surveiller le moindre détail est au-dessus des forces humaines. Cela est surtout vrai quand on possède, comme Dreyfus, une écriture marquée d'un cachet très personnel.

Bien plus, il est hors de notre pouvoir d'écrire vite en changeant certains caractères fondamentaux de notre graphisme, son intensité, par exemple : de faire des traits mous et flous, si nos mouvements sont naturellement fermes et nos traits nets, d'arrondir nos angles ou de rendre anguleuses nos lignes courbes. Nous pouvons le faire en écrivant lentement et en produisant une écriture uniforme qui frappera le graphologue par son insincérité, tandis que, dans sa deuxième partie, le bordereau est écrit très vite et que l'écriture y a toute la variété et toute la richesse de détails d'une écriture bien personnelle.

Comment donc Dreyfus aurait-il pu ne pas céder à sa propension à l'amplification, puis à la réduction progressive des mouvements graphiques ? Comment aurait-il pu se donner la mollesse des lignes 21 et suivantes de la lettre anonyme ? Comment aurait-il pu faire que l'écoulement de sa force nerveuse ne soit pas vif et saccadé ? Comment aurait-il pu éviter ces continuelles excitations qui lancent sa main dans la hauteur ? Et comment, enfin, pourrait-il se faire que les analogies avec l'écriture naturelle de l'écrivain, qui existent au commencement du bordereau, allassent *s'atténuant avec l'accroissement de vitesse*, jusqu'à disparaître presque absolument, comme disparaissent aux lignes 22 à 29 du bordereau les analogies avec l'écriture de Dreyfus ?

D'ailleurs, l'hypothèse d'un faux de Dreyfus n'expliquerait pas tout ce que le bordereau a de louche, et notamment ces grossissements subits, au milieu de l'écriture petite (lignes 3, 4, 15, 17, 18), — puisque lui-même a l'écriture petite, — et la plus grande liberté des mouvements aux dernières lignes, quand l'écriture devient plus grosse.

Conclusion : l'hypothèse que Dreyfus a écrit le bordereau, en y dissimulant son écriture habituelle, est une pure absurdité.

On pourrait aussi bien, l'enquête judiciaire ne réussissant pas, je suppose, — je suppose! — à établir que Dreyfus a jamais eu connaissance du manuel de tir dont parle le bordereau, l'accuser, sans aucun indice, d'en avoir été prendre connaissance dans la planète Mars, auprès de quelque savant indigène qui l'aurait lu à distance, par quelque procédé merveilleux qu'ignorent encore les Terriens arriérés.

III. — LE BORDEREAU EST-IL L'ŒUVRE D'UN FAUSSAIRE?

I. On l'a vu (page 194), cette question s'impose à l'expert : le bordereau est suspect par le défaut de liberté des mouvements graphiques, et puisqu'il n'est pas de Dreyfus, il faut chercher s'il n'est pas sorti de la plume d'un faussaire autre que lui.

II. L'absence de liberté des mouvements n'est pas la seule chose qui frappe dans le bordereau. On ne peut lui dénier une ressemblance grossière avec les autographes de Dreyfus. Or, cette ressemblance apparaît plus ou moins selon les endroits, et pas partout.

Elle est nulle aux lignes 26 et 27, les plus rapidement jetées sur le papier, elle n'est qu'éparse aux lignes précédentes, moins rapides, elle est presque constante aux quatorze premières lignes, les plus lentement tracées et qui sentent l'application, je l'ai dit, qui sont même par moments calligraphiées. Dans cette première partie du document, l'analogie de pente et de grosseur est plus sensible et, surtout, c'est là seulement que l'écriture se rapproche de celle de Dreyfus par sa fermeté et sa relative angulosité, qui fera place plus loin à un franc arrondissement.

Comment se fait-il que l'écriture du bordereau ne ressemble pas à celle de Dreyfus quand elle est vraiment courante et qu'elle lui ressemble quand l'anonyme s'applique, alors que l'écriture de Dreyfus n'est nullement une écriture appliquée? Je n'ai pas besoin d'écrire la réponse.

III. Toutes les obscurités disparaissent si l'on admet l'hypothèse du faux et que le faussaire a tenté d'imiter le graphisme de Dreyfus, en s'y prenant comme tout autre ignorant s'y serait pris : en imitant l'allure générale de cette écriture étrangère, sans étudier le-

détail de ses formes, ce qui ne peut donner qu'une imitation grossière.

L'histoire du bordereau est alors facile à faire.

Dans une première séance, le faussaire écrit posément, avec
application, et il ne réussit pas trop mal. Quelques grosses lettres
lui échappent, en particulier l' « an » de « Sans » (ligne 1), l' « i »
d' « intéressants », très choquant (ligne 3), les « u » d' « une » et
les deux premières lettres de « note » (ligne 4), mais ces élans sont
aussitôt réprimés. Bientôt, pourtant, instinctivement, n'ayant pas
coutume d'écrire avec lenteur, il accélère son allure. Mais il parvient à se contenir et, à part l'angle vif inattendu de la finale du
mot « manuel », produit par une contraction nerveuse, et le mot
« de » suivant, qui ressemble, par sa rondeur et son aplatissement,
au « ne » de la ligne 26, il arrive au terme sans encombre. Les
derniers mots : « 14 mars 1894, » sont très lents. On se rappelle que
la chute et les irrégularités des mots « artillerie, relative, manuel,
campagne » aux lignes 11 à 14, viennent de la déchirure du bordereau et que si, dans la pièce originale, il y a là quelque chose
d'anormal, il est impossible d'en juger dans nos fac-simile.

Dans une seconde séance, le faussaire continue. Son début est
malheureux : les treize premières lettres sont beaucoup trop grosses
(ligne 15). Est-ce qu'il maîtrise moins facilement sa main que précédemment? est-ce qu'il s'oublie un instant? Quoi qu'il en soit, dès
l' « m » de « document », l'amplitude du tracé diminue. L'écrivain
est aidé dans ce rapetissement par les « m » et les « n », qui s'accu-
mulent à cette fin de ligne ; il les arrondit à la partie supérieure,
forme incommode, propice à la réduction du tracé. Mais, décidément, il est moins bien disposé, il n'a pas le calme de son premier
essai : dès la troisième ligne, aux mots « disposition » et « très »
(ligne 17), sa main se hâte malgré lui. Dans l'effort qu'il fait pour
la contenir, l'énergie nerveuse s'accumule et elle éclate soudain dans
le grossissement et la massue finale du mot « peu ». Il s'arrête un
instant. A la ligne 18, les deux premiers mots sont calmes et lents;
l'incommode liaison de l' « r » et de l' « s », qui s'était déjà pré-
sentée au mot « mars » (ligne 14), serait modifiée dans la rapidité.
Mais le même entraînement se produit : après la contention des
mots « ministère de la », plus petits, le gros mot « guerre » jaillit.
A la ligne 19, la volonté recommence à lutter, mais les nerfs sont
les plus forts : la main, prise de contractions, griffonne les mots
« dans » et « responsables ». Ecrire lentement, posément, devient
impossible, la rapidité augmente, les grosses lettres se multiplient :
l' « u » de « un » et l' « n » de « nombre (ligne 19), la finale de
« détenteur » et le « d » de « doit », les mots « manœuvres » et

« remettre » tout entier (lignes 21 et 22). Ce sont surtout les « u » et les lettres naturellement courbes à leur base qui sont l'occasion de grossissements, parce que la facilité de leur tracé favorise leur ampleur. En même temps qu'à sa grandeur ordinaire, l'écriture retourne à son arrondissement normal. Tout calme a disparu, l'agitation s'accroît. Aux dernières lignes, c'est la débandade. Le faussaire s'arrête à la ligne 29, sans aucune envie d'en dire davantage.

Une troisième fois, il reprend la plume. Les mots « Je vais » ressemblent tout à fait aux premières lignes du bordereau et aucun mot ne ressemble davantage à l'écriture de Dreyfus. Mais le mot « manœuvres » est énorme.

IV. C'est peut-être aussi dans le faux que gît l'explication de quelques formations du bordereau. Les traits massués peuvent n'être que le produit d'une accumulation de force dans la main qui se contient. L'aplatissement de certains tracés peut de même avoir pour cause la contrainte que la main s'impose et qui, l'empêchant de se laisser aller, réduit les grands mouvements de la plume. Qu'on voie surtout les « d » des mots « dont, document, dans » et « doit », lignes 5, 15, 19 et 21. Il se peut aussi que les « m » et les « n » ordinaires de l'écrivain soient souvent arrondis à leur base. Mais, au total, les modifications qu'a subies l'écriture naturelle de l'anonyme à la fin du bordereau ont si peu d'importance réelle qu'en présence d'un des autographes sincères de l'écrivain, on le reconnaîtrait sans peine au premier coup d'œil.

V. Une autre supposition que l'imitation de l'écriture de Dreyfus semble possible : que l'anonyme a simplement cherché à dissimuler sa propre écriture, sans imiter celle d'autrui. N'avons-nous pas vu que le changement de la grosseur des lettres est un moyen instinctif de dissimulation ?

C'est très invraisemblable ici. Hasard trop curieux, vraiment, qu'en voulant uniquement dissimuler son écriture, on se trouve imiter celle d'autrui, et celle précisément d'un collègue, puisque l'anonyme serait un traître et, d'après le contenu du bordereau, un officier. Puis, le changement de grosseur n'est pas le seul que le faussaire ait fait subir à son écriture; il a resserré ses jambages, augmenté l'angulosité de ses lettres, et c'est la modification qu'on fait le moins instinctivement subir à son écriture, surtout quand on en diminue déjà l'amplitude, ce qui rend l'angulosité plus difficile, en même temps que la lenteur. Le rapetissement lui-même n'est pas toujours ce qu'il y a de plus facile et, par conséquent, d'instinctif : quand l'écriture est de taille moyenne, il est infiniment plus aisé de la grossir, et l'examen du bordereau, avec ses grossissements imprévus, montre que la diminution de l'amplitude répugnait à l'écrivain. Comment donc aurait-il choisi un procédé dont sa main ne s'accommodait pas? Comment, aussi, n'a-t-il pas recouru au moyen de dissimuler qui, sans conteste, est le plus instinctif : le redressement de l'écriture, qui est instinctif aux écrivains anonymes pour une double raison, parce qu'il aide à la contention des mouvements et parce que son correspondant psychologique est le désir de ne pas livrer?

Un traître véritable, prenant le parti de dissimuler son écriture, en aurait adopté une dont sa main s'accommodât, et la main de notre anonyme ne s'accommode pas d'un graphisme du genre de celui de Dreyfus. Le bordereau ne présenterait ni contractions, ni choquantes irrégularités d'amplitude. Cet argument est pour moi sans réplique.

CONCLUSION

Il ne peut être question d'attribuer le bordereau à Dreyfus. La ressemblance entre ses autographes et le document anonyme est superficielle, elle ne résiste pas à cinq minutes d'examen : tout ce qui est significatif diffère, dans les deux écritures.

Quant à supposer que Dreyfus a, dans le bordereau, dissimulé son écriture, c'est une supposition commode; elle a l'avantage d'éveiller le doute dans l'esprit de ceux-là même qui croient s'y connaître en écritures. En apparence, elle jette dans l'inconnu. Mais pour qui a étudié à fond le graphisme de Dreyfus, elle ne tient pas un instant debout, quelque bonne volonté qu'on mette à la retourner sous toutes ses faces.

Pris en lui-même, le bordereau est suspect. Si l'on en fait une lettre ordinaire, il y a en lui de l'inexplicable. Supposer qu'un vrai coupable a dissimulé son écriture, sans autre but que se cacher, est insuffisant. Tout s'éclaire, toutes les difficultés s'évanouissent, au contraire, si l'on admet que le faussaire a voulu imiter l'écriture de Dreyfus : le manque d'homogénéité du bordereau, les lettres grosses et les mots grands parsemant l'écriture petite, le caractère différent de l'écriture quand elle est lente et quand elle est rapide, et surtout le fait que, lorsqu'elle ressemble à celle de Dreyfus, l'application y est manifeste, enfin les contractions nerveuses.

Je conclus donc :

1° Dreyfus n'a pas écrit le bordereau.

2° Le bordereau est l'œuvre d'un faussaire, imitateur grossier de l'écriture de Dreyfus.

PAUL MORIAUD.

RAPPORT D'EXPERTISES

De M. De Marneffe (de Bruxelles)

Le journal *le Matin* a publié, en date du 10 novembre 1896, le fac-simile d'un écrit anonyme commençant par ces mots : « Sans nouvelles, etc. (1) » On a bien voulu me demander d'examiner cet écrit, et de dire si, à mon avis, la comparaison graphique permet de l'attribuer au capitaine Dreyfus.

Comme pièces à comparer on m'a remis les écrits suivants de cet officier :

A) Une lettre, en fac-simile, écrite en 1890, mais sans indication de lieu ou de date (2).

B) Une lettre, en original, commençant par : « Mon cher Paul, » écrite en 1891, également sans indication de lieu ou de date (3).

C) Une lettre, en original, écrite pendant sa détention préven-tive, en 1894, et adressée à Mme Dreyfus (4).

D) Une lettre, en fac-simile, écrite à Saint-Martin-de-Ré, le 21 janvier 1895 (5).

E) Enfin, une lettre, en original, écrite aux îles du Salut, le 27 mai 1895, et portant l'estampille et le paraphe du commandant supérieur de ces îles (6).

L'examen de ces divers écrits, et leur comparaison entre eux, m'ont donné la conviction qu'ils n'émanent pas d'une seule et même main. Cette conviction repose sur les constatations suivantes :

1° Il existe dans l'écrit anonyme diverses particularités, nettement caractérisées, très constantes, et qui résultent visiblement de mou-

(1) Voir page hors texte.
(2) Voir page 288.
(3) Voir page 294.
(4) Voir page 297.
(5) Voir page 282.
(6) Voir page 300.

vements de plume naturels, instinctifs, et, pour ainsi dire, inconscients. Ces particularités ne se retrouvent pas dans les lettres du
capitaine Dreyfus;

2° On aperçoit, au contraire, dans ces lettres d'autres habitudes,
également caractéristiques et constantes, qui, elles non plus, ne se
remarquent pas dans l'écrit anonyme.

Je vais relever ces diverses particularités, d'abord celles de l'écrit
anonyme, puis celles des pièces de comparaison, que je désignerai
par les lettres dont elles sont marquées dans la nomenclature qui en
est faite ci-dessus. Je ferai, en même temps, ressortir, pour chacune
de ces particularités, les dissemblances qui y correspondent d'autre
part.

ÉCRIT ANONYME

Observons d'abord dans cet écrit l' « a » minuscule.

Il y est fait de façon que l'ove, qui est poché, apparaisse
comme un petit trait penché vers la droite.

Dans les comparaisons cette lettre a un tout autre aspect; c'est
un « u » dont le premier jambage a le sommet plus ou moins recourbé
vers le centre du caractère.

Le petit tableau qui suit, fera ressortir la différence d'une façon
saisissante :

Examinons ensuite le pronom « je », avec « j » minuscule.

Il se trouve quatre fois dans l'écrit anonyme (lignes 2, 16, 25 et
27), et présente constamment les mêmes particularités :

1° Les deux lettres dont il se compose sont séparées par un
intervalle;

2° Le « j » minuscule est un simple trait droit, sans boucle;

3° La partie supérieure de cette lettre ne dépasse jamais d'une
façon sensible le sommet de l' « e ».

Ce mot qui se trouve dans les comparaisons une multitude de fois, y revêt une forme, invariablement la même, qui diffère en tous points de celle qu'il a dans l'écrit anonyme;

1º Le « j » et l'« e » sont toujours reliés ensemble et donnent l'aspect de la lettre « p » minuscule ;

2º Le « j » se termine toujours en bas par une boucle. Il est vrai que le capitaine Dreyfus se contente parfois aussi d'un simple trait droit pour former cette lettre, mais il ne fait ainsi que le « j » avec apostrophe, c'est-à-dire libre de toute attache avec une autre lettre;

3º Enfin, le sommet du « j » s'élève toujours beaucoup plus haut que celui de l'« e ».

Remarquons, à propos du « j » minuscule, que l'écrivain de la pièce anonyme a l'habitude de piquer un point sur cette lettre. Cela se voit notamment dans les mots « je » (seizième ligne), « jours » (dix huitième ligne), « je » (vingt-cinquième ligne), « je » (vingt-septième ligne), ainsi que dans le mot « projet » (treizième ligne), où le point du « j » est relié à l' « e » par un trait.

Dans les pièces de comparaison, on ne voit pas la moindre trace de cette habitude. J'insiste sur cette différence, elle est d'autant plus significative qu'elle consiste dans un fait de nature à ne pas frapper beaucoup l'attention et à passer facilement inaperçu.

Il est à remarquer que dans l'écrit anonyme l' « i » a très souvent, dans le corps des mots, le point rattaché à la lettre suivante par un trait.

Ce fait s'observe dans les mots suivants, et dans quelques-uns d'entre eux même plusieurs fois : « frein » (quatrième ligne), « pièce » (sixième ligne), « modification » (huitième ligne), « modification » (dixième ligne), « artillerie » (quatorzième ligne), « difficile » (seizième ligne), « disposition » (dix-septième ligne), « ministère » (dix-huitième ligne), « officier » (vingt-unième ligne), « disposition » (vingt-cinquième ligne), « moins » (vingt-sixième ligne), « in extenso » (vingt-huitième ligne).

Le même fait se produit aussi, comme je l'ai fait observer, dans le mot « projet » (treizième ligne), avec le « j ».

Les exemples qui viennent d'être cités sont trop nombreux pour que l'on puisse y voir des accidents ; on se trouve bien certainement ici en présence d'une habitude.

Les écrits du capitaine Dreyfus montrent aussi quelques points reliés à la lettre suivante, mais les exemples en sont fort rares. Ils ne sont pas l'effet d'une habitude semblable à celle qui se manifeste dans l'écrit anonyme, et il n'est pas admissible que l'idée de rendre une habitude plus fréquente, dans le but de déguiser son écriture, soit jamais venue à l'esprit de personne.

D'ailleurs, la façon dont la liaison est faite n'est pas la même ; sous la plume du capitaine Dreyfus, elle prend un caractère sinueux qu'elle n'a jamais dans l'écrit anonyme.

Le rapprochement de l'écrit anonyme avec les comparaisons montre aussi des façons différentes de faire la lettre « q ».

L'ove, presque toujours ouvert d'une part, possède constamment, d'autre part, à la partie supérieure, un crochet rentrant, très nettement accusé.

La queue assez courte dans l'écrit anonyme, est proportionnellement plus longue dans les comparaisons.

Comparaison B   *[manuscrit]*

Écrit. anonyme   *[manuscrit]*

Il y a, dans l'écrit anonyme, cinq exemples d'un « s » redoublé ; voyez les mots « adresse » (deuxième ligne), « intéressants » (troisième ligne), « intéresse » (vingt-quatrième ligne), « fasse » (vingt-septième ligne), « adresse » (vingt-huitième ligne). Ce groupe y est constamment formé de la même manière, c'est-à-dire au moyen d'un petit « s » suivi d'un « s » allemand.

Dans les écrits du capitaine Dreyfus, ce groupe consiste le plus souvent dans un petit « s » redoublé.

Parfois, cependant, il est aussi fait au moyen des deux types mentionnés plus haut ; mais ils sont disposés alors en sens inverse : l' « s » allemand précède, et le petit « s » suit.

Écrit. anonyme   *[manuscrit]*

Comp. A. B et C.   *[manuscrit]*

Remarquons aussi la manière dont l' « s » allemand est rattaché à la lettre qui suit, dans l'écrit anonyme. La liaison, quand elle existe, y forme avec cet « s » une sorte de « b » allongé.

Dans les comparaisons A, B et C, elle produit une boucle ou un angle aigu, ou bien encore elle se confond avec le bas de la lettre.

COMPARAISONS

Je relèverai à présent les particularités propres à l'écriture du capitaine Dreyfus.

Observons d'abord la préposition « à ».

Elle se trouve en tout vingt fois dans les comparaisons; six fois dans A, six fois dans B, deux fois dans C, cinq fois dans D, et une fois dans E.

Sauf une fois, l'accent qu'elle doit avoir est toujours omis.

Cette omission ne se remarque jamais dans l'écrit anonyme. La préposition s'y trouve cinq fois, et chaque fois elle possède l'accent, alors même qu'elle est rendue par une majuscule (vingt-sixième ligne), circonstance dans laquelle cet accessoire aurait pu être négligé.

Dans les divers écrits du capitaine Dreyfus, le « d » minuscule initial est presque toujours fait en anglaise; les exemples du contraire sont fort rares.

Dans l'écrit anonyme, où il y a dix-huit mots commençant par « d », cette lettre est, au contraire, presque constamment faite en coulée : deux fois seulement elle est faite en anglaise.

La partie antérieure des lettres sans hampe (« a, c, e, g, i, j, m, n, o, p, q, r, s, u, v, ») placées au commencement des mots, montre, dans les comparaisons, une forte tendance à dépasser en hauteur les autres lettres de même nature.

Cette tendance ne se manifeste pas dans l'écrit anonyme.

Pour la lettre « p » il y a lieu de faire remarquer que dans les comparaisons le jambage dépasse toujours sensiblement en hauteur le détail.

Dans l'écrit anonyme, ces deux parties sont généralement de hauteur égale.

Notons encore la différence qu'il y a entre les « z ».

Dans les comparaisons, ce caractère a la tête en pointe; le trait final en est sinueux et montre une tendance à se terminer par un crochet rentrant.

C'est tout le contraire qui se voit dans l'écrit anonyme; là, la tête est arrondie, et le trait final, presque droit, tend à s'achever par un crochet tournant à droite.

Comparaison

Écrit anonyme

Enfin, le trait qui complète un mot, tel que la barre du « t », l'apostrophe, le point ou l'accent placés sur la dernière syllabe, et le trait par lequel le mot suivant commence, sont souvent faits, dans les écrits du capitaine Dreyfus, sans désemparer.

On n'aperçoit rien de semblable dans l'écrit anonyme; les occasions où ce phénomène aurait pu se produire sont cependant nombreuses.

Les différences que j'ai relevées sont nettement caractérisées et très constantes.

L'écrit anonyme, d'autre part, est visiblement tracé d'une façon très franche, à main courante; il montre une homogénéité de types parfaite.

Dans ces conditions il est inadmissible que les différences soient l'effet d'un calcul, qu'elles soient voulues.

On ne se défait pas, en écrivant, de ses habitudes, et on ne les remplace pas par d'autres d'une façon aussi parfaite, aussi constante, aussi régulière. L'habitude tend toujours à reprendre le dessus, et il en résulte, quand on veut la réprimer, une lutte contre elle, qui se révèle par une absence de naturel, par de la raideur, par des hésitations et par des retouches.

Or, on n'aperçoit rien de pareil dans la pièce de question.

On ne voit pas, d'ailleurs, pourquoi on se serait efforcé de donner à une écriture déguisée un aspect naturel. Une semblable préoccupation se conçoit chez le faussaire, parce que l'absence de naturel suffit pour rendre son œuvre suspecte; mais elle ne s'explique pas chez celui dont le seul souci est de ne pas se trahir.

Enfin, introduire les différences relevées entre les « a » et les « z », mettre des points et des accents là où on les omet habituellement, piquer des points d'une façon inaccoutumée, se borner à créer la différence de longueur que fait voir la comparaison des lettres « q », et maintenir en même temps la façon de relier ce caractère au suivant, ce ne sont pas des artifices auxquels a recours celui qui cherche à déguiser son écriture. Il emploie d'autres moyens bien plus pratiques et plus sûrs. Poussé par la crainte que sa main ne soit reconnue, il multiplie les précautions et accorde à la fantaisie la plus large part.

L'écrit anonyme n'a aucun caractère fantaisiste. Je le répète, il est incontestablement tracé d'une façon courante et naturelle.

En conséquence, la conclusion qui s'impose est que les écrits mentionnés au début de ce rapport émanent de deux mains différentes, et que le capitaine Dreyfus n'est pas l'auteur de l'écrit anonyme en question.

Bruxelles, le 5 août 1897.

ED. DE MARNEFFE.

BRITISH MUSEUM

—

RAPPORT
SUR L'ÉCRITURE DU CAPITAINE DREYFUS

ET UN SPÉCIMEN D'ÉCRITURE A LUI ATTRIBUÉ

Par M. Walter de Gray-Birch

J'ai été employé au département des Manuscrits du British Museum pendant plus de trente-deux ans, durant lesquels je me suis appliqué à la comparaison des écritures; j'ai été et suis encore souvent consulté comme expert dans des discussions sur l'authenticité d'écritures et j'ai porté témoignage et formulé mon opinion pour la trésorerie de Sa Majesté et pour des particuliers devant les tribunaux civils et criminels. Je suis docteur en droit (L. L. D.) de Glasgow et membre de la Société des Arts (F. S. A.) de Londres).

Le lundi 5 avril, M. X... m'a remis une feuille imprimée portant des fac-simile de trois documents, savoir :

1° Le texte d'un document attribué au capitaine Dreyfus (1);

2° Une lettre authentique du capitaine Dreyfus écrite du dépôt de Saint-Martin-de-Ré, datée du 21 janvier 1895, que je désigne par la lettre D (2);

3° Une lettre authentique du même, commençant par : « Mon cher Paul, quand tu te plaignais à moi », sans date, mais attribuée à l'année 1890; je la désigne par la lettre P (3).

Comme la lettre attribuée à Dreyfus est supposée avoir été écrite vers le mois de septembre 1894, la lettre D a plus de valeur que P pour servir de terme de comparaison; mais j'ai analysé D aussi bien que P et comparé les résultats avec les détails correspondants dans le document sus-mentionné. Il doit être entendu que le procédé employé pour l'exécution des trois fac-simile a produit des résultats peu satisfaisants et un examen soigneux des originaux devrait être fait avant d'exprimer une opinion définitive; cependant, les fac-simile donnent une représentation suffisamment complète des écritures en question.

A la suite d'un examen de ces documents, je suis nettement d'avis, au mieux de mon jugement et en conscience, que le capitaine Dreyfus n'a pas écrit le document à lui attribué et je n'ai ni doute, ni restriction mentale à ce sujet.

Cette opinion repose sur les raisons suivantes :

(1) Voir page hors texte.
(2) Voir page 282.
(3) Voir page 288.

1º *Différences générales.* — Si quelqu'un prend le document anonyme et l'examine pendant un quart d'heure tout seul, et prend ensuite la lettre D, il ne peut manquer de remarquer qu'il lit une écriture différente. L'écriture de la lettre anonyme est, pour ainsi dire, plus entièrement française que celle de la lettre D.

Dreyfus laisse un petit espace au commencement de ses alinéas (voir D, lignes 1, 13, 17, 27, 32, et P, lignes 2, 37, 44).

L'anonyme ne laisse pas d'espaces au commencement des alinéas. Dreyfus a une tendance, quand il va à la ligne, à commencer légèrement plus à gauche, tandis que l'écrivain anonyme commence très irrégulièrement ses lignes et quelques-unes, par exemple 20 et 25, commencent de plus en plus vers la droite à mesure que l'alinéa se continue.

L'écriture du document anonyme est homogène et conséquente avec elle-même. Cela est écrit sans hésitation et naturellement. Je ne vois rien qui vienne à l'appui de l'hypothèse que ce puisse être une écriture déguisée.

2º *Différences spécifiques.* — La lettre anonyme ne contient que six majuscules : A, C, J, L, M et S.

L'A est un « a » ordinaire ou minuscule agrandi dont on se sert couramment partout. La lettre se trouve ici ligne 26 : *a'*. Elle ne peut être comparée avec l'A ouvert du haut, dans D, ligne 2 : *alfred* ou l'A avec une ligne de départ intérieure dans D, ligne 8 : *ANor* ; ligne 13 : *Al* ; ligne 27 : *Al* ; ligne 41 : *Al* et P, ligne 50 : *alfred*. Le C se trouve ligne 15 : *Ce* . Il ressemble un peu au C dans D, ligne 5 : *Comme.* et P, ligne 33 : *The* , mais il diffère de cette lettre dans P, ligne 9 : *Comme* ; ligne 43 : *Chaton.* Mais Dreyfus a inconsciemment une façon particulière de faire la lettre qui suit son C majuscule ; chaque fois, il prend un niveau plus élevé que de raison, voir D, ligne 5 : *Comme* ; P, ligne 9 : *Comme* ; ligne 33 :   ; ligne 43 : *Chato* . Ceci n'est pas le cas dans l'exemple unique de la majuscule que présente la lettre anonyme : *Ce* .

Le J se trouve ligne 30, dans le mot *J* ; ce J diffère de la même lettre dans *D*, ligne 1 : *[signature manuscrite]* . Il n'est pas réuni à l'« e »

comme dans *D*, ligne 29 : *[manuscrit]* ; *P*, ligne 13 : *[manuscrit]* ; ligne 35 :

[manuscrit] ; ligne 49 : *[manuscrit]* .

L'L, ligne 18 : *[manuscrit]* , est tout à fait différent de l'L dans *D*, ligne
32 : *[manuscrit]* qui présente un trait initial descendant, un œillet au
talon de la lettre et la fin comme tombante. En fait, il est impossible
de croire que ces L aient été écrits par la même personne.

Les M dans la lettre anonyme, ligne 3 : *[manuscrit]* ; ligne 12 :

[manuscrit] , ne sont pas de même caractère que les petits « m »
'agrandis employés comme majuscules par Dreyfus dans *[manuscrit]* *D*,

ligne 3 : *[manuscrit Mardi]* ; ligne 4 : *[manuscrit Matin]* ; *P*, ligne 1 : *[manuscrit Mon]* .
Dreyfus n'emploie la vraie forme majuscule dans aucune des deux
lettres authentiques.

Les S majuscules de la lettre anonyme, ligne 1 : *[manuscrit Sans]* , ligne
23 : *[manuscrit]* , ne sont pas comparables à la majuscule S de Dreyfus
qui se trouve dans *D*, ligne 19 : *[manuscrit]* , où l'extrémité bouclée est
plus prononcée.

Au sujet des minuscules initiales, je remarque que « d » avec le
sommet arrondi, où cette lettre présente un œillet considérable, ne
se constate pas moins de dix-sept fois dans la lettre anonyme, ligne

5 : *[manuscrit]* , *[manuscrit]* , *[manuscrit]* ; ligne 7 : *[manuscrit]* ; ligne 11 : *[manuscrit]* ;

ligne 13 : *[manuscrit]* ; *[manuscrit]* , *[manuscrit]* ; ligne 14 : *[manuscrit]* ; ligne 15 :

[manuscrit] , *[manuscrit]* : ; ligne 16 : *[manuscrit]* ; ligne 17 :

[manuscrit] ; ligne 18 : *[manuscrit]* , *[manuscrit]* ; ligne 19 : *[manuscrit]* ; ligne 21 :

[manuscrit] ; ligne 23 : *[manuscrit]* ; ligne 25 : *[manuscrit]* .

Ce « d » arrondi du haut ne se trouve pas du tout dans les lettres
authentiques de Dreyfus *D* et *P*. Il emploie le « d » usuel avec une
barre verticale, quarante fois dans les deux lettres authentiques,

par exemple : *D*, ligne 5 : *dos*, et *P*, ligne 4 : *des au*. L'écrivain anonyme se sert du « d » à barre verticale, ligne 2 : *'' '7*; ligne 21 : *chanteur*, et chaque fois la boucle est plus ronde à la base que dans les lettres de Dreyfus.

L'écrivain anonyme emploie un « g » ouvert du haut, ligne 18 : *guerres*, mais la formation de cette lettre n'est pas la même que dans *D*, ligne 34 : *gardiens* ; *P*, ligne 22 : *Generalement*.

Parmi les minuscules du document anonyme à la fin des mots, la plus remarquable est le « z », ligne 2 : *di··· z* ; ligne 23 : *vouly* ; ligne 27 : *vouly*. La terminaison en crochet tourne à droite ligne 2 ; dans les lignes 23 et 27, bien que la fin de la lettre soit partiellement recouverte par la ligne suivante, il y a preuve suffisante de cette tournure, tandis que Dreyfus fait une queue plus courte au « z » et le termine par une courbe vers la gauche. Voir *D*, ligne 37 : *inhabilty* ; ligne 38 : *ponsez* ; ligne 40 : *Cruyz, teny, prenez*.

Dreyfus a l'habitude de faire le C très grand au commencement des mots, voir *D*, ligne 7 : *Certainement* ; ligne 11 : *Conf* ; ligne 18 : *Cett* ; ligne 21 : *C* ; ligne 25 : *C et* ; ligne 29 : *C* ; ligne 30 : *chercher* ; ligne 40 : *Confell* ; *Corps* ; ligne 43 : *Cre*, et ligne 45 : *Cri*. Cette particularité ne se trouve pas dans la lettre anonyme, ligne 20 *cec, corps*.

Parmi les chiffres, le « 5 », ligne 13 : *5*, est tout à fait différent du « 5 » en tête de la lettre *D*, première ligne : *5*.

Les lettres « tte » dans *D*, ligne 18 : *Cett*, sont formées tout à fait autrement que dans la lettre anonyme, ligne 6 : *atth*.

9 avril 1897·   WALTER DE GRAY BIRCH.

SECOND RAPPORT

Depuis que j'ai écrit mon rapport sur l'écriture de Dreyfus et un spécimen d'écriture à lui attribué, en date du 9 avril 1897, j'ai reçu de M. X... la lettre originale écrite par le capitaine Dreyfus du dépôt de Saint-Martin-de-Ré, contenant quatre pages d'écriture, dont deux seulement se trouvent sur le fac-similé dont je me suis servi en préparant mon rapport précédent. Je désigne cette nouvelle écriture par les lettres et chiffres *D 3* et *D 4*, pour les fins de ce second rapport.

J'ai aussi reçu en même temps, du même M. X..., une lettre originale écrite sur deux côtés d'un papier deuil, adressée à : « Mon cher Sam », de la prison du Cherche-Midi, le 25 décembre 1894. Je désigne cette lettre par *S* (1).

La comparaison du fac-similé de *D* avec la lettre originale montre le caractère incertain et peu satisfaisant de la reproduction. Prenez, par exemple, page 2, ligne 10 : « que lorsque j'aurai mon honneur ». Le fac-similé met un point après « j », deux petits points sur l'« i » de « *aurai* » et un accent sur l'« o » de « *honneur* », ce dont on ne trouve pas trace dans l'écriture originale.

L'étude des lettres originales *D* et *S me confirme absolument dans mon opinion* exprimée précédemment, à savoir que, au mieux de mon jugement et en ma conscience, le capitaine Dreyfus n'est pas l'auteur du document anonyme. L'habitude de laisser un espace au début des alinéas, sur laquelle j'ai attiré l'attention auparavant, se trouve dans les nouveaux exemples. Voir *D 3*, lignes 8, 12, 17, 18, 19, 25; *S*, lignes 2, 9, 16, 19 et page 2, lignes 2 et 3. La rencontre de trois lignes successivement en retrait en *D 3*, lignes 17, 18, 19, est remarquable et indique à quel point l'auteur éprouve le besoin de commencer en retrait les nouveaux alinéas, même s'ils ne consistent qu'en quelques mots. La tendance du capi-

(1) Voir page 265.

taine Dreyfus d'obliquer légèrement vers la gauche, quand il va d'une ligne à l'autre, se manifeste dans *D 3*, pages 3 et 4 et dans *S*, page 2.

Des six majuscules : A, C, J, L, M et S, qui se trouvent dans le document anonyme, plusieurs se rencontrent dans ces nouveaux spécimens, savoir : A, avec la partie supérieure non reliée au second corps de la lettre, dans *D 3*, ligne 22, tandis que, d'autre part, l'A du document anonyme, ligne 26, est fermé par le haut. A, avec une ligne de départ intérieure partant de gauche en dehors du dos arrondi de la lettre, est tout à fait différent de l'A de l'écrivain anonyme. Dans *S*, ligne 14, nous avons l'A ouvert d'en haut, et une ligne intérieure, présentant donc dans un seul et même exemple deux caractéristiques indépendantes de l'écriture de Dreyfus, dont aucune ne se voit dans l'écriture anonyme.

L'idiotisme en question, consistant à faire des lettres arrondies avec point de départ à l'intérieur, est une habitude inconsciente de Dreyfus, car il emploie le même procédé en formant la majuscule Q dans *D 3*, ligne 8; *D 4*, lignes 12, 13, 22; *S*, ligne 16. Cela se trouve aussi dans *P*, ligne 2 : ; ligne 25 : ; ligne 31 : ; ligne 37 : . Cela arrive même dans le cas de la minuscule « q », en *P*, ligne 5 : ; ligne 13 : ; ligne 21 : , et « g » dans *P*, ligne 22 : , où la formation est absolument différente de celle employée par l'écrivain anonyme.

L'A de la signature de *S*, page 2, ligne 5, de la forme d'une majuscule ordinaire, est unique. Il n'y en a pas d'autres exemples dans aucun des écrits que j'aie vus en connexion avec la présente enquête.

La majuscule C paraît deux fois dans *S*, page 2, lignes 3 et 6. La première ressemble un peu au C de la ligne 15 de l'écriture anonyme, si ce n'est qu'elle offre une très grande barre descendante incluse dans la boucle du haut; la seconde diffère entièrement.

La majuscule I ou J se trouve dans *D 3*, lignes 3 et 15 : *Justice*, et *Il*. Dans aucun des exemples, le J ou l'I n'a une queue aussi longue que le J de la lettre anonyme, ligne 30 : , où la queue est apparemment tracée par deux applications de la plume.

Le mot « Je » se trouve dans *D 4*, lignes 3, 19, 25 ; aux lignes 3 et 25, la queue du J ne descend pas au-dessous du niveau idéal de l'écriture ; dans la ligne 19, elle descend seulement un peu plus bas ; tandis que dans le J anonyme, ligne 30 (voir ci-dessus), la queue dépasse beaucoup le niveau idéal et n'est pas réunie à l'« e » qui suit, alors que Dreyfus, en pareil cas, unit toujours.

La majuscule L, sur laquelle j'ai déjà attiré l'attention dans mon rapport précédent (Anonyme, ligne 18), ne présentait aucune ressemblance avec celle de *D*, ligne 32 du fac-simile, et ne ressemble pas davantage aux L des nouveaux exemples du *D 4*, lignes 4, 7 et 8, dont chacun commence par une barre descendant à gauche, décrivant une courbe et se portant vers la droite pour former l'*apex* de la lettre.

La majuscule M, déjà examinée dans le document anonyme, lignes 3 et 12, nous a paru entièrement différente de la majuscule M employée par Dreyfus, laquelle est simplement une forme agrandie de la minuscule « m », tracée une fois avec une longue haste ascendante initiale. Il n'y a pas moins de six exemples dans *S* de la forme agrandie de la minuscule « m » avec une longue haste ascendante initiale, savoir : page 1, lignes 1, 2, 12, 19, page 2, lignes 2 et 6.

La majuscule S se trouve dans *D 3*, ligne 4, et *S*, lignes 1 et 9. Ces spécimens s'accordent avec l'S dans *D*, ligne 19, mais ils ne ressemblent pas aux S de la lettre anonyme, lignes 1, 23, qui commencent avec une barre ascendante à gauche.

Une très courte étude des quatre majuscules : A, L, M et S, dans l'écriture véritable du capitaine Dreyfus, contrastant avec l'apparence de ces majuscules dans la lettre anonyme, ne peut manquer de convaincre un juge impartial de l'impossibilité de l'opinion qui attribue le document anonyme à l'accusé.

Quant aux minuscules initiales, Dreyfus s'est servi du « d » arrondi par le haut, dans *D 3* et *D 4*, trois fois, voir : *D 3*, lignes 7, 9, 13 ; mais du « d » régulier avec une grande barre droite, il n'y a pas moins de trente exemples sur les deux pages. Dans *S*, nous avons une fois le « d » arrondi du haut, page 2, ligne 3, et neuf fois le « d » droit. Là où l'écrivain anonyme se sert dix-sept fois du « d » arrondi du haut, sur quoi j'ai attiré l'attention dans mon rapport précédent, il trace un grand œillet ouvert en haut de la lettre. Mais quand Dreyfus fait un « d » arrondi du haut, le bout est petit et la boucle est pleine, ne laissant pas de blanc à l'intérieur.

Les remarques que j'ai faites dans mon rapport précédent, concernant les grandes dimensions du « c » au commencement des mots d'une phrase, concordent dans *D 3* et *D 4* ; par exemple :

« *chéri* », *D 3*, dernière ligne; « *cette* », *D 4*, ligne 16; et dans *S*, ligne 1, « *cher* », ligne 17, « *crie* » et page 2, ligne 1, « *circons-tances* ».

Parmi les chiffres, le 4 et le 5, à la fin de *S*, dans l'indication de la date, n'offrent aucune ressemblance avec les 4 et 5 du document anonyme, lignes 12 et 13.

WALTER DE GRAY BIRCH.

20 avril 1897.

EXPERTISE

de l'Écriture du Document attribué au Capitaine Dreyfus

Après comparaison dudit document avec des spécimens
de l'écriture authentique du capitaine Dreyfus
écrits dans les années 1890 et 1895

Par M. Thomas Henry Gurrin

Membre de la Société royale de Microscopie (Angleterre),
Membre de la Société royale de Géographie (Angleterre),
Expert en écritures,
Expert attaché au Ministère des Finances (Whitehall, Londres),
à la Préfecture de Police (Scotland Yard),
à la Banque d'Angleterre, à l'Association des Banquiers ainsi qu'à d'autres
corps constitués.

M. Gurrin a témoigné dans des expertises en écriture pendant
plus de douze ans, soit devant les juges de la Cour suprême, soit
devant les juges de la Cour d'assises, soit devant les juges des
Sessional Courts. Il a eu à s'occuper de centaines de cas avec un succès
presque constant et peut affirmer en conscience qu'il possède une
très grande expérience en matière de faux ou d'écriture déguisée.

Ayant eu tout le temps nécessaire pour examiner et analyser
l'écriture du document attribué au capitaine Dreyfus, et ayant fait
une soigneuse étude comparée de cette écriture avec l'écriture
authentique dudit, telle qu'elle ressort de spécimens écrits par lui
dans les années 1890 et 1895, je suis à même de pouvoir confirmer
l'expertise préliminaire fournie par moi sur ce sujet le 9 mars
dernier.

Je dois déclarer que dans cette analyse je ne me suis servi que des
copies lithographiées des documents, et non des originaux : je n'ai
donc pu, dans mes recherches, m'aider du microscope. J'espère
qu'un temps viendra où je pourrai le faire.

Néanmoins, comme la plupart de mes déductions sont tirées de
traits caractéristiques qui sont clairement visibles à l'œil nu, j'ai de
très grandes raisons pour croire que le microscope confirmerait et
corroborerait simplement les conclusions que j'ai tirées.

De l'examen du document attribué au capitaine Dreyfus, auquel j'ai consacré une grande partie de mon temps pendant une période de plusieurs semaines, j'ai acquis la conviction que l'écriture n'est pas déguisée, mais que, dans une écriture bien différente de la sienne, on a introduit intentionnellement des similitudes.

Afin d'être clair, je dois expliquer les termes : par écriture déguisée, j'entends celle d'une personne qui a écrit avec l'intention de dissimuler autant que possible sa véritable écriture, mais sans aucune intention d'imiter l'écriture d'une autre personne. Par écriture simulée, j'entends l'écriture d'une personne s'efforçant d'imiter l'écriture d'une autre.

Une écriture déguisée peut se reconnaître moins par d'occasionnelles ressemblances de forme, que par la présence des idiotismes familiers à son auteur, idiotismes qui lui échappent généralement.

Quand il s'agit d'une personne instruite, nous trouvons, d'après mes propres observations, dans son écriture déguisée, les capitales ainsi que les petites lettres caractéristiques, altérées dans leur forme, et ce, dans le but de donner à l'ensemble un aspect général différent. Celui qui veut imiter écrit fréquemment plus grand ou plus petit que d'habitude, et souvent l'altération à la fois dans les formes et dans la dimension est maintenue d'un bout à l'autre du document. Plus souvent, l'auteur d'un écrit déguisé revient, à son insu, à ses formes habituelles, fournissant ainsi un argument qui le trahira. L'œil de l'observateur voit ces ressemblances; et, si un examen détaillé montre que, même sous ce déguisement, les idiotismes qui caractérisent l'écriture sincère se rencontrent, nous aurons une preuve certaine que l'écriture est déguisée.

Nous trouvons dans une écriture simulée des formes semblables à celles de l'écriture imitée, en ce qui concerne particulièrement les traits et les lettres caractéristiques; mais, en général, nous trouvons non seulement un retour inconscient aux formes ordinaires à son auteur, mais encore absence des idiotismes graphiques de la personne dont l'écriture est imitée.

En parlant d'écriture déguisée et d'écriture simulée, j'ai fait allusion aux idiotismes de l'écriture. En quoi consistent ces idiotismes?

Ce sont les traits caractéristiques observés dans l'écriture par ceux qui ont étudié la théorie de l'écriture autrement que d'une façon superficielle, et qui, par de longues études et de l'expérience, ont acquis légitimement le titre d'expert. Ces traits caractéristiques se trouvent dans le coup de plume, dans le rapport qu'il y a entre les *pleins* et les *déliés*, dans la relation d'une lettre avec une autre lettre, d'un mot avec un autre; dans la position des lettres par rapport à la ligne horizontale, dans celle des jambages de chaque lettre par rapport à la ligne verticale, dans le parallélisme ou le non parallélisme des rampes et des queues, dans la séparation plus ou moins grande des lettres et des mots, dans la ponctuation, l'emploi des capitales, des accents, et dans cent autres détails que le véritable analyste doit trouver. Il n'est pas difficile à un calligraphe habile de simuler la forme d'une écriture, car ceci n'est qu'une affaire d'imitation; mais pour reproduire les innombrables traits habituels à une écriture quelconque, il faudrait posséder plus de talent que le meilleur expert.

Je vais à présent donner la preuve de mon assertion, à savoir que le document attribué au capitaine Dreyfus n'est pas d'une écriture déguisée, mais bien d'une écriture simulée.

J'ai étudié deux spécimens lithographiés de l'écriture du capitaine Dreyfus, l'un daté de 1890 (1), l'autre de 1895 (2), et j'ai analysé les particularités qui lui sont familières. Il y en a beaucoup. J'ai observé minutieusement les principales particularités qui se trouvent dans la formation des lettres. J'ai étudié ses idiotismes en matière de ponctuation, de parallélisme, de coup de plume, de *pleins* et de *déliés;* j'ai étudié le rapport existant entre la ligne des lettres et la ligne horizontale, et, en un mot, tout caractère particulier que j'ai pu découvrir durant les deux mois que j'ai consacrés à l'examen des documents.

J'ai trouvé dans certaines lettres caractéristiques du document incriminé des similitudes avec l'écriture du capitaine Dreyfus. Ces similitudes ont trait à la capitale C, au chiffre 2, aux lettres finales « es », à la façon de pointiller l' « i » au moyen du trait initial de la lettre suivante, ainsi qu'à quelques autres détails, mais dans ces lettres ou chiffres, je ne trouve pas que l'imitation soit toujours exacte : il y a des dissemblances dans le coup de plume si on le compare avec le même trait fait par le capitaine Dreyfus. Les lettres ne présentent pas dans la ligne horizontale la même irrégularité que l'on trouve généralement dans l'écriture du capitaine Dreyfus; les *pleins* et les *déliés* ne sont pas distribués de même, les virgules sont différentes, la longueur moyenne des rampes et des queues est aussi différente. En un mot, les traits familiers qui caractérisent l'écriture du document incriminé diffèrent complètement de ceux qui caractérisent l'écriture du capitaine Dreyfus. En fait, selon moi, il eût été impossible au capitaine Dreyfus de pouvoir si radicalement s'émanciper des idiotismes qui marquent ses écrits à la fois de l'année 1890 et de l'année 1895.

(1) Voir page 288.
(2) Voir page 282.

Je veux désigner maintenant quelques-unes des particularités de l'écriture du capitaine Dreyfus :

Irrégularité très marquée dans la ligne d'écriture;

Changement constant du niveau des lettres;

Habitude de faire la première lettre d'un mot plus grande que la lettre suivante;

Certaines lettres, les « m, n, q, v, g », sont beaucoup plus hautes que les autres;

D'autres lettres, tel le « c », beaucoup plus hautes que la ligne d'écriture et descendant à un niveau beaucoup plus bas que la lettre suivante.

Les virgules sont remarquablement grandes et faites généralement d'un trait droit et net.

Les rampes et les queues sont généralement longues.

L'accent de la préposition « à » est constamment omis.

Pour déguiser son écriture et pour produire le document incriminé, le capitaine Dreyfus aurait eu à méditer attentivement sur chacune de ces particularités.

Il aurait eu à changer sa ligne d'écriture, qui est irrégulière, en une ligne régulière où l'uniformité est un trait distinctif. Même avec la connaissance du départ, l'accomplissement d'un pareil changement serait difficile.

Il aurait fallu qu'il prît garde à la dimension et à l'aspect général des virgules, à la hauteur des rampes et des queues, aux initiales « n, m, c » et « g », ainsi qu'à la dimension du « v », soit employé comme initiale, soit autrement. Il aurait eu à surveiller la forme habituelle du « d » minuscule, ainsi que l'alternance des *pleins* et des *déliés*. Je ne puis pas concevoir la possibilité d'exécuter simultanément toutes ces opérations mentales.

Au contraire, dans l'écriture du document incriminé, nous trouvons, comme trait caractéristique, une grande, sinon absolue uniformité dans la dimension des petites lettres.

Les lettres sont généralement au même niveau de la ligne.

Les initiales C, Q, G, V, M et N correspondent en dimension aux autres lettres, et rien ne frappe dans leur aspect qui puisse contraster avec le reste des lettres.

Rien de remarquable relativement à la dimension des virgules;

Les rampes et les queues sont courtes;

Il y a, en outre, un coup de plume où l'alternance des *pleins* et des *déliés* diffère totalement de ce qu'on trouve dans l'écriture du capitaine Dreyfus.

Au cours de mon rapport, je placerai en regard des exemples pris dans l'écriture authentique du capitaine Dreyfus et dans l'écrit qui lui est attribué; le lecteur impartial pourra voir ainsi la dissemblance qu'ils présentent et juger si mes conclusions sont bien fondées.

1° — D'abord, en parcourant l'écriture authentique, je remarque, à la fois dans la lettre datée de 1890 et dans celle de 1895, l'omission invariable de l'accent de la préposition « à ». Il y en a six exemples dans l'un des documents, et cinq dans l'autre. Ce fait se répétant dans deux documents écrits en 1890 et en 1895, montre clairement que cette omission était familière au capitaine Dreyfus dans la rédaction d'une lettre. Mais, dans la lettre qui lui est attribuée, je constate que cette préposition est invariablement accentuée. Assurément, puisqu'il avait l'habitude d'omettre l'accent dans son écriture vraie, il n'aurait jamais pensé à le placer, dans un écrit déguisé, même sur une majuscule.

Virgules, etc. — Pour ce qui est de la ponctuation, on trouve certains caractères particuliers dans les deux lettres du capitaine Dreyfus. et ces caractères sont les mêmes pour les deux lettres : ces signes sont grands, hardis et fréquents. Mais il n'y a rien de particulier dans la ponctuation de la lettre incriminée; il y a très peu de virgules employées, et celles-ci sont beaucoup plus petites que celles de l'écriture authentique; en outre, elles diffèrent d'aspect.

Mon avis est que la personne qui a écrit ce document a essayé d'imiter quelques-unes des particularités de l'écriture du capitaine Dreyfus; mais elle y a mal réussi et n'a pas du tout saisi les habitudes générales du capitaine Dreyfus.

La force de l'habitude est tout aussi sensible dans la façon de commencer et de finir les lettres, dans la dimension des lettres et parties de lettres, dans la régularité ou l'irrégularité de la ligne d'écriture, dans la longueur des rampes et queues, etc., etc., que dans la forme des lettres mêmes.

Or, je remarque dans l'écriture du capitaine Dreyfus un manque absolu d'uniformité dans la dimension de lettres et parties de lettres qui, si elles étaient faites normalement, seraient de même dimension et cette remarque est frappante quand on considère les documents datés de 1890 et 1895.

Voici des exemples à l'appui de cette assertion, extraits des facsimile joints à ce rapport. Ils comprennent les mots suivants :

1890 :

Nous trouvons la même particularité dans le document de 1895 avec les mots :

1895 :

Mais il est évident, d'après les mêmes mots qui se trouvent dans le document attribué au capitaine Dreyfus, que l'auteur de ce document n'avait pas la même habitude. Témoin les mots suivants du fac-similé.

Ecrit incriminé :

Dans ce dernier écrit les lettres sont plus uniformes dans leurs dimensions ; la différence dans ces dimensions n'est pas frappante comme celle qui existe dans les dimensions des lettres du capitaine Dreyfus ; dans tous les mots les lettres sont placées plus uniformément au même niveau. A ce propos, je remarque que, dans l'écriture authentique, il y a certaines lettres qui, employées comme initiales, sont généralement beaucoup plus grandes que les autres lettres du même mot : la lettre « q », par exemple, a généralement son sommet beaucoup plus haut que la ligne.

Voyez maintenant les exemples suivants sur les fac-simile renfermant les mots :

« Que, qui, que, que, que, qui, qui, que, qu, quatre, que, quelques, que, que. »

Mettez ces « q » — lettre initiale — en regard des « q » — lettre initiale — dans le document attribué au capitaine Dreyfus :

« Que, quelque, quelques, que, que, que, que. »

Si l'on compare les « q » — initiale — du document incriminé avec ceux du capitaine Dreyfus, on sera obligé de convenir que la différence ne saurait guère être plus grande.

Or, la même remarque est à faire pour les « g » — lettre initiale —.

Voyez le mot « guerre » dans le document incriminé et comparez-le aux mots « genre », « généralement », et « grands » de l'écrit de l'année 1890, ainsi qu'avec les mots « gré » et « gardiens » de l'écrit de l'année 1895.

Le capitaine Dreyfus fait le « c » minuscule très grand et dépassant souvent par la base la lettre suivante ; il est quelquefois commencé par un petit point et d'autre fois par un petit trait initial.

Je donne les exemples suivants :

Document de 1895 :

Mettez ces mots en regard des mots du document incriminé commençant par un petit « c », à savoir :

8

Ecrit incriminé :

En comparant ces mots qui commencent tous par le « c » minuscule, il est évident pour l'observateur impartial que les mots qui sont reconnus pour avoir été écrits par le capitaine Dreyfus ne présentent pas une uniformité générale dans la dimension des lettres prises dans leur ensemble, tandis que dans la pièce qu'on dit être du capitaine Dreyfus, il y a apparence générale d'uniformité dans la dimension des lettres. Mon expérience me dit que si, chez un homme qui écrit, il y a, relativement à la grosseur des lettres, irrégularité et absence d'uniformité, il est très peu probable qu'en déguisant son écriture il puisse lui donner un aspect régulier et uniforme.

Cette comparaison nous montre, en second lieu, que lorsqu'un mot commence par la lettre « c » minuscule, le capitaine Dreyfus fait généralement cette lettre plus grande que la plupart des autres lettres qui se trouvent dans le même mot, en lui faisant dépasser par la base le niveau de ces autres lettres; mais elle nous montre aussi que dans le document attribué au capitaine Dreyfus cette particularité, qui semble être chez lui une habitude, n'existe pas.

Ainsi, si nous nous reportons aux fac-simile (chaque série se compose de la lettre incriminée et de deux lettres authentiques), nous trouvons dans la série 1 le contraste relatif à la préposition « à » : Dreyfus omet l'accent d'une façon invariable; l'auteur de la lettre incriminée au contraire ne l'omet jamais.

Dans la même série, nous trouvons la dissemblance marquée dans la ponctuation et dans la dimension des virgules : dans le document incriminé il y a quatre virgules seulement, tandis que dans les écrits authentiques il y en a seize d'une part et dix-huit de l'autre.

Dans la série 2, nous constatons l'irrégularité dans la grandeur des lettres, le manque d'horizontalité dans les mots, alors qu'il y a régularité et horizontalité dans le document incriminé.

Dans la série 3, nous trouvons des exemples de cette irrégularité portant sur la grandeur de certaines lettres initiales (q, s, m, n, c, v). Dans l'écriture authentique, ces lettres sont, je ne dirai pas invariablement, mais généralement beaucoup plus grandes que les autres lettres appartenant au même mot. Tandis que, si nous examinons les mêmes lettres du document incriminé, nous ne trouverons pas le plus petit indice d'une telle particularité.

Mais ce n'est pas tout. Il faut en effet remarquer que la forme de ces six lettres est, en général, très différente dans le document anonyme.

Lettres authentiques :

Document incriminé :

Dans les pages lithographiées marquées des lettres T, H, G, j'ai donné des fac-simile de l'écriture anonyme et de l'écriture authentique qui nous montrent ces six lettres telles qu'elles sont dans chaque écriture ; si on les compare, je suis sûr que la différence sautera aux yeux de tous. Les lettres sont placées consécutivement telles qu'elles se présentent dans les documents.

Dans la série 4, j'ai constaté une différence sensible dans les « d » minuscules. Dans l'écriture authentique, toutes les fois que le « d » minuscule est employé comme lettre initiale, il est écrit comme ceci : _d_ et même quand cette lettre est placée au milieu d'un mot, il est rare qu'elle soit écrite ainsi _d_ tandis que dans le document anonyme, sur vingt-sept exemples du « d » minuscule, deux seulement sont ainsi formés _d_. Quant aux autres, soit au commencement des mots, soit autrement, ils présentent cette forme _d_. On sait que beaucoup de personnes se servent de ces deux formes de « d », mais, à coup sûr, le témoignage des écrits authentiques de Dreyfus, en 1890 et 1895, suffit à prouver qu'il emploie rarement le « d » à boucle et presque toujours le « d » droit ; tandis que l'auteur de l'écrit incriminé se sert généralement du « d » bouclé, _d_ et non du « d » droit.

Sur la feuille T, H, G, j'ai donné des fac-simile de « d » minuscules du document incriminé et des fac-simile de la même lettre des écrits authentiques, de façon qu'on puisse juger de la différence d'un seul coup d'œil.

On y verra aussi des exemples de la façon dont l'auteur de l'écrit incriminé forme les doubles « s » : le premier « s » est court, le second « s » est long; il y a trois exemples exactement semblables. En face, je donne des exemples qui montrent que Dreyfus fait habituellement les doubles « s » petits et égaux *ss*; dans les deux cas où il emploie un type différent, il place le long « s » d'abord, et ensuite le petit « s », comme ceci *ss* et non pas comme cela *ss* .

On verra aussi sur cette feuille des exemples de la façon dont l'auteur du document incriminé forme les deux « ff » : les œillets sont courbés vers la gauche et non vers la droite; en outre, ces deux lettres réunies sont plus penchées que les autres, tandis que Dreyfus courbe toujours l'œillet du côté droit et donne à ces lettres une position verticale.

Voici encore une autre particularité digne de remarque : dans les lettres authentiques de Dreyfus des années 1890 et 1895, les lettres « q, a, g » et « d » sont fréquemment écrites avec un trait initial à gauche, comme ceci : *q a g d* , ce qui forme un œillet dans le corps de la lettre. Il y a plusieurs exemples de cette particularité dans les écrits authentiques (série 5).

C'est un des traits caractéristiques de l'écriture authentique de Dreyfus; j'en ai observé de nombreux exemples dans les écrits de 1890 et 1895; mais j'ai cherché vainement la moindre trace de cette particularité dans l'écrit incriminé; je n'y ai rien trouvé qui ressemblât à cet idiotisme si fréquent dans l'écriture vraie de Dreyfus. D'après moi, ceci est une nouvelle preuve que l'auteur de l'écrit incriminé, bien qu'il ait réussi à y apporter quelques points de ressemblance avec l'écriture de Dreyfus, a complètement échoué dans la reproduction des traits caractéristiques familiers à l'écriture de ce dernier.

La dissemblance que j'ai indiquée s'étend aussi de façon remarquable aux autres lettres : j'en donnerai la preuve sous la foi du serment, et quand il sera nécessaire, devant n'importe quel tribunal.

Il y a, dans le cas qui nous occupe, un autre point très important au point de vue juridique.

Un expert consciencieux, qui a acquis son expérience dans une foule de cas, n'oserait fonder son jugement sur la simple constatation de quelques points de ressemblance dans l'écriture. Ces points de ressemblance doivent se retrouver dans le fond de l'écriture et doivent révéler les formes habituelles adoptées par son auteur.

Je déclare que, dans le cas présent, l'écrit incriminé ne révèle pas les manières familières à l'écriture de Dreyfus; bien au contraire, l'écriture est d'un caractère fort différent; condamner un homme sur des documents comme ceux que j'ai devant moi, serait monstrueux.

Mais, même en supposant que les similitudes ou points de ressemblance fussent plus grands, plus nombreux et plus frappants, je déclare que, même alors, l'opinion de l'expert devrait être corroborée par de fortes preuves complémentaires.

Je fus témoin l'année dernière d'un cas où un homme était poursuivi pour certains écrits. Comme on lui faisait remarquer la grande ressemblance de son écriture et des écrits en question, il répondit que ces écrits n'étaient pas de sa main, mais qu'ils étaient de la main d'une personne qui se trouvait présente au tribunal, et qu'il désigna. On demanda à ces deux personnes d'écrire sous la dictée et en même temps, ce qu'ils firent simultanément. A l'étonnement général des personnes présentes, on constata la ressemblance parfaite de leurs écritures. De fait, il eût été impossible dans la pratique de les distinguer.

La seule dissemblance qu'il fût possible d'apercevoir entre les deux écrits n'était visible qu'au microscope. C'était un cas sans précédent dans les annales de la Cour et dans la pratique de ceux qui en furent témoins; mais la démonstration oculaire qui en avait été donnée était indéniable.

En présence de ces faits, ayant, entre les mains, le fac-similé de la lettre attribuée au capitaine Dreyfus, laquelle ne présente que quelques vagues points de ressemblance avec sa véritable écriture, car elle ne possède aucun de ses traits caractéristiques, je me demande comment il me serait possible d'avoir, pendant une minute seulement, l'idée que la preuve est faite et que la lettre est de sa main?

Toutes mes observations m'ont amené à la conviction que ce document ne fut jamais écrit par le capitaine Dreyfus.

La conclusion de ce rapport est, je le répète, que le document incriminé n'a pas été écrit par le capitaine Dreyfus, en admettant que le fac-similé que j'ai par-devers moi soit une reproduction fidèle de l'original, et enfin, je crois sincèrement qu'il a été condamné pour un crime dont il est innocent.

Pendant que ce travail se poursuivait, j'ai été nommé expert en écritures près la Cour d'assises d'Anvers, pour me prononcer sur le cas du testament contesté de feu M. Hunot, d'Anvers (Belgique).

Thomas Henry GURRIN.

8.

Du document anonyme

T. H. G.

De l'Écriture authentique

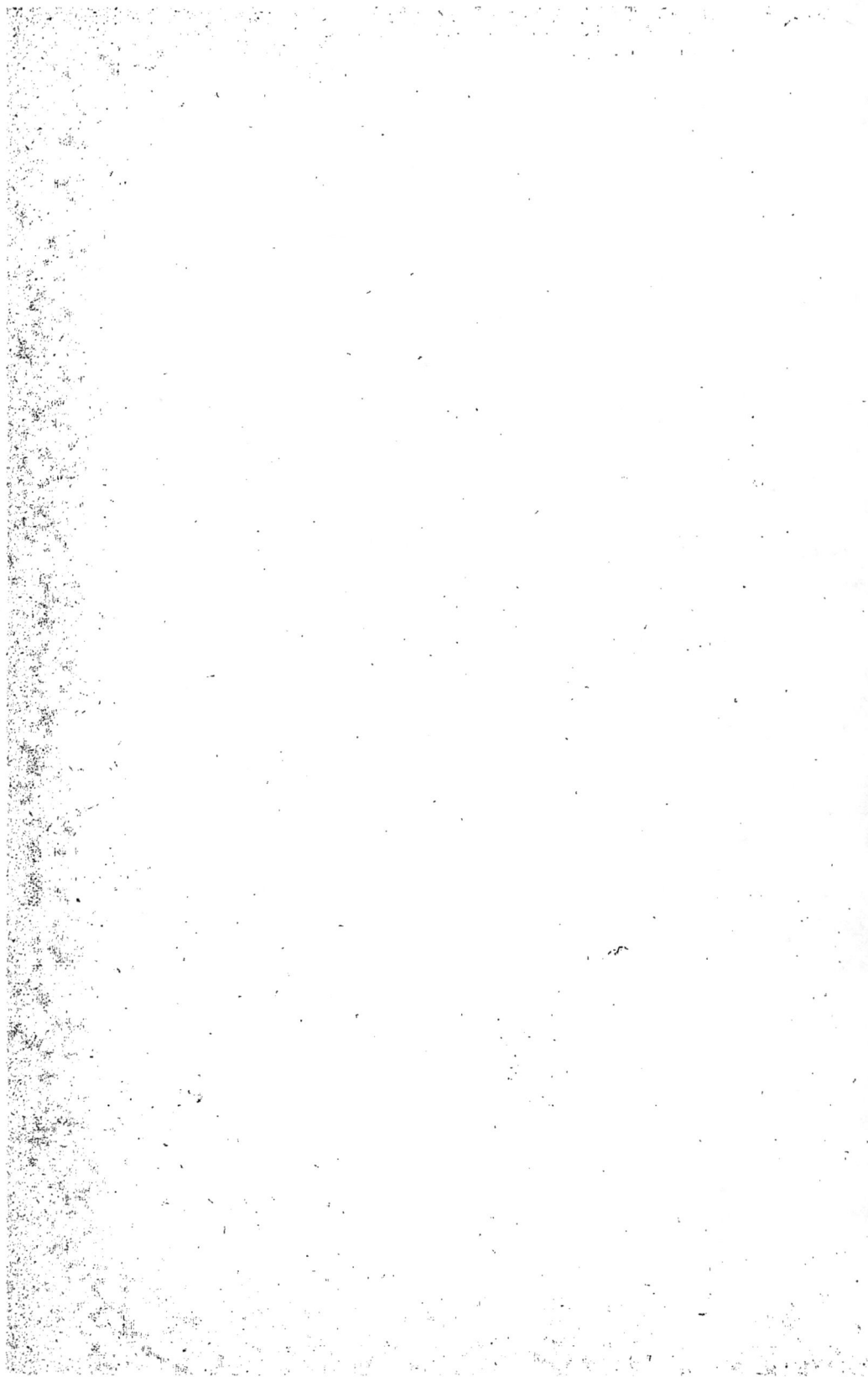

RAPPORT SUR LE CAS DE DREYFUS

CONCERNANT L'ÉCRITURE DE L'EX-CAPITAINE DREYFUS

ET CELLE DU DOCUMENT INCRIMINÉ QUI LUI EST ATTRIBUÉ

Par J. HOLT SCHOOLING

Membre de la Société royale de Statistique d'Angleterre
Membre de l'Institut des Actuaires d'Angleterre
Membre du Comité de l'Ordre Egerton et Tatton relatif à la condition physique
et mentale des Enfants.

Fotheringhay House, Twickenham, 23 août 1897.

A Monsieur Bernard Lazare, 20, rue Juliette-Lamber.

Monsieur,

Conformément à vos instructions, j'ai examiné avec soin les documents que vous m'avez soumis à l'effet de me former une opinion sur cette question, si l'ex-capitaine Dreyfus est ou n'est pas l'auteur du document incriminé qui lui a été attribué.

D'abord, je trouve que le document incriminé n'est pas d'une écriture déguisée. Le « geste » et le mouvement de l'écriture sont si libres, naturels et spontanés que la personne, quelle qu'elle soit, dont ce document émane, n'a pu l'écrire d'une écriture intentionnellement déguisée ou simulée. De cela je me sens parfaitement certain.

En ce qui concerne les lettres certainement écrites par le capitaine Dreyfus et par l'ex-capitaine Dreyfus, lettres que vous m'avez soumises, je trouve que ce sont aussi des spécimens d'écriture tout à fait naturels et spontanés. Il n'y a aucune tentative pour falsifier ou pour déguiser le « geste » ou le mouvement de la main.

Par suite, je peux dire avec confiance que l'écriture du document incriminé, ainsi que l'écriture reconnue du capitaine Dreyfus et de l'ex-capitaine Dreyfus, sont des écritures naturelles et spontanées et qu'aucun n'a été déguisé.

Je n'ai rien à voir avec des questions connexes, par exemple le peu de vraisemblance que l'ex-capitaine Dreyfus aurait écrit le document incriminé dans une écriture non déguisée; ce point et d'autres encore touchent au côté judiciaire de cette affaire, plutôt qu'au rôle d'un expert intervenant comme témoin. Par conséquent, je poursuis en remarquant que les deux écritures naturelles et spontanées dont il s'agit diffèrent par beaucoup de points, bien que, au premier aspect, il semble qu'il y ait entre elles une assez grande ressemblance générale.

La ressemblance générale entre l'écriture du document incriminé et l'écriture authentique du capitaine Dreyfus se révèle à l'observateur le plus superficiel; mais lorsque j'en viens à analyser ces deux écritures, considérées comme deux ensembles de « gestes » écrits (1), et à regarder au-dessous de la surface, cette similitude apparente disparaît et beaucoup de divergences très importantes se manifestent.

Pour plus de commodité, j'appellerai A le document incriminé (2), B une lettre écrite par le capitaine Dreyfus au mois d'août 1893 (3) et C une lettre écrite par lui le 21 janvier 1895 (4).

Voici quelques-uns des points importants qui établissent une différence entre A et B comme entre A et C.

1° En A le trait final de la plume, le trait qui finit le mot, tend presque toujours vers la droite, c'est-à-dire qu'il s'éloigne de la dernière lettre du mot, soit dans une direction horizontale, soit dans une courbe ascendante vers la droite.

En B et en C, le trait final de la plume montre rarement cette tendance à s'éloigner vers la droite. Au contraire, en B et en C, le trait final s'arrête généralement tout court, ou présente l'aspect d'un tout petit crochet ascendant.

Ceci est une différence très importante, par la raison que tout écrivain acquiert une manière individuelle de terminer ses mots; l'action de la plume, au moment où elle va quitter le papier à la fin d'un mot, est un des indices les plus précieux de l'authenticité d'une écriture, parce que, dans ce petit « geste » ou mouvement, quelque trivial qu'il paraisse, un homme se trahira toujours, inconsciemment, même lorsque d'autres caractères de son écriture seront déguisés.

2° En C et en B, les lettres initiales « t, s, p » commencent par

(1) Voir mon article illustré *Written gesture* dans le *Nineteenth Century*, de mars 1895.

(2) Voir page hors texte.

(3) Voir page 286.

(4) Voir page 282.

un trait ascendant, long, mince et pointu qui précède la haste descendante de la lettre elle-même.

En *A*, ce premier trait ascendant ne paraît point : tantôt les lettres commencent sans aucun trait préliminaire, tantôt on voit un trait initial beaucoup plus court et plus épais, juste à l'extrémité supérieure de la haste descendante et différant complètement, par la texture, la longueur et la direction, des traits préliminaires que l'on constate en *B* et en *C*.

Cela aussi constitue une différence très importante. En effet, en commençant les mots, comme en les terminant, tout homme révèle un style individuel qui échappe à l'attention d'un observateur peu diligent. Or, par cette particularité, *B* et *C* diffèrent l'un et l'autre complètement de *A*.

3° Les lettres en *A* sont beaucoup plus arrondies à leur base qu'en *B* et en *C*, où elles sont plutôt anguleuses que circulaires. Cette habitude inconsciente de donner aux lettres des bases courbes ou anguleuses est très significative, car c'est un autre de ces caractères infimes et subtils de l'écriture qui échappent ordinairement à l'attention, quoique étant de la plus haute importance.

4° En *A*, le petit « d » est fait *deux fois* comme ceci : « *d* » (un « o » avec une ligne ascendante verticale) et *vingt-sept fois* comme ceci : « $\mathcal{Q}$ » (un « o » avec boucle supérieure se terminant vers la droite dans la direction de la lettre suivante).

En *B* et en *C*, nous constatons, par rapport à *A*, une grande différence touchant la lettre « d » :

En *C*, le petit « d » a *soixante-cinq fois* la première forme et *quatorze fois* une forme analogue à celle du « *d* » avec un trait supérieur courant vers la droite sans avoir formé de boucle comme en *A*.

En *B*, le petit « d » est fait tantôt comme ceci : « *d* », ou avec un trait vers la droite : « *d* », sans œillet vers la gauche comme on le trouve *vingt-sept fois* sur *vingt-neuf* exemples en *A*.

Ceci est un point des plus intéressants, car il y a là une différence radicale portant sur le « d » minuscule. Et cependant, je le répète, les écritures de *A*, de *B* et de *C* sont parfaitement authentiques et naturelles.

5° Les lettres capitales sont trop peu nombreuses en *A* pour être d'une grande utilité dans notre enquête ; mais il y a plus de divergences que de ressemblances, à cet égard, entre *A* et *B* et entre *A* et *C*. En outre, en ce qui touche les quelques analogies entre *A* et *B* et *A* et *C*, par exemple la forme du C capitale, j'ai appris par expérience que le C capitale est précisément peut-être celle de toutes

les grandes lettres que des écrivains différents forment le plus fréquemment de même. Mais, en *B* et en *C*, les lettres capitales ne re-
joignent pas la lettre qui les suit avec le même mouvement qu'en *A*.
Ceci, toutefois, est un point relativement secondaire quand on
compare la divergence en question avec les divergences autrement
importantes qui ont été signalées plus haut.

6° Je peux dire que j'ai choisi les deux textes *B* et *C*, parce que *B*
a été écrit avant *A*, et parce que *C* a été écrit après. De la sorte, j'ai
un spécimen de l'écriture du capitaine Dreyfus avant et après la
lettre *A* (1).

Je me résume.

Les divergences entre *A* et *B*, et entre *A* et *C*, que j'ai déjà exposées en détail, fournissent, à mon avis, une base très large et très
sûre pour l'assertion que le document incriminé n'a *pas* été écrit
par la main qui a écrit *B* et *C*, c'est-à-dire les deux lettres authentiques du capitaine Dreyfus.

En ma qualité d'Anglais, je n'ai qu'une faible connaissance de
l'affaire Dreyfus et il ne m'est peut-être pas nécessaire de dire qu'aucune des influences politiques ou autres, qui peuvent ou non s'être
exercées dans cette affaire, n'a eu d'effet sur mon opinion présente,
laquelle est basée *uniquement et entièrement* sur les spécimens
d'écriture à moi fournis. Mais, avec ces spécimens sous mes yeux
et entre mes mains, et après un examen des plus approfondis, *j'affirme le plus fortement et le plus sérieusement que le capitaine
Dreyfus n'a pas écrit le document incriminé qui lui a été
attribué.*

Agréez, etc...

                              J. HOLT SCHOOLING.

(1) [J'avais fourni à M. Schooling une série de lettres, entre lesquelles il a
fait son choix comme il l'explique ci-dessus.]

RAPPORT D'EXPERTISE

Par M. D. N. Carvalho.

David N. Carvalho, ayant prêté serment en due forme, dépose qu'il est citoyen des Etats-Unis, qu'il réside dans l'Etat de New-York et qu'il a son bureau et son laboratoire dans la Cité de New-York, 265, Broadway. Que, depuis vingt-deux ans, il a consacré la plus grande partie de son temps à l'étude et à la comparaison des écritures, dans le but de témoigner devant les cours de justice. Que pendant ce laps de temps il a eu l'occasion, après examen, d'exprimer une opinion dans plusieurs milliers de cas où il y avait divergences d'opinion sur des écritures. Qu'il a déposé en audience publique dans quinze Etats, aussi bien devant les tribunaux criminels que devant les tribunaux civils des Etats-Unis et qu'il a déposé près de sept cents fois devant les juridictions criminelles ou civiles des différents Etats. Que son témoignage dans chacun de ces cas a toujours été déclaré recevable et qu'il lui a été permis de témoigner. Que depuis dix-sept ans il est expert officiel du grand jury, dans les cas où il y a contestation en matière d'écriture, dans la Cité et le Comté de New-York, et qu'il remplit ces fonctions encore à l'heure actuelle; qu'il est également expert officiel du grand jury pour la ville voisine de Brooklyn. Il se déclare compétent en ce qui concerne la distinction par l'étude des écritures entre des documents authentiques et des documents forgés ou simulés.

M. Carvalho déclare en outre que le 13 avril 1897, ou un jour voisin de celui-là, en réponse à une demande de la maison S... et G..., Cité de New-York, il s'est rendu auprès de M. G..., de ladite maison, lequel lui a soumis une pièce qu'on affirme être un fac-similé photolithographique de l'écriture reconnue et authentique d'un nommé A. Dreyfus, capitaine, ayant autrefois habité la France; de même qu'un prétendu spécimen de l'écriture de la même personne, spécimen au sujet duquel une contestation s'était produite, en ce qui concerne la question de savoir s'il était authentique ou contrefait. Lesdits fac-similé se composaient de deux spécimens d'écriture authentiques et d'un échantillon d'écriture contesté. Ces fac-similé sont joints au présent rapport et sont marqués, dans le but de pouvoir être reconnus, « D. N. C., 17 avril 1897 ». Le déclarant a séparé la feuille contenant les écritures ci-dessus mentionnées et a placé des parties des trois spécimens sus-mentionnés au dos d'une feuille de carton sur le revers de laquelle se trouve une image de la tombe du général Grant, feuille qui a été également jointe à ce document. Le but qu'on poursuivait en collant des parties desdits échantillons B et C, était de mettre le déclarant à même de photographier et d'agrandir ces écritures, ce qu'il a fait. Ledit agrandissement, qui accompagne le présent rapport, est d'un peu plus de deux diamètres, ce qui a mis le déclarant à même de faire une comparaison convenable avec plus de soin. Les trois spécimens photographiés sont marqués à l'encre rouge. Le premier est marqué A et représente une écriture de 1895 (1), le second est marqué B, à l'encre rouge, et représente l'écriture de 1890 (2), tandis que la lettre C, à l'encre rouge, désigne la pièce d'écriture suspecte ou contestée (3).

Le déclarant affirme en outre qu'il a consacré plus de cinq jours entiers à un examen soigneux et approfondi desdits spécimens, dans le but d'arriver à une conclusion sur le point de savoir si le spécimen marqué C était, oui ou non, de la main de la personne qui avait écrit les spécimens marqués A et B. Que ledit déclarant est arrivé à une conclusion qui le satisfait lui-même, en dépit du petit nombre des documents et aussi du fait que lesdits spécimens, tels qu'ils ont été examinés par lui, sont des copies faites par un procédé photolithographique ou un procédé similaire, dans lesquelles manquaient un grand nombre de petits traits et de particularités qui sans doute se trouvaient contenus dans l'écriture tracée à la plume et qui se trouvent généralement dans de telles écritures, ce qui est dû au fait que ces détails se perdent dans l'impression par la pierre ou par d'autres matières et par la gravure sur ladite pierre à l'aide d'acides, action qui a donné aux fac-simile une certaine apparence de rugosité. Le déclarant, ainsi qu'il est indiqué plus haut, trouve assez de matériaux pour être à même de formuler une opinion, laquelle opinion devra être confirmée par l'inspection des originaux à l'aide desquels ces fac-simile ont été obtenus. En d'autres termes si, après examen desdits originaux d'après lesquels sont faits lesdits fac-simile, ceux-ci sont reconnus comme étant des reproductions correctes des originaux en question, ledit déclarant est prêt à maintenir et à défendre l'opinion exprimée ci-dessous.

A première vue, le déclarant est frappé par le fait que l'échantil-

(1) Voir page 282.
(2) Voir page 288.
(3) Voir page hors texte.

lon *C*, qui représente l'écriture contestée, est, en grande partie, simulé, en ce sens que ladite écriture n'est pas harmonique; elle varie et, en ce qui concerne ce qu'on pourrait appeler ses particularités dominantes, lesdites particularités se trouvent être des exagérations et, dans leur répétition, elles sont reproduites avec tant de soin qu'elles indiquent un parti pris et une simulation de la part de l'auteur, dans le but de reproduire et rendre plus apparente lesdits points spéciaux.

Le déclarant a appris par l'expérience que, dans une tentative pour déguiser sa propre écriture, l'auteur essaye d'éviter les traits caractéristiques dominants et apparents de son écriture et non pas de les rendre plus intenses, en cherchant à les répéter et à les multiplier; tandis que, d'autre part, s'il tente d'imiter l'écriture d'un autre, il recherchera ces traits caractéristiques dominants et apparents et les rendra plus intenses, afin d'attirer, pour ainsi dire, l'attention plus particulièrement sur ces points spéciaux. Tel étant le cas, le déclarant, sans se référer à l'écriture admise comme authentique, estime qu'il se trouve contenu dans ladite pièce d'écriture suspecte des preuves que c'est une copie ou une tentative de simuler l'écriture de quelqu'un. Par conséquent, le déclarant est d'avis que ledit spécimen *C* n'est pas une pièce dans laquelle une personne aurait dissimulé son écriture naturelle, mais plutôt une tentative faite par quelqu'un en vue de reproduire et d'imiter l'écriture d'une autre personne.

Un examen des deux spécimens admis comme authentiques *A* et *B* révèle le fait que ledit écrivain a deux méthodes, en ce qui concerne la manière dont il tient sa plume. La première de ces méthodes est celle de l'écriture ordinaire du maître d'école et présente une inclinaison de l'écriture de 52° environ sur l'horizon; l'autre méthode est représentée par un spécimen d'écriture produit par l'usage d'une plume arrondie, dont la pointe est tenue fortement vers la droite, le pouce étant le facteur qui détermine la nature particulière de cette écriture et la pression de la plume, avec cette conséquence que les traits plus épais sont plus près de la ligne de base et que l'inclinaison se rapproche de la verticale. Ces deux dits spécimens *A* et *B* indiquent des habitudes d'écrire et il résulte pour le déclarant, des qualités inconscientes qu'ils présentent tous les deux, en ce qui concerne les rapports des bas de lettres à ce qu'on pourrait appeler la ligne de base et de leur répétition inconsciente, l'évidence absolue que lesdits spécimens *A* et *B* sont l'écriture naturelle de l'auteur. En comparant lesdits spécimens avec le spécimen contesté *C*, le déclarant trouve, pour employer une expression typique bien connue, qu'il y a une allure différente au point de vue de la rapidité et du caractère de l'écriture. Ni la pression de la plume, ni l'inclinaison ne peuvent être comparées à l'un ou à l'autre des deux spécimens *A* et *B*. Un trait particulier qui est évident dans *A* et *B* consiste dans le fait que les lettres initiales partent de ce qu'on pourrait appeler la ligne de base et que la seconde lettre est en général étrangement haussée ou élevée au-dessus de la ligne de base, cette partie élevée comprenant ordinairement la troisième et parfois la quatrième lettre, après quoi la suivante retourne subitement à la ligne de base, décrivant, pour ainsi dire, la section d'un arc. Cette particularité qui constitue une habitude de l'auteur des deux spécimens *A* et *B*, en dépit de deux genres d'écriture différents qui se manifestent dans lesdits spécimens, fournit une preuve incontestable que la manière de faire que le déclarant a décrite ci-dessus forme une habitude inconsciente de l'auteur, habitude impossible à éviter et qui se reproduit presque dans chaque cas. Rien de pareil ne se retrouve dans l'écriture contestée.

En ce qui concerne l'arrangement mécanique des mots, au point de vue de la liaison des lettres qui y sont contenues, *A* et *B* ne corpondent point au spécimen contesté *C*. Les lettres à hampe peu usuelles descendant au-dessous de la ligne, que l'on trouve représentées dans *A* et *B*, et le peu de longueur des lettres à hampe à peu d'exception près, que l'on trouve au-dessous de la ligne de base dans l'échantillon *C*, présentent également une différence qu'il sera difficile de mettre d'accord avec une théorie quelconque d'après laquelle les trois spécimens auraient été écrits par la même personne.

Pour ces raisons et pour d'autres encore que le déclarant sera toujours prêt à défendre et qui, exposées en détail, rempliraient un grand nombre de pages, le déclarant est arrivé à la conclusion suivante qu'il formule sans réserve, comme son opinion et son jugement, à savoir que, si lesdits spécimens *A* et *B* sont en effet des fac-simile de l'écriture authentique dudit capitaine Dreyfus, ledit spécimen suspect, étant également le fac-simile d'une écriture, n'a pas été écrit et ne peut avoir été écrit par ledit capitaine Dreyfus, et cela pour les raisons qui se trouvent relatées ici même.

Le déclarant, néanmoins, trouve des ressemblances sur certains points particuliers, mais il est d'avis que ce ne sont là que des imitations et qu'une personne quelconque a tenté d'imiter, avec un certain succès, l'écriture du capitaine Dreyfus, telle qu'elle est représentée dans le spécimen désigné par la lettre *A*, c'est-à-dire une écriture de ce type particulier. Et si la simple comparaison de lettres particulières devait être employée pour affirmer que deux spécimens d'écriture dans lesquels lesdites particularités paraissent, sont l'œuvre de la même personne, il s'ensuivrait qu'il ne pourrait y avoir de conclusions d'une portée générale suggérées par une comparaison d'écritures. Car, chez deux personnes qui ont appris la même écriture du maître d'école et qui l'écriraient avec des lettres du même type, on pourrait choisir beaucoup de traits ressemblants et, tout en sachant que ces écritures appartiennent à deux personnes différentes, on pourrait les représenter comme étant l'écriture de la même personne. Il s'ensuit que ce ne sont pas les ressemblances des écritures qui prouvent leur identité, mais bien leurs divergences naturelles, comparées à l'écriture du maître d'école, et que ce sont ces divergences qui doivent être comparées avec les particularités d'écriture du même type.

Le déclarant professe l'opinion que ledit spécimen *C* est l'œuvre d'une personne qui a consacré beaucoup d'effort à l'écriture dudit spécimen et qui a cherché à imiter ce que le déclarant a désigné plus haut comme étant certains traits caractéristiques, particuliers et dominants de l'écriture authentique du capitaine Dreyfus.

Signé : David N. Carvalho.

Signé et confirmé par serment devant moi.

Signé : Goldman,

Notaire public pour la Cité et Comté de New-York.

CRITIQUE DU RAPPORT BERTILLON

*J'avais demandé à un homme fort connu pour ses travaux graphologiques,
dont plusieurs furent publiés autrefois dans la* REVUE PHILOSOPHIQUE,
*M. G. Hoctès, son opinion sur le rapport, qui deviendra légendaire,
de M. Bertillon. Voici la lettre que m'a adressée M. Hoctès et qu'avec son
assentiment j'ai cru devoir joindre aux rapports d'expertises qui précèdent.*

Monsieur,

Je vous ai promis de vous dire ce que je pensais du rapport fait
par M. Bertillon dans l'affaire Dreyfus, tel du moins que ce rapport
est résumé dans votre brochure, et je viens tenir ma promesse.

Je vous dirai tout d'abord que, quelles que soient les conclusions
de M. Bertillon, et quelques divergences qu'elles présentent avec
les miennes, je ne saurais cependant les considérer comme de nulle
valeur ; M. Bertillon m'ayant toujours fait l'effet, jusqu'ici, d'après
sa réputation, d'un savant sérieux, malgré ses petits travers, doué
d'une certaine compétence en matière d'expertises d'écritures, et
qui joint à sa compétence une ingéniosité souvent très rare.

Mais, dans cette affaire Dreyfus, il me paraît avoir été victime
tout d'abord de la prévention inconsciente dont l'absence constitue
peut-être le plus grand desideratum des expertises en écritures et
qui s'impose forcément plus ou moins à tous les experts.

Je veux parler de la tendance qu'a un expert à charger ou à
disculper un inculpé, suivant que l'expertise lui est confiée par la
défense ou par l'accusation ; il y a bien quelques moyens de contre-
balancer cette tendance, mais ce n'est pas ici le lieu de les exposer, je
les passerai donc sous silence. C'est sous l'influence de cette prévention inconsciente que M. Bertillon a été probablement amené à
dire, après un examen de trois ou quatre vacations, assurément insuffisant pour se faire non pas une conviction, mais même une
simple opinion : « Si l'on écarte l'hypothèse d'un document forgé
avec le plus grand soin, il appert manifestement que c'est la même
personne qui a écrit la lettre et les pièces communiquées. »

Ce qui peut paraître manifeste, c'est que, après examen des
pièces dont il s'agit, et vérification continue, pendant plusieurs
jours et même plusieurs semaines, l'hypothèse d'un écrivain unique

perd beaucoup de sa valeur *a priori*, tandis que l'hypothèse d'un faussaire se dessine de plus en plus.

Cette hypothèse d'un faussaire, M. Bertillon l'a entrevue puisqu'il la mentionne, et cette mention est un témoignage de la valeur de l'expert, puisqu'elle s'est imposée à lui, même après une vérification et une comparaison tout à fait élémentaires.

Il l'a entrevue; elle est, somme toute, plausible et rationnelle si l'on tient compte, d'une part, des nombreuses différenciations existant entre les deux écritures, et, d'autre part, de tous les motifs de suspicion qui ressortent du contexte du document incriminé, et qui ont fort probablement suggéré à M. Bertillon l'idée de décalque, et cependant il écarte cette hypothèse sans donner aucune raison de ce rejet, et avec une désinvolture que justifie seule la rapidité de son travail.

Ce mot décalque demanderait d'ailleurs à être expliqué et commenté par diverses observations pour l'exposé desquelles M. Bertillon n'a fourni aucun renseignement :

I. — Si ce mot n'a pas été employé au sens propre il ne signifie rien, et s'il est employé comme terme technique il y a cent procédés de décalquer une écriture, parmi lesquels il serait utile de connaître celui adopté par l'écrivain pour la fabrication de son autographe.

II. — Il est inadmissible, d'autre part, que le bordereau ait été un simple fac-simile, ce qui aurait au surplus été très facile à reconnaître, et non pas une écriture originale; il s'ensuit que le décalque, par quelque procédé qu'il ait été effectué, était une simple opération préliminaire à la confection du document par la main humaine, et que cette écriture naturelle, non pas seulement reproductive, aurait été copiée et imitée en prenant pour modèle un fac-simile de la propre écriture de l'écrivain préalablement falsifiée.

III. — On arrive ainsi, de déductions en déductions, à un singulier galimatias, et il est permis de se demander à quoi bon toutes ces complications et manipulations d'une écriture, mais ce n'est pas tout; l'écrivain aurait introduit dans son écriture certaines modifications, et il est permis de se demander à nouveau à quel moment de ces opérations successives et multiples cette falsification aurait été effectuée.

L'expression employée par M. Bertillon semble suggérer l'idée que le décalque et la falsification auraient été simultanés, mais il est inutile de montrer que la contemporanéité des deux opérations est impossible, et alors mieux vaudrait admettre, ce serait du moins plus simple, que l'écriture a été falsifiée par son propre écrivain, sans avoir recours à aucun procédé de décalque, mais dans ce cas cette falsification, à main courante ou posée, apparaît également comme impossible, et pour des raisons déduites ailleurs qui paraissent irréfutables.

IV. — Les diverses manipulations sus-mentionnées de l'écriture auraient, dit-on, ménagé une réponse dilatoire au cas d'accusation; c'est bien vague, et la formule qui en est donnée est bien moins satisfaisante encore. On ne se représente pas du tout, surtout lorsqu'il est d'une certaine valeur intellectuelle, un accusé venant dire devant une juridiction quelconque : « Je ne suis pas assez naïf pour avoir écrit l'acte incriminé avec ma propre écriture; » ce ne serait pas seulement un aveu, mais ce serait là aussi la réponse d'un véritable idiot de vaudeville.

V. — Et, malgré tout, M. Bertillon n'est peut-être pas dans l'erreur, il est possible qu'il ait retrouvé dans le document des traces d'une opération d'autographie ou de décalques quelconques; mais ces opérations, au moins inutiles quand on les attribue à l'écrivain visé par M. Bertillon, apparaissent, au contraire, comme ayant été nécessaires si on voit dans le bordereau l'œuvre d'un faussaire qui aurait employé quelqu'un des procédés analogues à celui visé par M. Bertillon, pour colliger et s'assimiler le plus possible les éléments graphiques de l'écriture qu'il se proposait d'imiter.

Et dans ce cas, l'emploi de quelque procédé de décalque se trouve expliquer rationnellement les analogies qui existent effectivement entre le document incriminé et les autographes auxquels on l'a comparé.

Il résulte enfin des observations ci-dessus, qu'aussi longtemps que M. Bertillon n'aura pas produit soit sa propre écriture, soit celle d'un autre écrivain, ayant passé par les différentes manipulations qu'il indique sans trop préciser, qu'il est impossible d'admettre la réalité de la falsification qu'il a admise, dans les conditions qu'elle comporterait, et qu'il est permis, semble-t-il, de dire qu'il a laissé simplement vagabonder son imagination.

M. Bertillon, d'autre part, paraît voir bien facilement, trop facilement ce qu'il désire, du moins dans le cas dont s'agit.

Ainsi, dit-il notamment, le capitaine Dreyfus met des déliés au commencement et pas à la fin des mots; dans la pièce incriminée, les déliés n'existent pas au commencement des mots, mais sont ajoutés à la fin.

Il semblerait d'après cette phrase que c'est là une caractéristique fondamentale du document incriminé, et on s'attend à ce que toutes les finales de ce document, ou presque toutes, soient assorties de déliés ; or, dans toutes les lignes du document, il existe exactement sept finales qui se trouvent dans ces conditions, et encore quelques-unes d'entre elles sont-elles discutables.

On les rencontre aux mots : 1° *Frein*, de la quatrième ligne; 2° *note*, de la sixième ligne ; 3° *campagne*, de la treizième ligne; 4° *nombre* et *fixe*, de la dix-septième ligne ; 5° *remettre*, de la vingtième ligne ; 6° et 7° *et le*, de la vingt-unième ligne ; toutes les autres finales du document sont ou brusquement arrêtées ou durement spatulées, ce qui est tout le contraire des déliés.

Par contre, il n'est pas de pages de trente lignes, parmi celles qui peuvent servir de pièces de comparaison, qui ne contiennent autant, sinon plus, de déliés analogues à ceux signalés ; en sorte que s'il y avait réellement eu falsification dans le sens où l'entend M. Bertillon, cette falsification paraît bien n'avoir aucunement porté spécialement sur les finales et leurs déliés.

D'après M. Bertillon, l'écrivain a voulu ce changement dans les déliés ; si cela était vrai, comme rien ne ressemble tant au voulu que le non voulu lorsqu'il s'agit d'un mouvement graphique ou des expressions physiognomoniques des parties mobiles du visage, il serait permis de dire qu'il est impossible de savoir si les traits formés par l'écrivain quel qu'il soit, sont voulus ou non voulus, jusqu'à ce que M. Bertillon ait révélé son critère, ce qui serait rendre un fier service à l'humanité en donnant le droit de démasquer toutes les hypocrisies.

Observations analogues pourraient s'appliquer aux constatations établies par M. Bertillon à propos de la lettre *fs* dont deux exemples se rencontrent dans le document incriminé, lignes deux et trois, et un troisième à la vingt-huitième ligne.

Cette constatation est fort juste, et habituellement en effet, dans les pièces prises pour terme de comparaison, dans la lettre double dont s'agit la grande lettre précède la petite, à l'inverse de ce qui se produit dans le document incriminé où la petite lettre figure avant la grande, dans le monogramme.

Et on pourrait même ajouter que cet idiotisme scriptural, aussi fréquent dans le seul document incriminé que dans trois ou quatre pièces de comparaison, constitue un élément de différenciation aussi matériel qu'on peut le désirer et d'où il semble bien résulter immédiatement, lorsqu'on ne cherche pas midi à quatorze heures, que l'écrivain du document incriminé n'est pas celui des autres pièces.

Et cette conséquence logique se trouve confirmée et appuyée par le fait qu'il n'y a pas seulement différence de position d'éléments graphiques dans la double lettre dont s'agit, mais aussi différence morphologique résultant de la présence invariable d'éléments graphiques sinistrogyres très prononcés dans toutes les pièces de comparaison, alors que ces éléments sinistrogyres sont remplacés nettement par des éléments dextrogyres dans le document incriminé, et dans les trois exemples que ce document présente.

Les conclusions de M. Bertillon sont toutes autres; c'est voulu, affirme-t-il, en ne visant que l'interversion des deux lettres s grande et petite, sans parler de leur différenciation morphologique qui a bien pourtant son importance en matière d'expertise en écritures.

Pourquoi est-ce voulu? C'est ce qu'il aurait fallu montrer, sinon démontrer. M. Bertillon ne l'a pas fait, et son raisonnement ne prouve qu'une chose autant qu'il est prouvé quelque chose, c'est que la conclusion de M. Bertillon, loin d'être contenue dans les prémisses de l'argumentation, en est totalement contradictoire, et que, s'il l'a émise dans les termes ci-dessus, il faut de toute nécessité qu'il ait mis la charrue avant les bœufs, et qu'avant d'aborder son expertise il soit parti d'une idée préconçue, d'une conclusion d'attente et a priori, qu'il s'est efforcé de justifier après coup, par ses constatations, non admises telles qu'elles se présentaient, mais subordonnées, dans l'interprétation de leur valeur, à l'idée préconçue.

Pour que le raisonnement de M. Bertillon fût bon, il aurait fallu qu'il commençât par appuyer ses prémisses d'un écrivain unique falsificateur de sa propre écriture, et qu'il développât le pourquoi de ses croyances à cet égard. Jusqu'à ce que cette exposition soit faite, on ne peut voir dans son argumentation qu'une simple tautologie, d'autant moins probante qu'elle ne s'applique pas uniquement à l'espèce, et qu'en la généralisant on arriverait à démontrer très facilement que sur cent écrivains quelconques, il y en a au moins de vingt à trente qui ont écrit le document incriminé.

M. Bertillon a consacré une observation spéciale au mot responsable, dernier de la vingtième ligne.

Ce mot est écrit avec des caractères de différents points et d'inclinaisons et bases diverses, mais si les reproductions photographiques sont conformes à l'original, il est impossible d'y découvrir un tremblement dans les parties médianes, initiales ou finales en s'aidant des loupes les plus puissantes, alors que les tremblements du mot extrêmement, dernier de la quatorzième ligne, apparaissent incontestablement à l'œil nu d'un vérificateur quelconque.

Il faut véritablement qu'en faisant cette constatation M. Bertillon ait été victime de l'une de ces hallucinations journalières de la vue, plus fréquentes qu'on ne le croit généralement.

D'ailleurs, sans nier en rien la réalité de la dynamogénie et de l'inhibition d'un mouvement graphique par la qualité stimulante ou dépressive des états de conscience existant dans l'intellect avant d'être extériorisés dans le geste scriptural, réalité qu'il est possible de mettre en relief avec un fort grossissement, dans des expériences de laboratoire, et en se servant de sujets prédisposés et entraînés, on peut affirmer, sans crainte d'être démenti, qu'il est, à l'heure actuelle, impossible de constater, même exceptionnellement, la nature spéciale des états psychiques d'où dérivent les mouvements graphiques, dans les écritures courantes, lorsque l'on ne s'en tient pas aux excitations les plus générales.

Il en résulte donc que cette remarque de M. Bertillon, alors même qu'elle serait exacte, n'aurait qu'une valeur purement théorique.

La dernière des constatations de M. Bertillon, parmi celles principales, est ainsi formulée : Le mot *adresse* s'applique exactement sur la signature du capitaine : *A. Dreyfus.*

Peut-être y aurait-il lieu de demander quel est au juste le mot visé, car le contexte du document incriminé contient ce même mot répété deux fois, à la deuxième ligne et à la vingt-huitième ligne; mais dans l'ignorance de la mensuration spéciale à laquelle il était fait allusion, rien n'empêchait de faire une contre-mensuration sur les deux mots du document, en observant toutefois, au préalable, qu'on ne compare pas ordinairement une carpe avec un lapin, et que le seul élément graphique qui pourrait être l'objet d'une comparaison est non pas le mot *adresser*, mais la syllabe *adr*, si toutefois il est permis de rapprocher une syllabe dans laquelle entre une lettre minuscule, d'une syllabe analogue dans laquelle entre au contraire une lettre majuscule.

Quoi qu'il en soit cependant, et sans tenir compte de ces objections, si l'on mesure une signature *A. Dreyfus* non faite évidemment pour les besoins de la cause, on trouve que, dans son plus grand développement, elle a plus de 3 centimètres, alors que le mot *adresse* de la deuxième ligne n'atteint pas 2 centimètres, et que le mot *adresse* de la vingt-huitième ligne ne les dépasse pas.

Contre-vérification a été faite de cette mensuration au moyen du rapporteur esthétique de M. Charles Henry et a donné les résultats suivants :

1° Le mot *adresse* de la deuxième ligne du document développe une sous-tendante d'un arc de cercle de sept degrés seulement;

2° La sous-tendante du mot *adresse* de la vingt-huitième ligne comporte un arc de cercle de neuf degrés;

3° Et la signature *A. Dreyfus* sous-tend un arc de cercle de dix-sept degrés.

Dès lors, il paraît bien difficile d'admettre que les éléments graphiques en question puissent coïncider et s'appliquer exactement les uns sur les autres autrement qu'en imagination.

Et les différences sont telles, qu'il est impossible de croire que M. Bertillon, dont la compétence en matière de mensurations paraît généralement reconnue, ait passé par là; il faut qu'il s'en soit rapporté à l'opinion d'un employé subalterne autant que novice.

Deux éléments graphiques, qui coïncideraient exactement en les appliquant l'un sur l'autre, ne démontreraient qu'une chose, au surplus, c'est qu'ils ont été calqués l'un sur l'autre; et, dans l'espèce, ce serait peut-être une preuve irréfutable que la pièce incriminée est l'œuvre d'un faussaire, un écrivain quelconque étant incapable de tracer en deux circonstances différentes deux signatures ou deux mots exactement et mathématiquement semblables.

G. HOCTÈS.

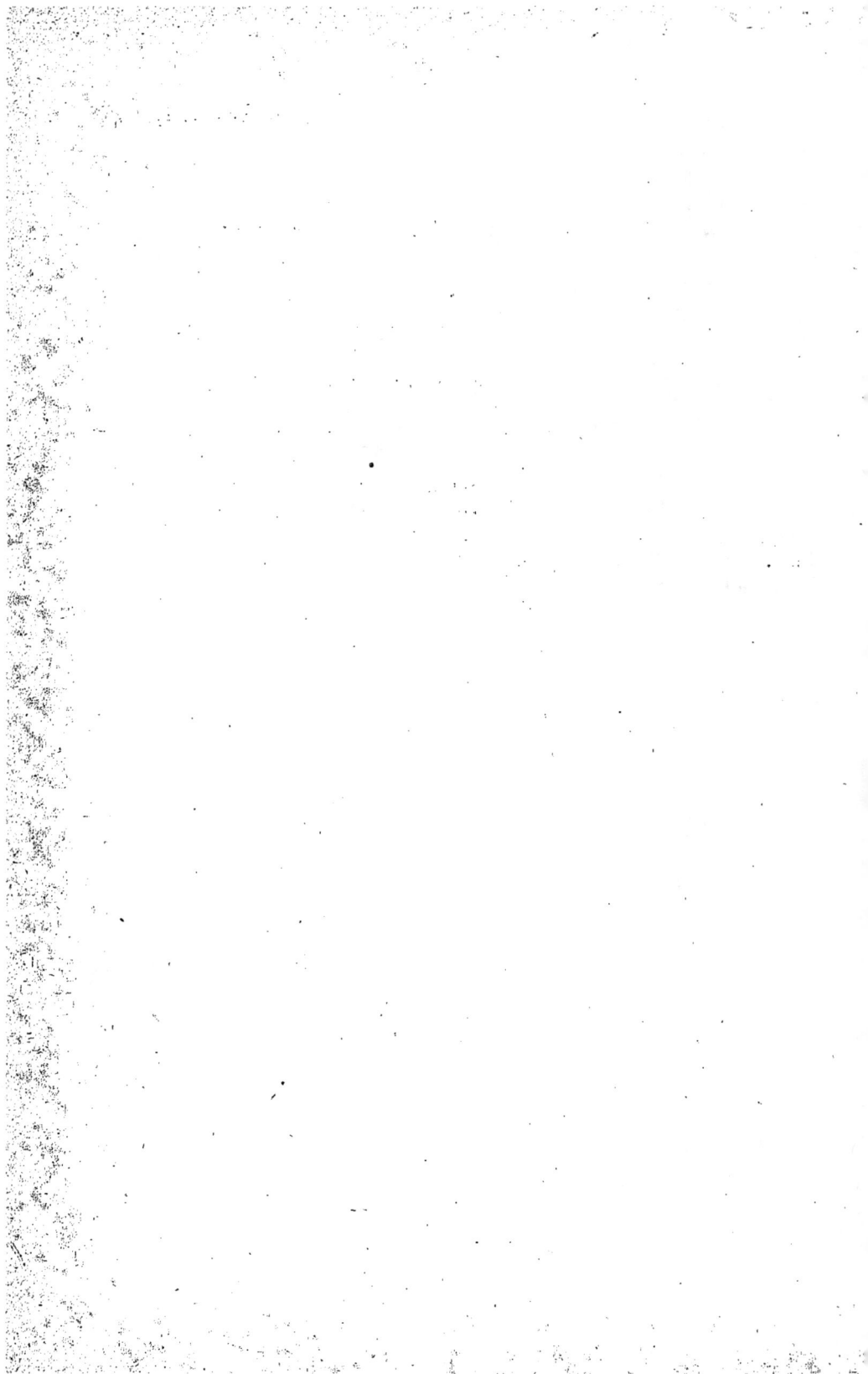

FAC-SIMILE

Ligne 1.	Sans nouvelles m'indiquant que vous
— 2.	désirez me voir, je vous adresse cependant
— 3.	Monsieur quelques renseignements intéressants
— 4.	1° une note sur le frein hydraulique
— 5.	du 120 et la manière dont s'est conduite
— 6.	cette pièce.
— 7.	2° une note sur les troupes de couverture.
— 8.	(quelques modifications seront apportées par
— 9.	le nouveau plan)
— 10.	3° une note sur une modification aux
— 11.	formations de l'artillerie.
— 12.	4° une note relative à Madagascar.
— 13.	5° le projet de manuel de tir de
— 14.	l'artillerie de campagne (14 mars 1894)
— 15.	Ce dernier document est extrêmement
— 16.	difficile à se procurer et je ne puis
— 17.	l'avoir à ma disposition que très peu
— 18.	de jours. Le ministère de la guerre
— 19.	en a envoyé un nombre fixe dans
— 20.	les corps et ces corps en sont responsables
— 21.	chaque officier détenteur doit
— 22.	remettre le sien après les manœuvres.
— 23.	Si donc vous voulez y prendre ce
— 24.	qui vous intéresse et le tenir
— 25.	à ma disposition après, je le
— 26.	prendrai. À moins que vous ne
— 27.	vouliez que je le fasse copier
— 28.	in extenso et ne vous en adresse
— 29.	la copie.
— 30.	Je vais partir en manœuvres

Texte du Document attribué au Capitaine Dreyfus.

Ligne 1.	Sans nouvelles m'indiquant que vous
— 2.	désirez me voir, je vous adresse cependant,
— 3.	Monsieur, quelques renseignements intéressants.
— 4.	1° une note sur le frein hydraulique
— 5.	De 120 et la manière dont s'est conduite
— 6.	cette pièce.
— 7.	2° une note sur les troupes de couverture.
— 8.	(quelques modifications seront apportées par
— 9.	le nouveau plan)
— 10.	3° une note sur une modification aux
— 11.	formations de l'artillerie.
— 12.	4° une note relative à Madagascar.
— 13.	5° le projet de manuel de tir de
— 14.	l'artillerie de campagne (16 mars 1894)
— 15.	Ce dernier document est extrêmement
— 16.	difficile à se procurer et je ne puis
— 17.	l'avoir à ma disposition que très peu
— 18.	de jours. Le ministère de la guerre
— 19.	en a envoyé un nombre fixe dans
— 20.	les corps et ces corps en sont responsables.
— 21.	chaque officier détenteur doit
— 22.	remettre le sien après les manœuvres.
— 23.	Si donc vous voulez y prendre ce
— 24.	qui vous intéresse et le tenir
— 25.	à ma disposition après, je le
— 26.	prendrai. À moins que vous ne
— 27.	vouliez que je le fasse copier
— 28.	in extenso et ne vous en adresse
— 29.	la copie.
— 30.	Je vais partir en manœuvres.

Texte du Document attribué au Capitaine Dreyfus.

P. 1.

Ne varietur
Crépieux-Jamin

Mon cher Paul,

Un de mes amis,
le Commandant de Rosière,
désire passer deux mois à Londres
dans une famille pour se
perfectionner dans la connaissance
de la langue anglaise.

Voudrais-tu être assez
aimable pour faire insérer l'annonce
suivante que tu traduiras au préalable
en anglais

« Gentleman français voulant
apprendre l'anglais, désire passer deux
mois à Londres dans famille
honorable Adresser conditions détaillées
a de Rosière Rosière, 16 bis avenue
la Mothe-Picquet, Paris »

Penses-tu qu'on répondra à Paris ?
Si oui : fais de suite insérer l'annonce

Ligne 1.
— 2.
— 3.
— 4.
— 5.
— 6.
— 7.
— 8.
— 9.
— 10.
— 11.
— 12.
— 13.
— 14.
— 15.
— 16.
— 17.
— 18.
— 19.

Désignation :
Pièce 1 du rapport de M. Crépieux-Jamin.

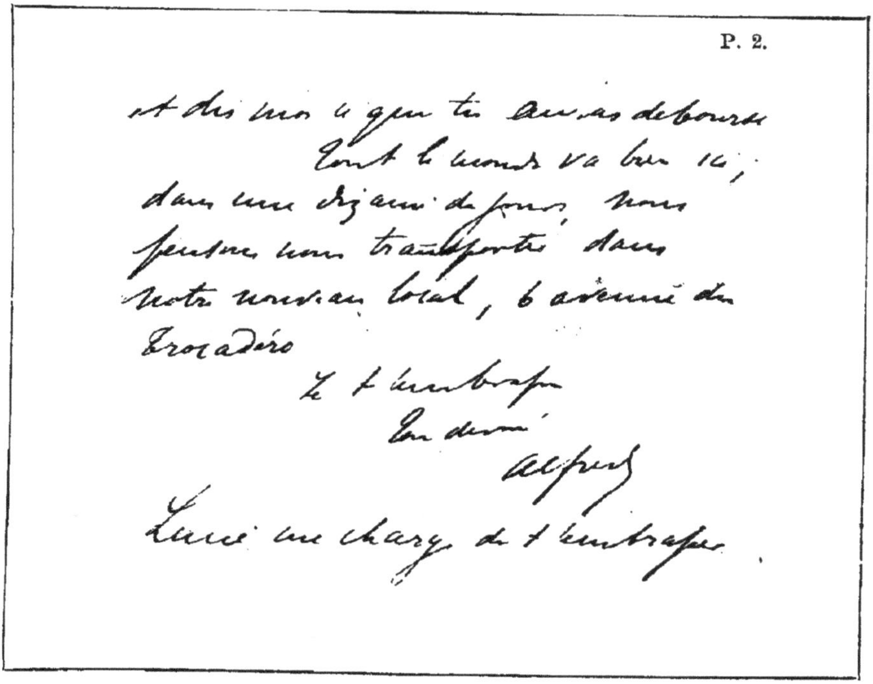

P. 2.

Ligne 20. et dis moi ce que tu auras déboursé

— 21. Tout le monde va bien ici;

— 22. dans une dizaine de jours, nous

— 23. pensons nous transporter dans

— 24. notre nouveau local, 6 avenue du

— 25. Trocadéro

— 26. Je t'embrasse

— 27. Ton dévoué

— 28. Alfred

— 20. Lucie me charge de t'embrasser.

P. 1.

Ligne 1.

— 2.

— 3.

— 4.

— 5.

— 6.

— 7.

— 8.

— 9.

— 10.

— 11.

— 12.

— 13.

— 14.

— 15.

— 16.

— 17.

Désignation :
Pièce 2 du rapport de M. Crépieux-Jamin.

P. 2.

Ligne 18.	*Je pressentais la douleur que*
— 19.	*vous deviez éprouver d'être*
— 20.	*ainsi sans nouvelle de moi.*
— 21.	*J'avais le temps de penser*
— 22.	*à vous tous, dans ces longues journées*
— 23.	*et ces nuits sans sommeil, en tête*
— 24.	*à tête avec mon cerveau. Rien*
— 25.	*pour lire, rien pour écrire.*
— 26.	*Je tournais comme un lion en*
— 27.	*cage, essayant de déchiffrer une*
— 28.	*énigme que je ne pouvais pas saisir.*
— 29.	*Mais tout en ce monde finit*
— 30.	*par se découvrir à force de persévérance*
— 31.	*et d'énergie; je te jure que je*
— 32.	*démontrerai le misérable qui*
— 33.	*a commis cet acte infâme.*
— 34.	*Conserve donc tout ton courage*
— 35.	*ma bonne chérie et regarde le bonheur.*

P. 3.

Ligne 36.

— 37.

— 38.

— 39.

— 40.

— 41.

— 42.

— 43.

en paix. tu en as le droit

——— Remercie tout le monde de

leur admirable dévouement à

ma cause; embrasse pour moi

nos chers enfants et toute la

famille.

Mille baisers pour toi de ton dévoué

Alfred

P. 1.

Ligne	
1.	*Îles du Salut, Mercredi 8 Mai 95*
2.	*Chère Lucie,*
3.	*Quoique je ne doive remettre cette lettre*
4.	*que le 18, je la commence dès aujourd'hui, tant*
5.	*j'éprouve un besoin invincible de venir causer*
6.	*avec toi. Il me semble quand je t'écris que les*
7.	*distances se rapprochent, que je vois devant moi*
8.	*ta figure aimée et qu'il y a quelque chose de toi*
9.	*auprès de moi. C'est une faiblesse, je le sais,*
10.	*car malgré moi, l'écho de mes souffrances vient*
11.	*parfois sous ma plume, et les tiennes sont assez*
12.	*grandes pour que je ne te parle pas encore des*
13.	*miennes. Mais je voudrais bien être à ma place,*
14.	*philosophes et psychologues qui dissertent*
15.	*tranquillement au coin de leur feu, sur le calme,*
16.	*la sérénité que doit montrer un innocent.!—*
17.	*Un silence profond règne autour de*
18.	*moi; interrompu seulement par le mugissement*
19.	*de la mer. Et ma pensée franchissant la*
20.	*distance qui nous sépare, se reporte au milieu*
21.	*de vous, au milieu de tous ceux qui me sont*
22.	*chers et dont la pensée certes doit se diriger*
23.	*souvent aussi vers moi. Fréquemment je*
24.	*me demande; à telle heure que fait ma chère*

Désignation :
Pièce 3 du Rapport de M. Crépieux-Jamin.

P. 2.

Ligne 25.	Lucie et je t'envoie par la pensée l'écho de mon
— 26.	immense affection. Je ferme alors les yeux et il
— 27.	me semble voir se profiler ta figure, celle de mes
— 28.	chers enfants.
— 29.	Je n'ai toujours pas de lettres de toi,
— 30.	sauf celles de 16 et 17 février et adressées encore
— 31.	à l'île de Ré. Voici donc trois mois que je suis
— 32.	sans nouvelles de toi, des enfants, de nos familles.
— 33.	Je crois t'avoir déjà dit que je te conseillais
— 34.	de demander à déposer tes lettres au ministère
— 35.	huit ou dix jours avant le départ du courrier,
— 36.	peut-être ainsi les recevrais-je plus rapidement.
— 37.	Mais, ma bonne chérie, oublie toutes mes
— 38.	souffrances, surmonte les tiennes et pense à nos
— 39.	enfants. Dis-toi que tu as une mission sacrée
— 40.	à remplir, celle de me faire rendre mon honneur,
— 41.	l'honneur du nom que portent nos chers petits.
— 42.	D'ailleurs je me rappelle ce que tu m'as dit avant
— 43.	mon départ; je sais, comme tu le répètes dans ta
— 44.	lettre du 17 février, ce que valent les paroles dans
— 45.	ta bouche; j'ai une confiance absolue en toi.
— 46.	Ne pleure donc plus, ma bonne chérie;
— 47.	je lutterai jusqu'à la dernière minute pour
— 48.	toi pour nos chers enfants. Les corps peuvent
— 49.	fléchir sous une telle somme de chagrins, mais

P. 3.

Ligne 50. les âmes doivent rester fortes et vaillantes
— 51. pour réagir contre une situation que nous n'avons
— 52. pas méritée
— 53. Quand l'honneur me sera rendu, alors
— 54. seulement ma bonne chérie nous aurons le
— 55. droit de nous retirer. Nous vivrons pour
— 56. nous, loin des bruits du monde, nous nous
— 57. réfugierons dans notre affection mutuelle,
— 58. dans notre amour grandi par des événements
— 59. aussi tragiques. Nous nous soutiendrons
— 60. l'un l'autre pour panser les blessures de nos
— 61. cœurs, nous revivrons dans nos enfants
— 62. auxquels nous consacrerons le restant de nos
— 63. jours. Nous tâcherons d'en faire des êtres bons,
— 64. simples, forts physiquement et moralement,
— 65. nous élèverons leurs âmes pour qu'ils y
— 66. trouvent toujours un refuge contre les
— 67. réalités de la vie.
— 68. Puisse ce jour arriver bientôt car nous
— 69. avons tous payé largement notre tribut de
— 70. souffrance sur cette terre
— 71. Courage donc, ma chérie, sois forte et
— 72. vaillante. Poursuis ton œuvre sans faiblesse,
— 73. avec dignité mais avec le sentiment de
— 74. ton droit.
— 75. Je vais me coucher, fermer les

P. 4.

Ligne 76.
— 77.
— 78.
— 79.
— 80.
— 81.
— 82.
— 83.
— 84.
— 85.
— 86.
— 87.
— 88.
— 89.
— 90.
— 91.
— 92.
— 93.
— 94.
— 95.
— 96.
— 97.
— 98.

yeux et penser à toi. Bonsoir et mille baisers.

12 Mai 1895

Je continue cette lettre car je veux te faire part de mes pensées au fur et à mesure qu'elles me viennent à l'esprit. J'ai le temps de réfléchir profondément dans ma solitude.

Vois-tu, les mères qui veillent au chevet de leurs enfants malades et qui les disputent à la mort avec une énergie farouche, n'ont pas besoin d'autant de vaillance que toi, car c'est plus que la vie de tes enfants que tu as à défendre, c'est leur honneur. Mais je te sais capable de cette noble tâche. Enfin, ma chère Lucie, je te demande pardon si j'ai parfois ~~contribué~~ de augmenté ton chagrin en exhalant des plaintes, en témoignant d'une impatience fébrile de voir enfin s'éclaircir le mystère devant lequel ma raison se brise impuissante. Mais tu connais mon tempérament nerveux, mon caractère emporté. Il me semblait que tout devait se décintrer immédiatement,

P. 5.

Ligne 99. qu'il était impossible que la
— 100. lumière ne se fît pas prompte et
— 101. complète. Chaque matin je me levais
— 102. avec cet espoir et chaque soir je me couchais
— 103. avec une profonde déception. Je ne pensais qu'à
— 104. me torturer et j'oubliais que tu devais souffrir
— 105. autant que moi. Cet horrible crime d'un
— 106. misérable ne m'atteint pas seulement, en effet,
— 107. mais il t'atteint aussi, et atteint surtout
— 108. aussi nos chers enfants. C'est pourquoi
— 109. il faut que nous surmontions toutes nos
— 110. souffrances; il ne s'agit pas seulement de
— 111. donner la vie à des enfants, il faut leur
— 112. léguer l'honneur sans lequel la vie n'est
— 113. pas possible. Je connais tes sentiments,
— 114. je sais que tu penses comme moi. Courage
— 115. donc, chère femme, je lutterai avec toi
— 116. en te soutenant de toute mon énergie, parce que
— 117. devant une nécessité pareille — absolu- tout
— 118. doit être oublié; il le faut pour notre cher
— 119. petit Pierre, pour notre chère petite Jeanne.
— 120. Je sais combien tu as été admirable.

P. 6.

Ligne 121.
— 122.
— 123.
— 124.
— 125.
— 126.
— 127.
— 128.
— 129.
— 130.
— 131.
— 132.
— 133.
— 134.
— 135.
— 136.
— 137.
— 138.
— 139.
— 140.
— 141.
— 142.
— 143.
— 144.
— 145.

de dévouement, de grandeur d'âme dans les
évènements tragiques qui viennent de se
dérouler. ~~Je te~~ Continue donc, mon cher
Lucie, ma confiance en toi est complète, ma
profonde affection te dédommagera quelque jour
de toutes les douleurs que tu endures si noblement

18 Mai 95

Je termine aujourd'hui cette lettre
qui t'apportera une parcelle de moi-même et
l'expression de mes pensées profondément réfléchies
dans le silence sépulcral au milieu duquel je vis.
J'ai trop souvent pensé à nous, pas assez à toi, aux
enfants. Ton martyre, celui de nos familles est
aussi grand que le mien. Il faut donc que nos cœurs
s'élèvent au dessus de tout pour ne voir que le but
à atteindre, notre honneur.

Je resterai debout tant que mes forces me le permettront
pour te soutenir de tout mon ardeur, de toute la
grandeur de mon affection. Courage donc, cher Lucie,
et persévérance, nous avons nos petits à défendre.

Embrasse frère et sœurs pour moi, dis leur
que j'ai reçu les lettres envoyées adressées à l'île de Ré
et que je leur écrirai prochainement.

Pour toi, mes meilleurs baisers
Alfred

P. 7.

Ligne 146.
— 147.
— 148.
— 149.
— 150.
— 151.
— 152.
— 153.
— 154.
— 155.
— 156.
— 157.
— 158.
— 159.
— 160.
— 161.
— 162.
— 163.
— 164.
— 165.

Cher Petit Pierre,

Papa t'envoie de bons gros becs ainsi qu'à petite Jeanne. — Papa pense souvent à tous les deux. — Tu montreras à petite Jeanne à faire de belles tours en bois, bien hautes, comme je t'en faisais et qui dégringolaient si bien.

Sois bien sage, fais de bonnes et chaudes caresses à ta maman quand elle est triste.

Sois bien gentil aussi avec grand'mère et grand-père, fais de bonnes niches à tes tantes.

Quand papa reviendra de voyage, tu viendras le chercher à la gare, avec petite Jeanne, avec maman, avec tout le monde.

Encor de bons gros becs pour toi et pour Jeanne.

Ton papa.

P. 1

Ligne	1.
—	2.
—	3.
—	4.
—	5.
—	6.
—	7.
—	8.
—	9.
—	10.
—	11.
—	12.
—	13.
—	14.
—	15.
—	16.
—	17.

Désignation :

Pièce **4** du rapport de M. Crépieux-Jamin.
Pièce **S** du rapport de M. de Gray Birch.

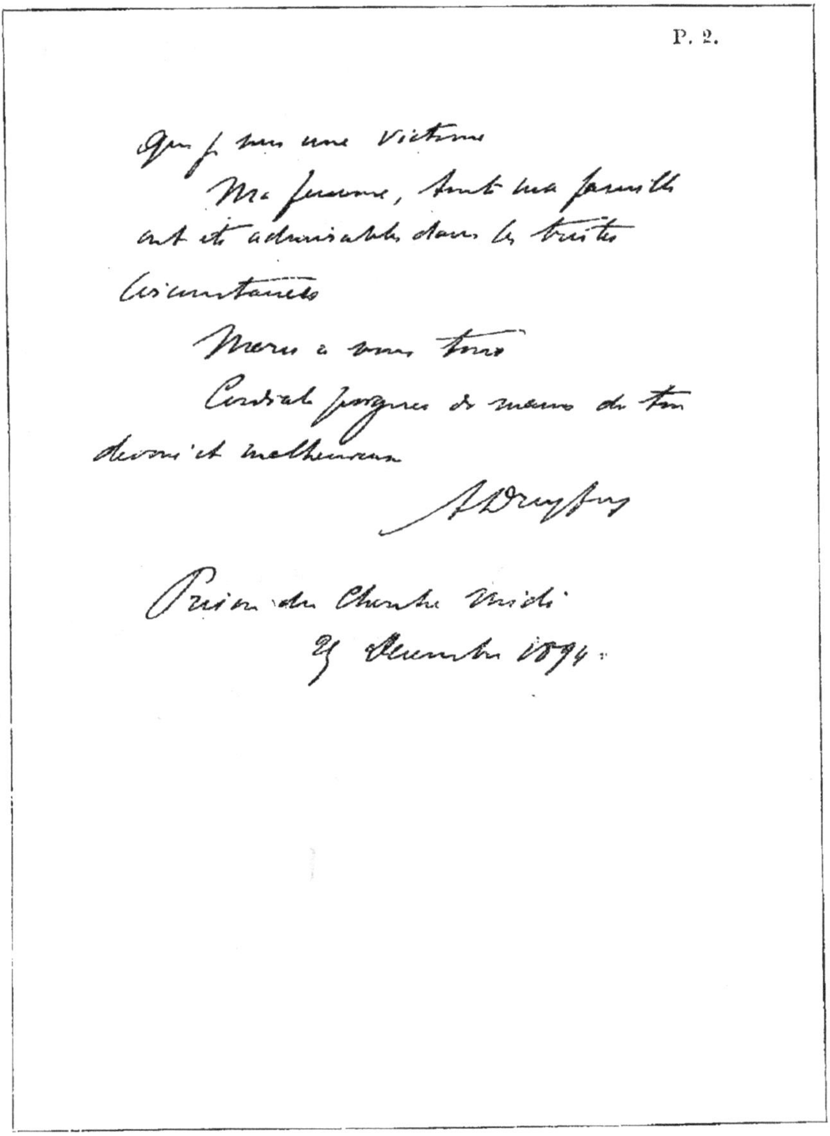

P. 2.

que je suis une victime

Ma femme, toute ma famille ont été admirables dans les tristes circonstances

Merci à vous tous

Cordial poignée de mains de ton dévoué et malheureux

A Dreyfus

Prison du Cherche Midi
27 décembre 1894.

Vu le Directeur
Crépieux-Jamin

Ligne 1.	**AVIS**
— 2.	Les détenus ne peuvent écrire qu'à leurs proches parents et tuteurs, et seulement une fois par mois, à moins de circonstances exceptionnelles. Ils peuvent être temporairement privés de correspondance.
— 3.	Ils ne doivent parler que de leurs affaires de famille et de leurs intérêts privés
— 4.	Il leur est interdit de demander ou de recevoir des aliments ou des **timbres-poste**. Ils ne peuvent envoyer ou recevoir des secours que sur l'autorisation expresse du Directeur, ces secours doivent leur être adressés, soit en billets de banque par lettres chargées, soit en mandats-poste au nom du greffier comptable.
— 5.	
— 6.	
— 7.	
— 8.	
— 9.	La correspondance est lue, tant au départ qu'à l'arrivée, par l'administration, qui a le droit de retenir les lettres.
— 10.	
— 11.	Les familles peuvent adresser leurs lettres au Directeur, sous enveloppe affranchie, mais elles ne doivent recourir à aucun autre intermédiaire.
— 12.	
— 13.	Les visites ont lieu au parloir fois par semaine, le et le à
— 14.	
— 15.	Les visiteurs doivent être munis d'une pièce constatant leur parenté
— 16.	
— 17.	
— 18.	
— 19.	
— 20.	

DÉPOT DE SAINT-MARTIN-DE-RÉ

Le 24 Janvier 1895

Noms et prénoms Alfred Dreyfus

No d'écrou   Atelier   Jeudi

Ma chère Lucie,

D'après ta lettre datée de Mardi, tu n'as encore reçu aucune lettre de moi. Comme tu dois souffrir, ma pauvre chérie ! Quel horrible martyre pour tous deux ! Sommes nous assez infortunés ! Qu'avons nous donc fait pour subir une pareille infortune. C'est précisément là ce qu'il y a de plus épouvantable, c'est que l'on se demande de quel crime on est coupable, quelle faute on expie.

Ah le monstre qui a jeté la honte et le déshonneur dans une honnête famille, en voilà un qui ne méritera aucune pitié. Son crime est tellement épouvantable, que la raison

Désignation :

Pièce 5 du rapport de M. Crépieux-Jamin.

Ligne 21. se refuse à comprendre tant d'infamie

— 22. unie à tellement de lâcheté. Il me

— 23. semble impossible qu'une pareille machination

— 24. ne se découvre tôt ou tard, un crime

— 25. pareil ne peut rester impuni

— 26.   Cette nuit, à un moment, la réalité

— 27. m'est apparue comme un songe horrible,

— 28. étrange, surnaturel... dont j'ai voulu me

— 29. réveiller, dont j'ai voulu me sortir... mais

— 30. hélas, ce n'était pas un songe. Je voulais

— 31. échapper à cet horrible cauchemar, me retrouver

— 32. dans la réalité, telle du moins qu'elle

— 33. devrait être, c.-à-d. entre vous tous, dans tes

— 34. bras, ma chérie, près de mes chers enfants.

— 35.   Ah, quand ce jour béni arrivera-t-il?

— 36. N'épargnez pour cela, ni vos peines, ni vos

— 37. efforts, ni l'argent. Que je sois ruiné,

— 38. cela m'est égal, mais je veux mon honneur,

— 39. c'est pour lui seul que je vis, c'est pour

— 40. lui que je supporte ces effroyables tortures.

— 41.   On me demande comment je supporte

— 42. mon supplice? Hélas, comme je le peux

Ligne 43. J'ai parfois des moments d'abattement

— 44. terribles, pendant lesquels il me semble que

— 45. la mort serait mille fois préférable à la

— 46. torture morale que j'endure, mais par un effort

— 47. violent de volonté, je me ressaisis. Que

— 48. veux-tu, il faut bien parfois se laisser

— 49. aller à la douleur, on la supporte ensuite

— 50. avec d'autant plus de fermeté.

— 51. Enfin espérons que cet horrible

— 52. Calvaire aura une fin; c'est la ma seule

— 53. raison de vivre, c'est la mon unique espoir.

— 54. Les journées et les nuits sont longues,

— 55. mon cerveau est constamment à la recherche

— 56. de cette énigme épouvantable qu'il ne peut

— 57. déchiffrer. Ah que je voudrais pouvoir déchirer

— 58. à coups d'épée le voile impénétrable qui

— 59. entoure ma tragique histoire. Il est

— 60. impossible qu'on n'y arrive pas.

— 61. Donne-moi des nouvelles de vous tous,

— 62. puisque les seules lettres que je reçoive

— 63. sont les tiennes. Parle-moi de mes chers enfants,

— 64. de ta santé. Je t'embrasse comme je t'aime

— 65. Alfred

P. 1.

Ligne 1.

— 2.

— 3.

— 4.

— 5.

— 6.

— 7.

— 8.

— 9.

— 10.

— 11.

— 12.

— 13.

— 14.

— 15.

— 16.

— 17.

— 18.

— 19.

Désignation :

Pièce 6 du rapport de M. Crépieux-Jamin.
Pièce II du rapport de M. Paul Moriaud.

P. 2.

Ligne 20. l'application de la loi au moment
— 21. où tu seras appelé (Novembre 92 et
— 22. non pas Nov 93, comme tu le mets
— 23. dans ta lettre) — Avant la nouvelle
— 24. loi de recrutement, la pénurie des
— 25. sous-officiers était très vive ; maintenant
— 26. elle va devenir extrême et forcément
— 27. on tombera sur les jeunes gens qui ne
— 28. pourront invoquer aucune dispense
— 29. valable — Vous ferez une excellente
— 30. pépinière de sous-officiers, l'éducation
— 31. morale et intellectuelle, vous la possédez,
— 32. il ne reste qu'à vous inculquer
— 33. l'éducation militaire, tandis que tu as
— 34. sous officiers actuels. Il fallait souvent
— 35. inculquer les trois éducations en même
— 36. temps — Donc, je ne crois pas qu'il y
— 37. ait d'espoir de ce côté là ; au contraire
— 38. on sera dans le régiment entrainement
— 39. sevré pour le renvoi dans les forges
— 40. au bout d'un an, autrement il n'y
— 41. aurait plus un colonel voulant

P. 5.

Ligne 42.
— 43.
— 44.
— 45.
— 46.
— 47.
— 48.
— 49.
— 50.
— 51.
— 52.
— 53.
— 54.
— 55.
— 56.
— 57.
— 58.
— 59.
— 60.
— 61.
— 62.
— 63.
— 64.
— 65.
— 66.

Commander un Régiment.

Cette solution n'est pas plus mauvaise qu'une autre. Tu feras trois ans qui t'assoupliront le corps et le caractère et je ne doute pas que tu deviennes un excellent sous officier.

Enfin, on te cherchera à faire simplement un an, et alors il faudra mettre toute ton intelligence, toute ta persévérance à l'accomplissement de ce désir. Je te ferai remarquer que tu as déjà huit mois pour préparer ta licence; c'est très peu, je l'avoue, mais avec un bon coup de collier, on peut y arriver. En outre tu as le droit de t'y présenter après encore; enfin il n'y a nul déshonneur à être refusé à un examen.

Remarque que le paragraphe de la loi dit : « Le jeune gens qui ont obtenu ou qui poursuivent leurs études en vue d'obtenir le diplôme de licencié ès lettres, docteur en droit ch... » Il faudrait consulter le règlement d'administration publique intervenu depuis la publication de la loi;

P. 4.

Ligne 67.
— 68.
— 69.
— 70.
— 71.
— 72.
— 73.
— 74.
— 75.
— 76.
— 77.
— 78.
— 79.
— 80.
— 81.
— 82.
— 83.
— 84.
— 85.
— 86.
— 87.
— 88.
— 89.

et qui fixe les justifications à produire par les jeunes gens visés à ce paragraphe. Tu verras probablement, que à condition de poursuivre tes études, tu aurais le droit de ne faire qu'un an; mais si tu lâchais, ou si tu étais repris, tu serais rappelé pour parfaire tes 3 années de service.

Tu me demandes en outre mon avis au sujet de ta carrière commerciale. Il est évident que tu ne peux t'établir ni boutiquier ni marchand proprement dit. Il ne reste donc que la bourse, la banque, la commission ou l'industrie.

La bourse ou la banque, je ne te les conseille pas, il y a assez de coreligionnaires dans cette carrière.

Reste la commission ou l'industrie, ou premier dépend de la seconde, souvent on joint les deux. Je préférerais la seconde. Elle est particulièrement honorable lorsque l'intelligence s'exerce librement, est variée, intéressante et permet de donner à l'activité humaine tout son développement

P. 1.

Ligne 1.

— 2.

— 3.

— 4.

— 5.

— 6.

— 7.

— 8.

— 9.

— 10.

— 11.

— 12.

— 13.

— 14.

— 15.

— 16.

— 17.

— 18.

— 19.

— 20.

— 21.

— 22.

— 23.

Désignation :

Pièce 7 du rapport de M. Crépieux-Jamin.
Pièce VIII du rapport de M. Paul Moriaud.

P. 2.

Ligne 24.	Je t'ai fait partager mon extrême
— 25.	douleur, a toi qui souffrais déjà tant.
— 26.	Mais c'était parfois trop, et j'étais
— 27.	trop seul
— 28.	Mais aujourd'hui, chérie, comme
— 29.	hier, écarte toutes les phrases, toutes
— 30.	les recommandations. Le reste n'est rien...
— 31.	Il faut que tu triomphes de toutes tes
— 32.	... douleurs, quelles qu'elles puissent
— 33.	être, de toute la souffrance, comme
— 34.	une âme humaine très haute et
— 35.	très pure, qui a un devoir faire à
— 36.	remplir.
— 37.	Sois invinciblement forte et
— 38.	vaillante, les yeux fixés droit devant
— 39.	toi, vers le but, sans regarder ni à
— 40.	droit, ni à gauche.
— 41.	Ah, je sais bien, que tu n'es
— 42.	qu'un être humain, avec ... mais
— 43.	quand la douleur devient trop grande,
— 44.	si les épreuves que l'avenir te réserve
— 45.	sont trop fortes, regarde nos chers enfants
— 46.	et dis toi qu'il faut que tu vives,

Ligne 47.

— 48.

— 49.

— 50.

— 51.

— 52.

— 53.

— 54.

— 55.

— 56.

— 57.

— 58.

— 59.

— 60.

— 61.

— 62.

— 63.

— 64.

— 65.

— 66.

— 67.

— 68.

— 69.

— 70.

— 71.

— 72.

P. 4.

Ligne 73.

— 74.

— 75.

— 76.

— 77.

— 78.

— 79.

— 80.

— 81.

— 82.

— 83.

— 84.

— 85.

— 86.

— 87.

— 88.

— 89.

— 90.

— 91.

— 92.

— 93.

— 94.

— 95.

— 96.

P. 1.

Ligne	1.
—	2.
—	3.
—	4.
—	5.
—	6.
—	7.
—	8.
—	9.
—	10.
—	11.
—	12.
—	13.
—	14.
—	15.
—	16.
—	17.
—	18.
—	19.

[Lettre manuscrite]

Mr Varinière
Crépieux-Jamin Jeudi matin

Ma chère Lucie,

J'attends avec impatience une lettre de toi. Tu es ma consolation, tu es mon espoir. Autrement la vie me serait à charge. Rien que de penser qu'on a pu m'accuser d'un crime aussi épouvantable, d'un crime aussi monstrueux, tout mon être tressaille, tout mon corps se révolte.

Avoir travaillé toute sa vie dans un but unique, dans le but de se revancher contre cet infâme ravisseur qui nous a enlevé notre cher Alsace et se voir accusé de trahison envers ce pays non ma chère adorée, mon esprit se refuse à comprendre.

[Note en marge]

Désignation :

Pièce 8 du rapport de M. Crépieux-Jamin.
Pièce V du rapport de M. Paul Moriaud.

P. 2.

Ligne 20.

— 21.

— 22.

— 23.

— 24.

— 25.

— 26.

— 27.

— 28.

— 29.

— 30.

— 31.

— 32.

— 33.

— 34.

— 35.

— 36.

— 37.

— 38.

Te souviens-tu que je te racontais
que me trouvant il y a une dizaine
d'années à Mulhouse au mois de
septembre, j'entendis un jour passer
sous mes fenêtres une musique allemande
célébrant l'anniversaire de Sedan. Ma
douleur fut telle que je pleurai de rage,
que je mordis mes draps de colère et que je
me jurai de consacrer toutes mes forces,
toute mon intelligence à servir mon pays
contre celui qui insultait ainsi à la
douleur des Alsaciens.

Non, non, je ne veux pas insister
car je deviendrais fou, et il faut que je
conserve toute ma raison.

D'ailleurs ma vie n'a plus qu'un
but unique ; c'est de trouver le
misérable qui a trahi mon pays,
c'est de trouver le traître pour lequel

P. 3.

Ligne 39.
— 40.
— 41.
— 42.
— 43.
— 44.
— 45.
— 46.
— 47.
— 48.
— 49.
— 50.
— 51.
— 52.
— 53.
— 54.
— 55.
— 56.
— 57.
— 58.
— 59.
— 60.

Plus heureux que vous, Dreyfus, sont les enfants

aucun châtiment ne sera trop grand.
Oh, cher France, toi que j'aime
de toute mon âme, de tout mon cœur,
toi à qui j'ai consacré toutes mes
forces, toute mon intelligence, comment
as-tu pu m'accuser d'un crime
aussi épouvantable.

Je m'arrête ma chérie mais
mes sanglots me prennent
à la gorge. Jamais va-t-il, Dieu même
ne supporte le martyre que j'endure.
Aucune souffrance physique n'est
comparable à la douleur morale que
j'éprouve, quand ma pensée se reporte
à cette accusation. Si je n'avais mon
honneur à faire défendre, je t'assure
que j'aimerais mieux la mort, au
moins ce serait l'oubli.

Écris-moi bien vite
Ton très affectueux à toi
Je t'embrasse   alfred

P. 1.

Désignation :

Pièce 9 du rapport de M. Crépieux-Jamin.
Pièce IV du rapport de M. Paul Moriaud.

AVIS

DÉPOT DE SAINT-MARTIN-DE-RÉ

igne 1.	
— 2.	
— 3.	
— 4.	

Les détenus ne peuvent écrire qu'à leurs proches parents et tuteurs, et seulement une fois par mois, à moins de circonstances exceptionnelles. Ils peuvent être temporairement privés de correspondance.

Ils ne doivent parler que de leurs affaires de famille et de leurs intérêts privés.

Il leur est interdit de demander ou de recevoir des aliments ou des **timbres-poste**. Ils ne peuvent envoyer ou recevoir des secours que sur l'autorisation expresse du Directeur. ces secours doivent leur être adressés, soit en billets de banque par lettres chargées, soit en mandats-poste au nom du greffier comptable.

« La correspondance est lue, tant au départ qu'à l'arrivée, par l'administration, qui a le droit de retenir les lettres.

Les familles peuvent adresser leurs lettres au Directeur, sous enveloppe affranchie. mais elles ne doivent recourir à aucun autre intermédiaire.

Les visites ont lieu au parloir   fois par semaine. le   et le   à

Les visiteurs doivent être munis d'une pièce constatant leur parenté

Le 21 Janvier 1895

Noms et prénoms Alfred Dreyfus

No d'écrou   Atelier

Mardi 9h matin

Comme tu dois souffrir !... Le drame dont nous sommes les victimes est certainement le plus épouvantable de ce siècle. Avoir tout pour le bonheur, avenir, intérieur charmant, et puis tout à coup, se voir accusé et condamné pour un crime monstrueux !

Ah le ministre qui a jeté ainsi le déshonneur dans une famille aurait mieux fait de me tuer, au moins il n'y aurait eu que moi qui aurait souffert.

Vois-tu ce qui me torture c'est cette pensée du nom infâme qui est accolé à mon nom. Si je n'avais à supporter que des souffrances physiques, ce ne serait rien, les souffrances supportées

Ligne 22.   pour une noble cause vous grandissent,

— 23.   Mais souffrir parcequ je suis condamné

— 24.   pour un crime infâme, ah non, vois-tu

— 25.   c'est de trop, même pour une énergie

— 26.   Comme la mienne.

— 27.   Ah pourquoi ne suis je pas mort, je

— 28.   n'ai même pas le droit de déserter de ma

— 29.   plein gré la vie; ce serait une lâcheté je

— 30.   n'aurai le droit de mourir, de chercher l'oubli

— 31.   Que lorsque j'aurai mon honneur.

— 32.   L'autre jour, quand on m'insultait à

— 33.   la Rochelle, j'aurais voulu m'échapper

— 34.   des mains de mes gardiens et me présenter

— 35.   la poitrine découverte à ceux pour lesquels

— 36.   j'étais un juste objet d'indignation et

— 37.   leur dire: « Ne m'insultez pas, mon

— 38.   âme que vous ne pouvez pas connaître est

— 39.   pure de toute souillure, mais si vous me

— 40.   croyez coupable, tenez, prenez mon corps,

— 41.   je vous le livre sans regrets. » Au moins

— 42.   alors, sous l'âpre morsure de souffrances

— 43.   physiques, quand j'aurai encore crié: Vive

— 44.   la France » peut être qu'alors croit-on

igne 45.
— 46.
— 47.
— 48.
— 49.
— 50.
— 51.
— 52.
— 53.
— 54.
— 55.
— 56.
— 57.
— 58.
— 59.
— 60.
— 61.
— 62.
— 63.
— 64.
— 65.
— 66.
— 67.

Crû a hun innocence !

Enfin qu'est-ce que je demande
nuit et jour ? — Justice, justice.

Sommes nous au 19e siècle ou faut-il
retourner de quelques siècles en arrière
Est-il possible que l'innocence soit
méconnue dans un siècle de lumière
et de vérité. Qu'on me cherche ; je ne
demande aucune grâce ; mais je demande
la justice qu'on doit a tout être
humain. Qu'on poursuive les recherches,
que ceux qui possèdent de puissants
moyens d'investigation les utilisent dans
ce but, c'est pour eux un devoir sacré
d'humanité et de justice. Il est
impossible alors que la lumière ne se
fasse pas autour de ma mystérieuse et
tragique affaire.

Oh Dieu ! qui me rendra mon
honneur qu'on m'a volé, qu'on m'a
dérobé.

Ah quel sombre drame, ma pauvre
Chérie. Il est certain qu'il dépasse, comme

Ligne 68. Tu le dis si bien, tout ce que on peut
— 69. s'imaginer

— 70. Je n'ai que deux moments heureux
— 71. dans la journée, mais si courts. Le premier
— 72. quand on m'apporte cette feuille de papier afin
— 73. de pouvoir t'écrire; je passe ainsi quelques
— 74. instants à causer avec toi. Le second, quand on
— 75. m'apporte ta lettre journalière. Le reste du
— 76. temps, je suis en tête à tête avec mon cerveau,
— 77. et Dieu sait, si mes réflexions sont tristes et
— 78. sombres.

— 79. Quand cet horrible drame finira-t-il?
— 80. Quand aura-t-on enfin découvert la vérité?
— 81. Ah, une fortune tout entière à celui qui
— 82. sera assez habile et adroit pour déchiffrer
— 83. cette lugubre énigme.

— 84. Donne moi des nouvelles de tous les nôtres
— 85. Embrasse tout le monde de ma part.

— 86. Je n'ose te parler de nos bons chéris. Quand
— 87. je regarde leurs photographies, quand je vois leurs
— 88. yeux si bons si doux, les sanglots me montent du
— 89. cœur aux lèvres. Quand on souffre pour quelque chose
— 90. ou pour quelqu'un, c'est compréhensible... mais
— 91. pourquoi et surtout pour qui cet odieux martyre
— 92. Je te serre sur mon cœur *Alfred*
— 93.

[note marginale verticale à gauche :] Tu n'auras pas voulu d'être complètement rebelle et ne vouloir rien faire. Mes enfants ils seront de toi.

P. 1.

Ligne 1.

— 2.

— 3.

— 4.

— 5.

— 6.

— 7.

— 8.

— 9.

— 10.

— 11.

— 12.

— 13.

— 14.

— 15.

Désignation :

Pièce II du rapport de M. G. Bridier.
Pièce III du rapport de M. P. Moriaud.
Pièce B du rapport de M. J. H. Schooling.

P. 2.

Ligne 16.
— 17.
— 18.
— 19.
— 20.
— 21.
— 22.
— 23.
— 24.
— 25.
— 26.
— 27.
— 28.
— 29.
— 30.
— 31.
— 32.
— 33.
— 34.
— 35.

Je me suis occupé de toi
avant ton départ. Le travail n'était
pas mené, terminé à l'état major
de l'armée, et on ne peut pas qu'il
sortira du ministère avant le
15 septembre. Or ce n'est qu'au
moment de l'arrivée du travail de
Répartition dans les bureaux de
recrutement, où se fait l'affectation
nominative, que je pourrai agir.
Mais tu peux être tranquille et
rassuré ; tu auras, sauf invraisemblance,
la meilleure de celles des garnisons qui
seront attribuées aux jeunes gens
ayant tiré au sort dans le
IX arrondissement.
Préviens nous de l'heure de ton
arrivée Vendredi.
Amitiés — Georges. Bien cordialement
Dreyfus

Année 1890. P. 1.

Ligne 1.	*Mon cher Paul,*
— 2.	*Quand tu te*
— 3.	*plaignais a moi de ne*
— 4.	*savoir que faire, je te disais*
— 5.	*que le seul moyen de ne*
— 6.	*jamais s'ennuyer, était*
— 7.	*de s'occuper, soit*
— 8.	*intellectuellement , soit*
— 9.	*manuellement. Comme tu*
— 10.	*me demandais, avec un petit*
— 11.	*air de doute, de te citer des*
— 12.	*exemples de ce genre de plaisirs*
— 13.	*qui fussent a ta portée, je t'ai*
— 14.	*indiqué charitablement le*
— 15.	*tennis, le cricket etc. . . . . ., aux*

Désignation :

Pièce IV du rapport de M. G. Bridier.
Pièce I du rapport de M. Moriaud.
Pièce A du rapport de M. de Marneffe.
Pièce P du rapport de M. W. de Gray Birch.
Pièce 1890 du rapport de M. Th. H. Gurrin.
Pièce B du rapport de M. D. Carvalho.

P. 2.

Ligne 16.
— 17.
— 18.
— 19.
— 20.
— 21.
— 22.
— 23.
— 24.
— 25.
— 26.
— 27.
— 28.
— 29.
— 30.
— 31.

il faut que tu aies un
fier toupet, et que tu sois
un sautinet paresseux pour
oser maintenant me proposer
d'organiser tout cela pour toi.
Il me semble que ce ne sont
généralement pas les invités
qui sont chargés de distraire
ceux qui reçoivent ; ce serait
le monde renversé. Quand tu
nous feras le plaisir de venir
nous voir, je ne te demanderai
pas de nous distraire ; je
m'efforcerai au contraire de te
rendre le séjour assez agréable pour
que tu sois tenté d'y revenir.

P. 3.

Ligne 32.
— 33.
— 34.
— 35.
— 36.
— 37.
— 38.
— 39.
— 40.
— 41.
— 42.
— 43.
— 44.
— 45.
— 46.
— 47.
— 48.
— 49.
— 50.

J'espère donc que en arrivant
vous voulez passer quatre jours à Chatou
te d'ingenieries a bien distrai-
Je pourrai juger la de visu,
jusqu'où va ton habileté !

Quant a ma voiture, elle sera
de nouveau sur pied dans huit
jours, car nous nous sommes decidés
Lucie et moi, à la faire reparer
J'espère donc qu'elle occupera un
jour la place qui lui a été reservée
dans le parc de Chatou.

Travaille donc, mon cher Paul.
Tu n'as que quelques jours devant toi
pour te nous prouver que ton
activité est plus grande que celle
qui ressort de ta lettre.

Je t'embrasse ton dévoué
Alfred

P. t.

Ligne 1.	
— 2.	
— 3.	
— 4.	
— 5.	
— 6.	
— 7.	
— 8.	
— 9.	
— 10.	
— 11.	
— 12.	
— 13.	
— 14.	
— 15.	
— 16.	
— 17.	
— 18.	
— 19.	
— 20.	
— 21.	
— 22.	
— 23.	
— 24.	

Désignation :

Pièce **VII** du rapport de M. P. Moriaud.

P. 2.

Ligne 25.
— 26.
— 27.
— 28.
— 29.
— 30.
— 31.
— 32.
— 33.
— 34.
— 35.
— 36.
— 37.
— 38.
— 39.
— 40.
— 41.
— 42.
— 43.
— 44.
— 45.
— 46.
— 47.

P. 3.

Ligne 48.
— 49.
— 50.
— 51.
— 52.
— 53.
— 54.
— 55.
— 56.
— 57.
— 58.
— 59.
— 60.
— 61.
— 62.
— 63.
— 64.

[Lettre manuscrite — texte en grande partie illisible]

Année 1891. P. 1.

Ligne 1.

— 2.

— 3.

— 4.

— 5.

— 6.

— 7.

— 8.

— 9.

— 10.

— 11.

— 12.

— 13.

— 14.

— 15.

— 16.

— 17.

Désignation :

Pièce B du rapport de **M. de Marneffe.**

P. 2.

plus gai et qu'entre
deux ventes de Corn-beef,
ton imagination pourra te
fait entrevoir le sourire de
quelque miss blonde ou brune.
Enfin si le Corn-beef
est bon, au moins tu as la
consolation de pouvoir satisfaire
ton estomac
Je regrette que tu ne te sois
pas trouvé à Londres cet été
quand j'étais à Calais car j'aurais
été heureux de visiter cette ville,
surtout avec un interprète comme
toi.
Tiens-moi au courant
de tes faits et gestes dont la

P. 3.

monotone et d'ailleurs parfaite.
A part quelques soirées passées au
théâtre, nous passons notre temps
chez nous, d'autant plus que
nous sommes gratifiés encore
hélas; d'un fort vilain temps.
J'ai à peu près retenu un
appartement avenue du Trocadéro.
Peut-être quand je serai installé,
irai-je faire une fugue de quelques
jours, dans quelque coin perdu.—
Je t'embrasse
Ton dévoué
Alfred

Année 1894. P. 1.

Ligne 1.	*Lundi,*
— 2.	*Ma bonne chérie,*
— 3.	*J'ai reçu ta lettre d'hier,*
— 4.	*ainsi que celles d'Alice (ta sœur)*
— 5.	*et d'henri Bernheim*
— 6.	*Espérons que bientôt justice*
— 7.	*me sera rendue et que je me*
— 8.	*retrouverai parmi vous*
— 9.	*Entre toi et nos chers enfants,*
— 10.	*entre vous tous, je retrouverai tout*
— 11.	*le calme dont j'ai grand besoin*
— 12.	*Mon cœur est profondément*
— 13.	*ulcéré et tu peux facilement le*
— 14.	*comprendre. J'avais consacré toute*
— 15.	*ma vie, toutes mes forces, tout mon*
— 16.	*intelligence au service de mon pays,*
— 17.	*et l'on vous accusé du crime le plus*

Désignation :

Pièce C du rapport de M. de Marneffe.

P. 2.

Ligne 18.
— 19.
— 20.
— 21.
— 22.
— 23.
— 24.
— 25.
— 26.
— 27.
— 28.
— 29.
— 30.
— 31.
— 32.
— 33.
— 34.
— 35.
— 36.

monstrueux qu'un soldat puisse
Commettre, c'est épouvantable
Rien qu'en y pensant, tout mon
être se révolte et tressaille d'indignation.
Je me demande encore par quel miracle
je n'ai pas devenu fou, comment mon
cerveau a pu résister à un choc aussi
épouvantable.

Je t'en supplie, ma chérie, n'assiste
pas aux débats. Il est inutile de t'imposer
encore de nouvelles souffrances, celles que tu
as déjà supportées avec une grandeur d'âme
et un héroïsme dont je suis fier, sont
plus que suffisantes. Réserve_toi toute pour
nos enfants ; nous aurons aussi besoin tous
deux de nous soigner réciproquement
pour oublier cette terrible épreuve, la plus
terrible que les forces humaines puissent
supporter

P. 3.

Embrasse bien nos bons chéris pour moi en attendant que je puisse le faire moi même.

Affectueux souvenirs à tous.

Je t'embrasse comme je t'aime

Ton dévoué

Alfred

P. 1.

Ligne 1.	*Îles du Salut, 27 Mai 1895*
— 2.	*Ma chère Lucie,*
— 3.	
— 4.	
— 5.	
— 6.	
— 7.	
— 8.	
— 9.	
— 10.	
— 11.	
— 12.	
— 13.	
— 14.	
— 15.	
— 16.	
— 17.	
— 18.	
— 19.	
— 20.	
— 21.	

Désignation :

Lettre E du rapport de M. de Marneffe.

P. 1.

Ligne 22.
— 23.
— 24.
— 25.
— 26.
— 27.
— 28.
— 29.
— 30.
— 31.
— 32.
— 33.
— 34.
— 35.
— 36.
— 37.
— 38.

Cuirassons dans nos cœurs contre tout
sentiment de douleur et de chagrin,
devons surmontons nos souffrances et nos
misères pour ne voir que le but suprême
notre honneur; l'honneur de nos enfants
Tout doit s'effacer devant cela

Courage donc encore, ma chère Lucie,
je te soutiendrai de toute mon énergie,
de toute la force que me donne mon
innocence, de toute la volonté que
j'ai de nous le honneur se faire
entier, complet, absolu, tel
qu'il le faut pour nous, pour nos
enfants, pour nos chères familles
Je bais les aux chères petits
Je t'embrasse comme je t'aime

Alfred

TABLE DES MATIÈRES

Paris.   Imp. Paul Lemaire, 14, rue Séguier.

ORIGINAL EN COULEUR
NF Z 43-120-8

RECTO ET VERSO

Paris. — Imp. Paul Lemaire, 14, rue Séguier.

www.ingramcontent.com/pod-product-compliance
Lightning Source LLC
Chambersburg PA
CBHW050510270326
41927CB00009B/1979